똑똑한 영한단어 표현

똑똑한 영한단어 표현

초판 1쇄 인쇄 | 2018년 01월 02일
초판 1쇄 발행 | 2018년 01월 05일
지은이 | 김진우 외 2인
펴낸곳 | 좋은친구 출판사
펴낸이 | 조병욱
디자인 | 디자인 감7
등록번호 | 제2016-9호
주소 | 서울특별시 도봉구 시루봉로 192-6
전화 | 070-8182-1779 팩스 | 02-6937-1195
E-mail | friendbooks@naver.com

ISBN 979-11-88483-05-1   13740

값 12,000원

Copyright ⓒ 2018, Harkil Publishing

* 잘못 만들어진 책은 구입처에서 교환해 드립니다.

이 도서의 국립중앙도서관 출판예정도서목록(CIP)은 서지정보유통지원시스템 홈페이지(http://seoji.nl.go.kr)와 국가자료공동목록시스템(http://www.nl.go.kr/kolisnet)에서 이용하실 수 있습니다.

(CIP 제어번호: CIP2017031286)

똑똑한 영한단어 표현

김진우 외 2인 **지음**

이 책을 펴내며

　학교와 학원에서 수많은 시간을 영어에 투자하면서도 사람들은 많은 고민을 합니다. 학교에서 영어 성적은 웬만큼 나오는데, 시험만 보면 가슴이 철렁 내려앉습니다.

　이러한 실패는 결국 어휘 능력의 부족에서 비롯됩니다. 문법과 구문에 대한 기본적 이해가 외국어 영역의 기초 공사라면 체계적인 어휘의 습득은 살을 붙여 나가는 작업에 해당합니다. 결국 영어 고득점의 관건은 어휘 실력입니다. 지금도 서점에 가면 기존의 수많은 어휘집이 발간되어 기다리고 있습니다. 그러나 새롭게 변화하는 출제 경향을 분석하여 과학적으로 접근한 서적은 거의 전무하다고 할 수 있겠습니다. 똑같은 내용으로 백화점식 단어 나열을 해놓고, 디자인만 바꾸는 단어집이 허다합니다.

　이 책은 '새로운 접근'에서 출발하였습니다. 난이도와 기출 빈도에 따라 4단계로 단어를 제시하여, 자연스럽고도 효과적인 어휘 공부가 될 수 있도록 노력하였습니다. 그 외에도 풍부한 CHECK-UP 문제들과 품사별 어휘 모음, 어원을 통한 학습법, 단어의 주제별 속담 모음 등을 차례로 공부하다 보면 어느새 여러분은 어렵게만 보이던 영어단어의 난관을 돌파하고, 어떠한 내용의 영어 문제에도 자신 있게 대처하게 될 것입니다. 아무쪼록 이 책이 여러분의 어휘력 향상에 큰 도움이 되어서 요즘 같은 국제화 시대에 여러분의 경쟁력을 높이는 데 큰 도움이 되었으면 하는 바람입니다.

　끝으로 이 책의 저자이며 영어교사이신 김진우, 육상태, 황선용 선생님께 감사드립니다.

구성과 특징

1. 이 책의 전 내용은 4_STEPs, 4개월 집중·완성이라는 컨셉으로 편집되었습니다.

1장 – 350단어, CHECK-UP 4회분 (3주 완성)
2장 – 350단어, CHECK-UP 4회분 (3주 완성)
3장 – 500단어, CHECK-UP 5회분 (5주 완성)
4장 – 500단어, CHECK-UP 5회분 (5주 완성)
부록 – 어원을 통한 어휘 학습 (접두사·접미사·어근), 격언·속담, 필수단어

위에 제시된 학습량과 학습 기간을 자신의 사정에 맞게 조정하되, 4개월 내에 전 내용을 집중·반복하기 바랍니다.

2. 본문의 각 단어에는 동의어, 반의어, 파생어, 숙어, 속담, 예문들을 다양하게 제시하여 완벽한 어휘 학습이 이루어질 수 있도록 하였습니다.
3. 본문 외에 재미난 단어 유래를 수록하여 지루할 수 있는 어휘 학습에 흥미를 더 했습니다.
4. 이 책은 많은 어휘를 다루고 있으며, 한 단어를 통해 여러 단어를 익힐 수 있도록 했으며 체계적이고 쉽게 접근할 수 있도록 상황에 꼭 필요한 단어를 엄선하였습니다.

CONTENTS

이 책을 펴내며 _05
구성과 특징 _06

STEP I ········· 09
CHECK UP 1_31 / CHECK UP 2_51 / CHECK UP 3_73 / CHECK UP 4_84

STEP II ········· 87
CHECK UP 5_104 / CHECK UP 6_122 / CHECK UP 7_141 / CHECK UP 8_152

STEP III ········· 155
CHECK UP 9_171 / CHECK UP 10_189 / CHECK UP 11_207 / CHECK UP 12_225 / CHECK UP 13_241

STEP IV ········· 243
CHECK UP 14_260 / CHECK UP 15_277 / CHECK UP 16_296 / CHECK UP 17_313 / CHECK UP 18_328

부록 ········· 331
1. 접두사(PREFIX) _332
2. 접미사(SUFFIX) _343
3. 어근(ROOT) _358
4. 격언·속담 _406
5. 필수단어 _414

Vocabulary

1 ability
[əbíləti]

명 능력
able [éibəl] 형 할 수 있는(capable=competent ↔ unable)
be able to=be capable of=be competent to
~를 할 수 있다
▶ He is able to deal with the problem.
그는 그 문제를 다룰 수 있다.

2 above
[əbʌ́v]

부 위에
전 ~보다 위에
above all=first of all=most important of all
특히, 무엇보다도
above all things 무엇보다도 먼저, 첫째로
above something=above doing something
~를 도저히 할 것 같지 않은
▶ I'm sure he's above stealing.
나는 그가 도저히 도둑질할 사람이라고는 생각지 않는다.

3 absolute
[ǽbsəlù:t]

형 완전한, 절대적인
absolutely [ǽbsəlù:tli] 부 완전히(completely), 확실히(certainly)

4 accept
[æksépt]

동 받다(receive)
acceptable [ækséptəbəl] 형 받아들일 만한
acceptance [ækséptəns] 명 수락, 용인

5 accident
[ǽksidənt]

명 사고, 재난, 우연
by accident=by chance (우연히)

↔ on purpose (일부러)
▶ It was an accident! I didn't do it on purpose.
그건 사고야! 일부러 한 게 아니야

6 according
[əkɔ́ːrdiŋ]

囲 ~에 따라
▶ According to him, she was used to get up early.
그의 말에 따르면 그녀는 일찍 일어나곤 했다.

7 achievement
[ətʃíːvmənt]

명 업적, 성취, 성적, 학력
achieve [ətʃíːv] 동 성취하다
(accomplish=attain)
▶ They achieved their aim.
그들은 목적을 달성했다.

8 act
[ækt]

명 동 행동(하다)
active [ǽktiv] 형 활동적인, 적극적인, 의욕적인(lively)
activity [æktívəti] 명 활동
action [ǽkʃən] 명 행동, 작용, (배우의)몸짓, 연기
take action 행동을 취하다

9 actually
[ǽktʃuəli]

囲 사실상, 실제로(really=in fact)

STEP I **11**

10 **add** [æd]	통 더하다(↔ subtract), 합계를 내다(sum up), 포함시키다(include) ▶ Don't forget to add me in. 잊지 말고 나를 포함시키도록 하게. addition [ədíʃən] 명 첨가 in addition 게다가 moreover=besides=furthermore additional [ədíʃənəl] 형 부가적인 additionally [ədíʃənəli] 부 부가적으로
11 **advance** [ədvǽns]	통 나아가다(push forward), 승진하다(promote) 명 전진, 향상, 진보(progress) in advance 앞서, 선금으로
12 **advise** [ædváiz]	통 충고하다, 조언하다, 권하다(recommend) advice [ædváis] 명 충고, 조언, 권고(counsel) ▶ He asked the doctor for her advice. 그는 의사에게 조언을 구했다.
13 **affect** [əfékt]	통 작용하다, 영향을 미치다, 악영향을 미치다 ▶ Care affects the health. 걱정은 건강에 해롭다. ▶ The performance affected me deeply 그 연기는 내게 깊은 감동을 주었다. affection [əfékʃən] 명 애정, 작용

14 agree
[əgríː]

동 동의하다
↔ disagree [dìsəgríː] 동 동의하지 않다
▶ I can't agree to such a proposal.
나는 그런 제안에는 찬성할 수 없다.
▶ I agree with you on the matter.
나는 그 문제에 관해 동의할 수 없다.
agreement [əgríːmənt] 명 협정, 일치, 동의
↔ disagreement [dìsəgríːmənt] 명 불일치, 부적합

15 allow
[əláu]

동 허락하다(permit), 인정하다(admit)
▶ Children are not allowed to come.
어린이들은 입장이 불가하다.
▶ I allow him to be a genius.
그가 천재라는 것을 인정해.

16 amount
[əmáunt]

명 양, 총액
a large amount of money 상당한 양의 돈

17 angry
[ǽŋgri]

형 화가 난, 성난(mad)
anger [ǽŋgər] 명 분노(fury=enragement)
in anger 화가 나서

18 appear
[əpíər]

동 나타나다
↔ disappear [dìsəpíər] 동 사라지다
appearance [əpíərəns] 명 출현, 외양, 외모
judge by appearance 외모로 판단하다

19 appreciate
[əpríːʃièit]

동 인정하다, 식별하다, 감상하다, 감사하다
▶ I appreciate it.=Thank you.
감사합니다.

STEP I **13**

20 approach
[əpróutʃ]

명 동 접근, 교섭(하다)
- They approached the manager for the money.
  그들은 돈 문제로 지배인과 교섭을 벌였다.
- He made approaches to her.
  그는 그녀에게 접근했다.

21 argue
[á:rgju:]

동 논하다(discuss), 논쟁하다(dispute)
- He is always arguing that honesty is not the best policy.
  그는 정직이 최선의 방책은 아니라고 언제나 주장하고 있다.

argument [á:rgjəmənt] 명 논의, 토론(discussion)

22 arrive
[əráiv]

동 도착하다
↔ depart [dipá:rt] 동 출발하다
arrival [əráivəl] 명 도착
↔ departure [dipá:rtʃər] 명 출발

23 attention
[əténʃən]

명 주의, 주목
pay attention to 주의하다
- You must pay attention to the teacher.
  선생님께 주의를 기울여야 한다.

24 attitude
[ǽtitjù:d]

명 태도, 자세
an optimistic attitude 긍정적인 자세

25 audience
[ɔ́:diəns]

명 청중, 관객(spectators)
audience participation 관객의 참여
a large audience 다수의 관객

↔ a small audience 소수의 관객
give audience to ~을 청취하다, ~을 접견하다

26 automobile
[ɔ́ːtəməbìːl]

명 자동차

27 avail
[əvéil]

동 유용하다(be of use), 이롭다, 도움이 되다
avail oneself of ~을 이용하다(make use of)
available [əvéiləbəl] 형 유용한, 쓸모 있는
↔ unavailable [ʌ̀nəvéiləbəl] 형 이용할 수 없는
available on (the) day of issue only
발행 당일에 한해서 유효한

28 average
[ǽvəridʒ]

명 형 평균(의) 동 평균하다
above[below] the average 보통[평균] 이상[이하]
on the average 평균하여
strike an average 평균을 내다
the average monthly rainfall 월평균 강수량

29 avoid
[əvɔ́id]

동 피하다(escape)
avoidable [əvɔ́idəbəl] 형 피할 수 있는
↔ unavoidable [ʌ̀nəvɔ́idəbəl] 형 피할 수 없는

30 aware
[əwɛ́ər]

형 아는, 깨달은, 알고 있는, 빈틈없는
↔ unaware [ʌ̀nəwɛ́ər] 형 모르는
▶ He is well aware of the reason.
그는 이유를 잘 알고 있다.

STEP I **15**

31 **base** [beis]	몡 동 기반, 근거(를 두다) ▶ The musical is based on a novel. 이 뮤지컬은 소설을 바탕으로 한다.	
32 **basic** [béisik]	혱 기본의, 기초의 몡 (pl.) 기본, 기초, 원리 basically [béisikəli] 뷔 기본적으로, 원래	
33 **behave** [bihéiv]	동 행동하다, 예의 바르게 행동하다 behavior [bihéivjər] 몡 행동, 태도(conduct), 습성, (기계 등의) 움직임 heroic behavior 영웅적인 행동	
34 **belief** [bilí:f]	몡 믿음, 확신, 신앙, 신념(faith=trust) believe [bilí:v] 동 믿다, 생각하다, 여기 (suppose=think) beyond belief=past all belief 믿기 어려운 ▶ Seeing is believing. 《속담》백문(百聞)이 불여일견(不如一見).	
35 **belong** [bilɔ́(:)ŋ]	동 속하다, ~의 소유물이다 belong to ~에 속하다 ▶ This car belongs to her 이 차는 그녀의 것이다.	
36 **benefit** [bénəfit]	몡 이익(profit=advantage), 은혜, 자선공연 동 ~에게 이익이 되다, 이득을 얻다 for the benefit of ~을 위하여 a public[common] benefit 공익 beneficial [bènəfíʃəl] 혱 유익한, 이로운(to) benefaction [bènəfǽkʃən] 몡 자비, 자선, 기부금	

	benefactor [bénəfæktər] 몡 (학교, 자선 단체 등의) 기부자, 후원자, 은인
37 **besides** [bisáidz]	튀 게다가(in addition=furthermore=moreover)
38 **blind** [blaind]	혱 보이지 않는, 눈먼, 맹목적인 ▶ In the kingdom of the blind, the one-eyed is king. 《속담》장님의 나라에서 외눈박이가 왕이다. (범 없는 골에 토끼가 스승이다.) blindly [bláindli] 튀 안 보이는 채로, 맹목적으로, 무턱대고
39 **bother** [báðər]	몡 문젯거리(trouble) 동 괴롭히다(annoy)
40 **break** [breik]	동 부수다(smash), 어기다, 중단시키다 break down 고장 나다 ▶ She broke down to hear the sad news. 그녀는 슬픈 소식을 듣고 쇠약해졌다. break into 침입하다, 방해하다, 갑자기 ~하기 시작하다 break into pieces 산산조각이 나다 ▶ He broke his child of that bad habit. 그는 자기 아이의 그 나쁜 버릇을 고쳐 주었다.

41 **brief** [briːf]	형 짧은, 간결한 명 개요, 짧은 보고 in brief 요약해서(in a few words)
42 **bright** [brait]	형 밝은, 선명한, 명랑한, 영리한(↔ dull) ▶ Look on th bright side of things. 　사물의 긍정적인 측면을 보라.
43 **bring** [briŋ]	동 가져오다, 데려오다, 초래하다 bring about 야기하다(cause), 성취하다(accomplish) bring back 돌려주다 bring down 줄이다(reduce) bring down to earth 현실적인 생각을 하게 하다 bring forth 생기게 하다 bring in 들여오다, 도입하다(introduce) bring out 가지고 나오다, 출판하다(publish) bring something home to a person 절실히 느끼게 하다 bring to oneself 제 정신이 들게 하다 bring up 기르다(rear)
44 **call** [kɔːl]	동 부르다, 전화하다, 소집하다 ▶ You may call him a scholar. 　그는 학자라고 해도 무방하다. call back 전화를 다시 걸다 call off 취소하다(cancel) *cf.*) put off 연기하다(postpone) call up 전화를 걸다
45 **calm** [kɑːm]	형 잔잔한, 침착한 명 동 고요 (해지다) calm down (노여움, 흥분 따위를) 진정하다 ▶ We need to calm down right now.

	우리는 지금 이 순간 진정해야 한다. calmly [kɑ́:mli] 튀 조용히(quitely)
46 **care** [kɛər]	명 근심, 조심, 돌봄, 관심사 동 걱정하다 *cf.*) anxiety [æŋzáiəti] 명 (장래의 불행, 재난 등에 대한) 걱정 concern [kənsə́:rn] 명 (관심, 애정을 갖고 있는 사람, 사물에 대한) 걱정 worry [wə́:ri] 명 (어떤 문제에 대한) 걱정 take care of 돌보다 care for 좋아하다
47 **carry** [kǽri]	동 가져가다, 나르다, 휴대하다 carry on 계속해서 하다, (사업 등을) 경영하다 carry out 실행하다(accomplish), 완성하다(finish) carry through 이겨내다, 관철하다
48 **catch** [kætʃ]	동 잡다(capture), 이해하다, 마음을 사로잡다 catch one's eye 사람의 눈에 띄다 catch up (with) 따라잡다
49 **ceremony** [sérəmòuni]	명 의식 the opening ceremony 개회식
50 **certain** [sə́:rtən]	형 확실한(sure), 단호한, 정확한 make certain 확실히 하다(make sure) certainly [sə́:rtənli] 튀 틀림없이(assuredly), 확실히 certainty [sə́:rtənti] 명 확실성
51 **challenge** [tʃǽlindʒ]	명 동 도전(하다)

STEP I **19**

52 **chance** [tʃæns]	몡 기회(opportunity), 가망(prospects), 우연 동 우연히 일어나다 against all chances 가망(승산)이 없어 보였는데도 by any chance 혹시, 만일(사소한 부탁을 할 때에 사용) by chance 우연히(accidentally)
53 **change** [tʃeindʒ]	몡 동 변화, 교환, 환전(하다) 동 갈아입다 changeable [tʃéindʒəbəl] 형 변하기 쉬운 ↔ unchanceable [ʌntʃéindʒəbəl] 형 변하지 않는 changeable weather 변화무쌍한 날씨
54 **chemistry** [kémistri]	몡 화학 chemist [kémist] 몡 화학자 chemical [kémikəl] 몡 화학약품 형 화학의 chemical products 화학제품
55 **choice** [tʃɔis]	몡 선택 have no choice but to ~할 수밖에 없다 choose [tʃu:z] 동 고르다(select=pick up) (choose-chose-chosen) cannot choose but(do) ~하지 않을 수 없다 ▶ I chose her for her beauty. 나는 그녀의 미모 때문에 그녀를 택했다.
56 **citizen** [sítəzən]	몡 시민 citizenship [sítəzənʃip] 몡 시민권

57 class
[klæs]

명 분류, 계층, 학급, 수업
classic [klǽsik] 형 고전의 명 고전문학, 작품
classical [klǽsikəl] 형 클래식풍의

58 clear
[kliər]

형 명확한, 맑은, 장애물이 없는
↔ unclear [ʌ̀nklíər] 형 명확하지 않은, 이해하기 힘든
clearly [klíərli] 부 분명히, 뚜렷하게
▶ It is clearly out of question to do it.
그걸 해야 하는 건 분명하다.

59 climate
[kláimit]

명 평균, 기후, (지역, 시대 등의) 풍조, 분위기
a tropical climate 열대 기후
cf.) weather [wéðər] 명 (특정 시간, 장소의) 날씨, 기상 상태

60 close
[klouz]

동 닫다, 휴업하다, 폐쇄하다
형 닫힌, 친밀한, 가까운(near), 정밀한(accurate)
a close friend 친한 친구

61 come
[kʌm]

동 오다
come across 우연히 만나다(happen to meet)
come back 돌아오다
come by 들르다(drop by)
come down 내리다, 떨어지다
come in 들어가다
come out 나타나다
come through 성공하다(succeed)
come true 실현하다(realize)
come up with 따라잡다(catch up with)

62 **comfort** [kʌ́mfərt]	명 동 위로(하다)(console) ↔ discomfort [diskʌ́mfərt] 명 동 불편(하게 하다) ▶ She is a great comfort to me 그녀는 내게 큰 위안이 된다. comfortable [kʌ́mfərtəbl] 형 편한, 기분 좋은 ↔ uncomfortable [ʌnkʌ́mfərtəbəl] 형 불안한 comfortably [kʌ́mfərtəbli] 부 편하게
63 **common** [kɑ́mən]	형 공통의, 공유하는, 흔한, 공공의(public) ↔ uncommon [ʌnkɑ́mən] 형 흔하지 않은(unusual) in common 공통으로 cf.) a common person 멋없는 사람 an ordinary person 보통 사람
64 **communicate** [kəmjúːnəkèit]	동 의사소통하다, 전하다(with) communication [kəmjùːnəkéiʃən] 명 전달, 연락
65 **community** [kəmjúːnəti]	명 지역 공동체, 사회 in Korean Community 한국인 사회 Community service 봉사 활동
66 **compete** [kəmpíːt]	동 경쟁하다, 맞서다, 필적하다 ▶ An injury prevented John from competing in the final race. 부상 때문에 존은 결승전에 출전하지 못했다. compete with ~와 경쟁하다 ▶ No painting can compete with this one 이것에 필적할 만한 그림은 없다.

competition [kàmpətíʃən] 몡 경쟁, 경기, 경쟁자
competitive [kəmpétətiv] 휑 경쟁의

67 complex
[kəmpléks]

몡 복합체, 합성물, (건물 등의) 집합체
휑 (여러 가지 부분, 요소로 이루어져) 복잡한
a complex system 복잡한 체계

68 condition
[kəndíʃən]

몡 상태, 조건, 지위(rank), 처지(station)
in condition 상태가 좋은
↔ out of condition 상태가 좋지 않은
on condition that ~이라는 조건으로, 만약 ~라면(if)
▶ She is in her best condition.
그녀는 최상의 상태이다.

69 conflict
[kánflikt]

몡 동 투쟁, 다툼, 충돌, 대립(하다)
the conflict between religion and science
종교와 과학의 대립
come into conflict(with)
(~와) 싸우다, 충돌하다
conflict of interest
이해의 상충(公益과 私利의 갈등)

70 consider
[kənsídər]

동 생각하다, 숙고하다, 간주하다
▶ You must consider what to do in the future.
너는 장차 뭘 할 건지 생각해 봐야 한다.

STEP I

▶ He considered 「Hamlet」 as an example of a Shakespearean tragedy.
그는 「햄릿」을 셰익스피어 비극의 한 전형으로 간주했다.
considerable [kənsídərəbəl] 휑 상당한
a considerable distance 상당한 거리

71 consist [kənsíst]

동 ~에 있다, 구성되다, 양립하다, 일치하다
consist in (~에)있다, 존재하다
▶ Happiness consists in contentment
행복은 만족에 있다.
consist of ~으로 구성되다(be made up of)
▶ The company consists of five departments.
그 회사는 5개 부서로 구성되어 있다.
consistent [kənsístənt] 휑 일관된, 모순이 없는, 언행이 일치된

72 contact [kάntækt]

명 동 접촉(하다)
eye contact 시선 마주치기

73 content [kəntént]

명 내용, 만족감 (pl.)목차
휑 만족한(satisfied)
be content with 만족하다

74 continue [kəntínju:]

동 이어지다, 계속하다
continual [kəntínjuəl] 휑 연속적인
continuous [kəntínjuəs] 휑 지속적인

75 **control** [kəntróul]	몡 통 지배, 관리(하다) controllable [kəntróuləbəl] 휑 지배할 수 있는
76 **cost** [kɔːst]	몡 비용, 원가, (인명, 시간, 노력 등의) 희생, 손실 통 비용이 들다, (시간, 노력, 고통을) 요하다 at any cost = at all cost 어떤 비용을 들이더라도, 어떻게 해서든지 at the cost of ~을 희생하여 ▶ It costs me 1000 won. 　비용이 1000원 들었다. ▶ It costs me lots of labor. 　그 일은 나로 하여금 많은 힘이 들게 했다. costly [kɔ́ːstli] 휑 값비싼
77 **count** [kaunt]	몡 계산, 백작(Earl) 통 세다 count for much 중요하다 ↔ count for little 중요하지 않다 countless [káuntlis] 휑 무수한(innumerable)
78 **countenance** [káuntənəns]	몡 표정, 안색, 용모
79 **course** [kɔːrs]	몡 과정, 진행 of course 물론(certainly=definitely) in the course of ~동안에 (during) in the course of time 시간이 지나면, 언젠가는
80 **create** [kriːéit]	통 창조하다, 창작하다, 야기하다 creative [kriːéitiv] 휑 창조적인, 독창적인 (originative)

STEP I **25**

creatively [kriéitivli] 〖부〗창조적으로
creativity [krìːeitívəti] 〖명〗창조력

81 criticism [krítisìzəm]

〖명〗비평, 평론, 비난, 흠잡기
critic [krítik] 〖명〗비평가
criticize [krítisàiz] 〖동〗비평하다, 비난하다(blame)
critical [krítikəl] 〖형〗비판적인, 위험한, 결정적인 (decisive)
a critical moment 결정적인 순간

82 crop [krɑp]

〖명〗농작물
▶ The floods did a lot of damage to crops.
   홍수가 농작물에 큰 피해를 입혔다.

83 crowd [kraud]

〖명〗군중, 대중
crowded [kráudid] 〖형〗꽉 찬, 붐비는, 혼잡한
be crowded with ~으로 가득 차다
crowded street 붐비는 거리

84 culture [kʌ́ltʃər]

〖명〗문화
cultural [kʌ́ltʃərəl] 〖형〗문화적인
cultural diversity 문화적 다양성

85 cure [kjuər]

〖명〗치료 〖동〗치료하다, 고치다(heal)
cure a patient 환자를 치료하다
▶ Time cured him of his grief.
   시간은 그의 슬픔을 가시게 해 주었다.

86 cut [kʌt]

〖동〗자르다, 베다
cut back 줄이다(lessen=decrease)

87 damage
[dǽmidʒ]

명 동 손해, 손상(injury) (을 입히다)(injure)
brain damage 뇌 손상
do damage to ~에 손상을 입히다

88 danger
[déindʒər]

명 위험(risk=peril=hazard)
in danger of 위험에 직면해서
dangerous [déindʒərəs] 형 위험한, 위태로움
endanger [endéindʒər] 동 위험에 처하게 하다

89 dark
[dɑːrk]

형 어두운, 음울한, 비밀스러운
after dark 어두워진 후에

90 deal
[diːl]

동 다루다(treat) 명 취급, 처리, 거래(bargain)
deal with 다루다
▶ He is hard to deal with.
그는 처치 곤란이다.

91 decide
[disáid]

동 결심하다(resolve=determine), 결정하다
decisive [disáisiv] 형 결정적인, 중대한
decision [disíʒən] 명 결심
make a decision 결정을 내리다

92 define
[difáin]

동 정의하다, 규정짓다, 한정하다
definite [défənit] 형 정확한(exact=precise), 한정된
definition [dèfəníʃən] 명 정의, 명확함
define a word as 낱말의 뜻이 ~라고 정의를 내리다
▶ Reason defines man.
이성이 인간의 특징이다.

STEP I 27

93 **demand** [dimǽnd]	몡 동 요구(하다), 청구(하다), 필요(로 하다)(need) on demand 요구가 있는 즉시 the law of supply and demand 수요 공급의 법칙
94 **depend** [dipénd]	동 의지하다 depend on[upon] ~을 의지하다, ~에 달려있다 dependence [dipéndəns] 몡 의존 ↔ independence [ìndipéndəns] 몡 독립 dependent [dipéndənt] 형 의지하는(on/upon) ↔ independent [ìndipéndənt] 형 독립적인(from) dependable [dipéndəbl] 형 믿을 만한
95 **design** [dizáin]	몡 디자인 동 설계하다, 의도하다 by design 계획적으로(intentionally)
96 **desire** [dizaiər]	몡 욕망 동 바라다 have a desire for ~을 원하다 It is desired that ~함이 바람직하다 leave nothing to be desired 미진한 점이 전혀 없다 desirable [dizáiərəbəl] 형 바람직한, 탐나는, 매력적인
97 **despite** [dispáit]	전 ~에도 불구하고(in spite of=nevertheless)
98 **destroy** [distrɔ́i]	동 파괴하다(↔ construct), 망치다 destruction [distrʌ́kʃən] 몡 파괴 destructive [distrʌ́ktiv] 형 파괴적인, 해를 끼치는

99 determine
[ditə́ːrmin]

통 결정하다, 단정하다
▶ We determined to compete with our rival.
우리는 우리의 라이벌과 경쟁하기로 결정했다.
determined [ditə́ːrmind] 형 단호한(resolute), 굳게 결심한
determination [ditə̀ːrmənéiʃən] 명 결정

100 develop
[divéləp]

통 개발하다, 발전시키다, (사진 따위를) 현상하다
a developed country 선진국
a developing country 개발도상국
▶ The situation developed rapidly
국면이 급속히 진전되었다.
▶ His cold developed into pneumonia
그는 감기가 악화되어 폐렴이 되었다.
development [divéləpmənt] 명 발전

STEP I **29**

♣ 재미난 단어 유래

Ambulance - 걸어 다니는 병원, 앰뷸런스

ambulance는 '걷다'라는 의미를 가진 동사 ambulate(walk)에서 유래되었는데, 이 용어는 나폴레옹 통치하의 의사들에 의해서 고안되었다. 당시 그들은 전쟁터를 옮겨 다니며 부상자들을 치료하기 위해 병원을 이동시킬 필요가 있었다. 그래서 간이 병원을 운영하면서 '이동 병원(walking hospital)', 즉 hospital ambulant라는 용어를 사용했다. 그 후 응급차를 ambulance라 부르게 된 것이다.

Cab - '캐불리올레'의 쉬운 이름, cab

미국에서는 흔히 택시를 cab이라고 하는데, 영국을 비롯한 유럽에서는 taxi라는 말을 사용한다. 대중교통 수단으로 이용된 프랑스의 2륜 포장마차 '캐불리올레(cabriole:작은 뜀박질)'에서 cab이 유래되었다. 오늘날 택시를 cab이라고 부르는 것도 이 때문이다. 택시(taxi)라는 이름은 '택시미터(taximeter)'에서 나온 말이다. 택시미터란 차의 주행 거리를 계산하는 장치와 시간 측정 장치를 결합시킨 것을 부르는 말이다.

CHECK UP 1

A. 비슷한 말을 찾아 연결하시오.(유의어 찾기)
1. absolutely .
2. actually .
3. appearance .
4. benefit .
5. besides .
6. bother .
7. accomplish .

ⓐ the way you look you other people(외모)
ⓑ profit(이익)
ⓒ bring about(성취하다)
ⓓ completely(완전히)
ⓔ in fact(사실은)
ⓕ annoy(짜증나게 하다)
ⓖ moreover(게다가)

B. 다음 각 설명에 해당하는 단어를 보기에서 골라 쓰시오.(영문 정의 찾기)

allow / appreciate / approach / available / avoidable / breakable/ ceremony

1. to move nearer to something or someone
   _____(접근하다)

2. able to be obtained or used
   _____(유용한)

3. preventable
   _____(피할 수 있는)

4. to give permission for someone to do something
   _____(허락하다)

5. to be easily broken, damaged, fragile
   _____(깨지기 쉬운)

6. to understand and enjoy the good quality of something / thank
   _____(감상하다/감사하다)

7. a formal, well established action for marking an important event
   _____(의식)

C. 다음 보기에서 적합한 숙어를 골라 빈 칸에 쓰시오.

> above all / in addition / avail oneself of / break down / bring up / carry out

1. most of all=first of all=the most important of all
   =_____(무엇보다)
2. be out of order = _____(고장 나다)
3. make use of =_____(이용하다)
4. accomplish=succeed in doing something
   =_____(성취하다)
5. rear/domesticate = _____(키우다/사육하다)
6. besides=furthermore=moreover = _____(게다가)

실전문제 다음 문장을 읽고, 이탤릭체로 된 단어의 뜻을 맞게 설명한 것을 고르시오.

1. Becoming a doctor is a *laudable* goal, but Kelly doesn't seem to realize how much work and stress it will take to accomplish it.
   ⓐ commendable   ⓑ comparable

   realize 동 깨닫다   *accomplish* 동 성취하다   *commendable* 형 권장할 만한

2. Joan couldn't begin her day without at least one cup of *espresso* to wake her up.
   ⓐ medicine   ⓑ a kind of coffee

   at least : 적어도

A. 1.ⓓ 2.ⓔ 3.ⓐ 4.ⓑ 5.ⓖ 6.ⓕ 7.ⓒ
B. 1. approach   2. available   3. avoidable   4. allow
   5. breakable   6. appreciate   7. ceremony
C. 1. above all   2. break down   3. avail oneself of
   4. carry out   5. bring up   6. in addition
실전문제 1. ⓐ commendable(칭찬할 만한)
         2. ⓑ a kind of coffee(커피의 일종)

101 **difference**
[dífərəns]

명 차이
differ [dífər] 동 다르다, 의견을 달리하다
differ from ~와 다르다
different [dífərənt] 형 다른
cf.) indifferent [indífərənt] 형 무관심한, 냉담한

102 **difficult**
[dífikʌ̀lt]

형 어려운
difficulty [dífikʌ̀lti] 명 어려움, 곤경 (pl.)다툼
have difficulty in ~하는 데 어려움이 있다
▶ He has difficulty in the work.
그는 일하는 데 어려움을 겪고 있다.
▶ I have difficulty in remembering names.
나는 좀처럼 남의 이름을 기억할 수 없다.

103 **direct**
[dirékt]

동 이끌다, 지도하다(instruct), 명령하다(order),
(주의, 방침, 노력 등을) 돌리다, 기울이다
형 똑바른, 직접적인
▶ Nobody directed his attention to the fact.
아무도 그 사실에 주의를 기울이지 않았다.
directly [diréktli] 부 똑바로(straightly), 직접적으로
↔ indirectly [ìndiréktli] 부 우회적으로, 간접적으로
direction [dirékʃən] 명 방향
director [diréktər] 명 지도자, 관리자, 국장, 중역, 감독, 지휘자

104 **disappoint**
[dìsəpɔ́int]

동 실망시키다, (기대, 목적을) 어긋나게 하다
disappointment [dìsəpɔ́intmənt] 명 실망
to one's disappointment 실망스럽게도

STEP I **33**

105 disease
[dizíːz]

명 질병(illness), 병폐, 폐해
suffer from [catch] a disease 병을 앓다
family[hereditary] disease 유전병
be cured of a disease 병이 낫다

106 distant
[dístənt]

형 먼(far=remote), 아득한
distance [dístəns] 명 거리, 간격, (시간의) 경과
keep one's distance=keep at a distance 거리를 두다
within striking[healing/walking] distance
때리면 손이 닿을[부르면 들리는/걸어갈 수 있는] 거리에

107 disturb
[distə́ːrb]

동 방해하다, 어지럽히다, 소란하게 하다
▶ The noise disturbed them.
소음이 그들을 방해했다.
disturbance [distə́ːrbəns] 명 방해, 소란, 어지럽힘, 불안

108 draw
[drɔː]

동 당기다(pull), 그리다
draw the line 선을 긋다. 한계를 두다

109 dress
[dres]

명 옷, 의복 복장(clothing=costume), 정장
동 옷을 입다, 옷을 차려 입다, 정장하다
dress up 정장하다
▶ She's all dressed up for the party
그녀는 파티에 대비해서 정장을 차려 입었다.

110 durable
[djúərəbəl]

형 내구력이 있는, 튼튼한(↔ nondurable)
durability [djùərəbíləti] 명 내구성, 영속성

111 easy
[íːzi]

형 쉬운, 안락한, 태평스러운(easygoing)
easily [íːzəli] 부 쉽게, 편안하게
ease [iːz] 명 편함, 안정, (고통의) 경감(relief)
at ease 편안히

112 economy
[ikánəmi]

명 경제, 절약(frugality)
economic [ìːkənámik] 형 경제의, 경제학의
economical [ìːkənámikəl] 형 경제적인, 절약이 되는(saving=thrifty)
economics [ìːkənámiks] 명 경제학
economist [ikánəmist] 명 경제학자

113 education
[èdʒukéiʃən]

명 교육
receive a business education 실업 교육을 받다
educational [èdʒukéiʃənəl] 형 교육적인
educate [édʒukèit] 동 교육하다
educator [édʒukèitər] 명 교육자

114 effect
[ifékt]

명 결과(consequence=result), 효과
cause and effect 원인과 결과
in effect 사실상, 요컨대, 효력 있는
take effect 효력을 나타내다, 실시되다
to no effect 아무런 효과도 없이, 소용없이
to the effect that ~라는 취지로
effective [iféktiv] 형 효과적인, 유효한
effectively [iféktivli] 부 효과적으로

115 effort
[éfərt]

명 노력, 수고, 노력의 성과(achievement)
make an effort to ~하기 위해 노력하다
▶ They made an effort to escape.

STEP I **35**

	그들은 탈출하기 위해 애썼다. make every effort (to do) 온갖 노력을 다하다
116 **emotion** [imóuʃən]	몡 감정, 감동 a creature of emotion 감정의 동물 emotional [imóuʃənəl] 휑 감정적인 emotionally [imóuʃənəli] 튀 감정적으로
117 **encourage** [enkə́:ridʒ]	통 격려하다, 용기를 북돋우다(hearten) ↔ discourage [diskə́:ridʒ] 통 낙담시키다 encourage A to B A가 B할 수 있도록 격려하다
118 **end** [end]	몡 끝, 목적, 결말 통 끝내다 in the end 결국(finally=after all) put an end 끝내다(finish) end up (with) ~으로 끝나다(wind up) make ends meet 수입과 지출의 균형을 맞추다 ▶ The end justifies the means. 《속담》목적은 수단을 정당화한다.
119 **enjoy** [endʒɔ́i]	통 즐기다, (좋은 것을) 향유하다, 누리다 enjoy good health 건강을 누리다 ▶ Did you enjoy the holiday? 휴가를 잘 보내셨습니까?
120 **enter** [éntər]	통 들어가다, 입학 허가를 받다 entrance [éntrəns] 몡 입구, 입학
121 **environment** [inváiərənmənt]	몡 환경 environmental [inváiərənméntl] 휑 환경의

	environmentalist [invàiərənméntlist] 명 환경보호론자 environmentalism [invàiərənméntlìzəm] 명 환경결정론
122 **equip** [ikwíp]	동 갖추다, 준비하다(furnish=provide) equipment [ikwípmənt] 명 장비, 설비, 비품, 용품 a laboratory equipped for atomic research 원자력 연구의 설비를 갖춘 실험실
123 **especially** [ispéʃəli]	부 특히(particularly=exceptionally)
124 **essence** [ésəns]	명 본질, (사물의) 정수 in essence 본질적으로(essentially) essential [isénʃəl] 형 필수의(indispensable), 본질 적인, 가장 중요한 ▶ Love is essential to me 사랑은 내게 필수적이다.
125 **event** [ivént]	명 사건, 행사 at all events 어쨌든, 결국(in the event) in the event of 만일 ~의 경우에는(in case of) ▶ Coming events cast their shadows before 《속담》일이 생기려면 조짐이 나타나는 법이다. eventually [ivéntʃuəli] 부 마침내(at last), 결국 (finally=ultimately)
126 **exact** [igzǽkt]	형 정확한(accurate), 엄격한, 정밀한(precise) exactly [igzǽktli] 부 정확하게(accurately)

STEP I **37**

127 excite [iksáit]

⑤ 흥분시키다
excitement [iksáitmənt] ⑲ 흥분
exciting [iksáitiŋ] ⑳ 흥미진진한
excited [iksáitid] ⑳ 흥분한
▶ She's very excited about the party.
그녀는 파티 때문에 무척 흥분했다.

128 exist [igzíst]

⑤ 존재하다, (특수한 조건 또는 장소에) 있다
▶ Salt exists in the sea.
소금은 바닷물 속에 있다.
existence [igzístəns] ⑲ 존재

129 expect [ikspékt]

⑤ 기대하다
▶ I expect you to pass the exam.
=I expect you'll pass the exam.
난 네가 시험에 붙으리라고 기대한다.
expectation [èkspektéiʃən] ⑲ 기대
beyond expectation 기대 이상으로
below expectation 기대 이하로

130 experience [ikspíəriəns]

⑲ ⑤ 경험(하다)
a man of experience 경험이 풍부한 사람

131 explain [ikspléin]

⑤ 설명하다
explanation [èksplənéiʃən] ⑲ 설명, 해석

132 face [feis]

⑲ 얼굴, (건물 등의) 표면(surface) ⑤ 직면하다
have two faces 표리가 있다, 딴 마음을 가지다, (사람의 말, 행동 등이) 두 가지로 해석되다

38 똑똑한 영한단어 표현

▶ The house faces south [toward the south].
그 집은 남향이다.

133 **fact**
[fækt]

명 사실
as a matter of fact=in fact 사실(indeed)

134 **famous**
[féiməs]

형 유명한, 이름난(well-known)
cf.) infamous [ínfəməs] 형 악명 높은(notorious)
be famous for ~으로 유명하다

135 **fear**
[fiər]

명 공포
fearful [fíərfəl] 형 무서운

136 **female**
[fíːmeil]

명 형 여성(의)
↔ male [meil] 명 형 남성(의)

137 **figure**
[fígjər]

명 모양, 형상, 계산, (회화, 조각 등의) 인물
동 계산하다, 생각하다
figure out 계산하다, 총계(합계)를 내다, 생각하다
▶ I can't figure it out.
나는 그것을 이해할 수 없다.
▶ I figured him to be about fifty.
= I figured that he was about fifty
나는 그를 대략 50세쯤으로 보았다.

138 **fill**
[fil]

동 채우다, (마음을) 흡족하게 하다
fill out 기입하다
be filled with ~으로 가득 차다
fill in an application 지원서에 필요한 사항을 써넣다

STEP I **39**

139 **final** [fáinəl]	형 마지막, 결정적인, 궁극적인 finally [fáinəli] 부 마침내(at last)
140 **find** [faind]	동 발견하다 find out 알아내다, 풀다 ▶ I can find out the riddle. 　나는 그 수수께끼를 풀 수 있다.
141 **first** [fəːrst]	형 최초의, 으뜸가는 at first 처음에는 first of all 무엇보다도 우선 in the first place 첫째로(to begin with)
142 **flight** [flait]	명 비행, 탈출 make a flight 비행하다
143 **force** [fɔːrs]	명 힘(strength), 폭력(violence), 무력 동 강요하다(impose) be force to ~해야 한다 ▶ The child was forced to go to bed. 　그 아이는 침대에 가야 했다. ▶ We forced him to sign the paper. 　우리는 그에게 억지로 그 서류에 서명하게 했다.
144 **foreign** [fɔ́(ː)rin]	형 외국의, 외국풍의 foreigner [fɔ́(ː)rinər] 명 외국인
145 **form** [fɔːrm]	명 형태, 형식 formal [fɔ́ːrməl] 형 공식, 형식적인 ↔ informal [infɔ́ːrməl] 형 비공식적인, 약식의, 평상복의

146 free
[fri:]

형 자유로운, 한가한, 무료한, 무료의, ~이 없는
동 자유롭게 하다, 석방하다, 구하다, 제거하다
for free 무료로   set free 석방하다(release)
a day free from wind 바람 없는 날
▶ She tried to free herself of the thought
그녀는 그 생각을 떨쳐 버리려고 했다.

147 frequent
[frí:kwənt]

형 빈번한, 상습적인(habitual)
frequently [frí:kwəntli] 부 자주
frequency [frí:kwənsi] 명 빈도, 주파수, 진동수

148 front
[frʌnt]

형 전방의 명 앞, 정면, 최전선
in front of ~앞의

149 frustrate
[frʌ́streit]

동 망치다, 좌절시키다(baffle)
frustrated [frʌ́streitid] 형 낙담한
frustration [frʌstréiʃən] 명 좌절, 낙담

150 fun
[fʌn]

명 즐거움, 장난, 희롱(merriment)
make fun of=ridicule 놀리다, 조롱하다
▶ Children made fun of their teacher.
아이들이 선생님을 놀렸다.

151 fund
[fʌnd]

명 동 자금(을 대다)
a scholarship fund 장학 기금

152 get
[get]

동 얻다
get along (with) (~와 사이좋게) 지내다
get better 나아지다 ↔ get worse 나빠지다
get in the way 방해가 되다
get in 들어가다   get married 결혼하다

	get on 타다 ↔ get off 내리다 get ready 준비가 되다 get rid of 제거하다(remove) get together 합치다 get up 일어나다 get used to 익숙해지다
153 **gift** [gift]	명 선물(present), 재능(talent) gifted [gíftid] 형 타고난, 재능이 있는 ▶ We are all gifted with conscience 　우리에게는 모두 타고난 양심이 있다.
154 **give** [giv]	동 주다 give up 포기하다(renounce) ▶ I give up solving the problem 　문제를 해결하는 것을 포기했다.
155 **gloomy** [glú:mi]	형 우울한(melancholy), 어두운(dark) ▶ Our future seems gloomy. 　우리의 미래는 암담해 보인다.
156 **go** [gou]	동 가다 go away 가 버리다 go back 돌아오다 go beyond 낫다, 도를 지나치다 go into 조사하다(investigate) go on 앞으로 나아가다, 계속하다(continue) go through 겪다, 경험하다
157 **good** [gud]	형 좋은 be good at 능숙하다 ↔ be poor at 서투르다

▶ He's good at solving the problem.
그는 문제를 잘 해결한다.

158 government
[gʌ́vərnmənt]

명 정부, 내각(administration)
govern [gʌ́vərn] 동 지배하다, 다스리다, 운영하다
governmental [gʌ̀vərnméntl] 형 정부의

159 grade
[greid]

명 등급, 학년 성적(mark)
get a good grade 좋은 성적을 받아
grader [gréidər] 명 등급을 매기는 사람, 학년생
a fourth grader 4학년생

160 gradual
[grǽdʒuəl]

형 점진적인, 단계적인
a gradual progress 점진적인 진보
gradually [grǽdʒuəli] 부 점진적으로

161 growth
[grouθ]

명 성장
grow [grou] 동 자라다, 자라게 하다, 재배하다
grow up 어른이 되다
▶ She grew up to be pianist.
그녀는 자라서 피아니스트가 되었다.

162 guarantee
[gæ̀rəntíː]

명 동 보증(하다)
▶ This food is guaranteed to last for a week.
이 음식은 일주일간 지속된다고 보장되었다.
▶ He guaranteed us possession of the house by June
그는 그 집이 6월까지는 우리 것이 된다는 것을 보증했다.

163 half
[hæf]

명 절반 형 절반의
halfway [hǽfwéi] 부 중간까지, 거의(almost)
by halves (부정문에서) 어중간하게, 불완전하게
▶ It isn't my way to do things by halves.
  일을 어중간하게 하는 것은 내 방식이 아니다.

164 happen
[hǽpən]

동 일어나다(take place=occur)
▶ What happened to him?
  그에게 무슨 일이 일어났니?

165 health
[helθ]

명 건강
healthy [hélθi] 형 건강한
healthful [hélθfəl] 형 건강에 좋은

166 hold
[hould]

동 잡다, (손에)쥐다, 유지하다, 지탱하다
hold on 유지하다, 지속하다, 버티다
hold out 제공하다(offer)

167 honest
[ánist]

형 정직한, 솔직한, 성실한
honestly [ánistli] 부 정직하게
honesty [ánisti] 명 정직
↔ dishonesty [disánisti] 명 정직하지 않음

168 hope
[houp]

명 동 희망(하다)
in the hope of 희망을 가지고
▶ While there is life, there is hope.
  살아 있는 한, 희망은 있다.
hopeful [hóupfəl] 형 희망에 찬
hopeless [hóuplis] 형 절망적인

169 human
[hjú:mən]

형 인간의
human beings 인간
humanity [hju:mǽnəti] 명 인간, 인간성
humanitarian [hju:mǽnətɛ́əriən] 명 형 인도주의(자)

170 humorous
[hjú:mərəs]

형 유머러스한, 익살스러운, 우스운(funny)
humor [hjú:mər] 명 유머, 기질, 변덕
▶ Every man has his humor.
《속담》각인각색(各人各色).

171 hungry
[hʌ́ŋgri]

형 배고픈
hunger [hʌ́ŋgər] 명 굶주림(famine), 갈망(for)
with hunger 배가 고파서
a hunger for fame 명예에 대한 욕구

172 ignore
[ignɔ́:r]

동 무시하다, 모르는 체하다(neglect)
ignorance [ígnərəns] 명 무지
ignorant [ígnərənt] 형 무지한
▶ He was ignorant of simple facts.
그는 간단한 사실을 모르고 있었다.

173 imagine
[imǽdʒin]

동 상상하다, 생각하다(suppose)
imagination [imædʒənéiʃən] 명 상상
imaginative [imǽdʒənətiv] 형 상상력이 풍부한
imaginary [imǽdʒənèri] 형 상상의, 가공의
imaginary faculty 상상력
an imaginary person 가공인물

174 **immediate** [imíːdət]	형 직접의, 즉각의(instant) immediately [imíːdiətli] 부 즉시(at once= instantly)
175 **importance** [impɔ́ːrtəns]	명 중요 a person of importance 중요인물 important [impɔ́ːrtənt] 형 중요한 an important event 중대 사건
176 **improve** [imprúːv]	동 개선하다(make better=get better) ▶ He is improving in health. 그의 건강은 회복되고 있다. improvement [imprúːvmənt] 명 개선, 개량, 진보
177 **include** [inklúːd]	동 포함하다, 함유하다(↔ exclude) ▶ It tax included in the bill? 청구서에 세금이 포함되었습니까? inclusion [inklúːʒən] 명 포함
178 **increase** [inkríːs]	명 동 (수량·정도 등이) 증가(하다) ↔ decrease [díːkriːs] 명 동 감소(하다) cf.) enlarge [enláːrdʒ] 동 (크기·양 등이) 증가하다 multiply [mʌ́ltəplài] 동 (수량이 배로) 늘어나다)
179 **indeed** [indíːd]	부 정말로 (certainly=assuredly=really=truly)
180 **individual** [ìndəvídʒuəl]	명 형 개인(의) individuality [ìndəvìdʒuǽləti] 명 개성, 개인 (pl.), (개인적인) 특성, 특질

	individualism [ìndəvídʒuəlìzəm] 명 개인주의, 이기주의(egoism) individualist [ìndəvídʒuəlist] 명 개인주의자 individualistic [ìndəvídʒuəlístik] 형 개인주의적인
181 **influence** [ínfluəns]	명 동 영향(을 주다) ▶ He was a good influence on his brothers. 그는 동생들에게 좋은 영향을 미쳤다. influential [ìnfluénʃəl] 형 영향력이 있는, 유력한(powerful)
182 **inform** [infɔ́ːrm]	동 알리다(notify) inform A of B A에게 B라는 사실을 알리다 ▶ I informed him of her success.= I informed him that she had been successful. 나는 그에게 그녀의 성공을 알렸다. information [ìnfərméiʃən] 명 정보 informative [infɔ́ːrmətiv] 형 정보를 제공하는
183 **insist** [insíst]	동 주장하다, 요구하다, 고집하다(persist) insist on 주장하다, 요구하다 ▶ He insisted that I (should) start at once. 그는 내가 즉시 출발해야 한다고 강력히 주장했다.
184 **instead** [instéd]	부 대신에, 오히려 instead of ~대신에
185 **instruct** [instrʌ́kt]	동 가르치다, 지시하다 instruction [instrʌ́kʃən] 명 교육

STEP I **47**

	instructor [instrʌ́ktər] 명 지도자, 강사(teacher)
186 **interest** [íntərist]	명 흥미, 관심사, 이익 동 이자 흥미를 주다 interesting [íntəristiŋ] 형 재미있는
187 **international** [ìntərnǽʃənəl]	형 국제의 ↔ domestic [douméstik] 형 국내의 an international situation 국제 정세
188 **join** [dʒɔin]	동 붙이다, 합치다(unite), 참가하다(take part in) join a club 클럽에 들어가다
189 **keep** [ki:p]	동 유지하다, (약속을) 지키다 keep a diary 일기를 쓰다 keep one's promise 약속을 지키다 keep a secret 비밀을 지키다 keep from ~ing 그만두다, 삼가다(refrain from ~ing) keep in mind 명심하다(bear in mind) keep quiet 조용히 하다 keep up with 따라잡다(catch up with)
190 **last** [læst]	형 최후의 at last 마침내 (in the end) last of all 최후에 (finally) the last man (in the world) I want to see 내가 가장 만나고 싶지 않은 사람 ▶ She was the last to come. 그 여자가 제일 마지막으로 왔다. ▶ She is the last wife for a farmer. 그녀는 농부에게는 도무지 어울리지 않는다.

191 lead
[liːd]

⑧ 인도하다, 지휘하다, (어떤 결과에) 이르게 하다, 선두에 서다
↔ mislead [misliːd] ⑧ 잘못 인도하다
▸ This road leads to the downtown.
이 길은 시내로 이어진다.
▸ Iowa leads the nation in corn production.
아이오와주(州)는 미국 제일가는 옥수수 산지이다.
leader [líːdər] ⑲ 지도자
leadership [líːdərʃip] ⑲ 지도력 cf.) lead [lid]
⑲ 납

192 lean
[liːn]

⑧ 기울다, 치우치다(toward), 기대다, 의지하다
lean on the help of a friend 친구의 도움에 기대를 걸다

193 leap
[liːp]

⑧ 뛰어오르다
▸ Look before you leap.
《속담》돌다리도 두드려 보고 건너라.

194 least
[liːst]

⑲ 최소의, (중요성·가치가) 가장 낮은
at least 적어도
least of all 최소한
not the least 조금도 ~않다, 최소의 ~도 없다

195 leisure
[líːʒər]

⑲ 여가(spare time)
leisurely [líːʒərli] ⑲ 여유 있는 ⑮ 여유 있는 태도로
▸ I have no leisure to read.
책을 읽을 한가한 시간이 없다.

STEP I **49**

196 lift
[lift]

명 들어올리기
동 들어 올리다, 향상시키다, 출세하다
lift oneself from poverty 무명 인사를 출세시키다

197 likely
[láikli]

형 ~할 것 같은(probable), ~함직한
be likely to ~할 것 같다.
▶ It's not likely to come true.
그건 실현될 것 같지 않다.

198 limit
[límit]

명 제한, 한계(선), 극한, 한도
동 제한하다(restrict)
off limits 출입 금지
set limits to ~을 제한하다
limitation [lìmətéiʃən] 명 한계

199 literature
[lítərətʃər]

명 문학, 문헌, 학식
literary [lítərèri] 형 문학의(of literature), 문어적인 (↔ colloquial)
literal [lítərəl] 형 문자상의, 글자대로의
literate [lítərit] 형 읽고 쓸 줄 아는, 교양 있는
↔ illiterate [ilítərit] 형 문맹의
literacy [lítərəsi] 명 읽고 쓰는 능력

200 living
[líviŋ]

형 살아 있는, 현존하는, 활발한(lively)
명 생존
make a living 생계를 유지하다

CHECK UP 2

A. 비슷한 말을 찾아 연결하시오.(유의어 찾기)
1. direct .
2. disturb .
3. especially .
4. famous .
5. gift .
6. gloomy .
7. ignore .

ⓐ neglect(무시하다)
ⓑ particularly(특별히)
ⓒ instruct(가르치다)
ⓓ talent(재능)
ⓔ bother(방해하다)
ⓕ melancholy(우울한)
ⓖ well-known(유명한)

B. 다음 각 설명에 해당하는 단어를 보기에서 골라 쓰시오.(영문 정의 찾기)

durable / encourage / honest / humorous / insist / literate / formal

1. not likely to lie, steal, or cheat
   _____(정직한)
2. funny and amusing in a clever way
   _____(유머러스한)
3. according to customs
   _____(형식적인)
4. lasting for a long time
   _____(오래가는)
5. to declare firmly, especially when someone else doubts you
   _____(주장하다)
6. to try to persuade someone to do something
   _____(고무하다)
7. able to read and write/well educated
   _____(글을 쓰고 읽을 수 있는/박식한)

C. 다음 보기에서 적합한 숙어를 골라 빈 칸에 쓰시오.

> in the end / end up / in the event of / in fact / go into / make fun of / at once

1. wind up = _____ (~으로 끝나다)
2. immediately=instantly = _____ (즉시)
3. in case of = _____ (~하는 경우에)
4. poke fun at =ridicule = _____ (놀리다)
5. finally=after all = _____ (결국)
6. at a matter of fact = _____ (사실)
7. investigate = _____ (조사하다)

[실전문제] 다음 문장을 읽고, 이탤릭체로 된 단어의 뜻을 맞게 설명한 것을 고르시오.

1. The guests are noisy, and they never use knives, forks, or napkins. Who are these *impolite* guests?
   ⓐ very polite   ⓑ not polite

2. Never Pittsburgh, Pennsylvania, there is a *luxury* hotel.
   ⓐ old   ⓑ first-class

first-class [형] 일류의, 고급의

A. 1.ⓒ 2.ⓔ 3.ⓑ 4.ⓖ 5.ⓓ 6.ⓕ 7.ⓐ
B. 1. honest   2. humorous   3. formal   4. durable
   5. insist   6. encourage   7. literate
C. 1. end up   2. at once   3. in the event of
   4. make fun of 5. in the end 6. in fact   7. go into
[실전문제] 1. ⓑ not polite(예의바르지 않은)
         2. ⓑ first-class(최고급의)

201 **local** [lóukəl]
형 지방의, 지역의 명 (pl.)지방민
local newspaper 지역 신문

202 **lonely** [lóunli]
형 고독한(lonesome)
loneliness [lóunlinis] 명 고독

203 **look** [luk]
동 보다
look after 돌보다(take care of)
look around 둘러보다
look at ~을 보다
look back 돌아보다, 추억하다, 회고하다(reflect)
look down on[upon] 내려다보다, 경멸하다(despise)
look for 찾다(seek=search for)
look forward to 기대하다(anticipate)
look out 밖을 보다, 주의하다
look through 훑어보다
look up 찾아보다
look up to 존경하다(respect)

204 **lose** [luːz]
동 잃어버리다, 패하다(lose-lost-lost)
loser [lúːzər] 명 실패자, 패자(↔ winner)
lost [lɔ(ː)st] 형 잃은, 행방불명의(missing), 헛된
loss [lɔ(ː)s] 명 손해, 분실, 실패
loss lose one's mind 미치다(become crazy)
at a loss 손해를 보고, 당황하여
▶ I was at a loss for answer. 나는 대답할 바를 몰랐다.

205 **low** [lou]
형 낮은, 기운 없는, 침울한, 썰물의
high and low 상하 귀천을 막론하고, 도처에
lower [lóuər] 동 낮추다, 떨어뜨리다
lower the price 가격을 낮추다

STEP I **53**

206	**main** [mein]	형 주요한 mainly [méinli] 부 주로(chiefly=principally)
207	**major** [méidʒər]	명 전공, 《음악》장조 형 중요한 동 전공하다(specialize) ↔ minor [máinər] 명 미성년, 부전공, 단조 형 중요하지 않은 동 부전공하다 majority [mədʒɔ́(:)rəti] 명 다수, 과반수 ↔ minority [minɔ́:riti] 명 소수, 소수 민족, 미성년
208	**make** [meik]	동 만들다 make up (of) 구성하다(consist of) make up for 보충하다(compensate) make certain=make sure 확실히 하다 make a commitment 약속하다(promise) make a living 생계를 유지하다 make errors 실수하다(make a mistake) make fun of 놀리다(ridicule), 조롱하다, 업신여기다 make a point of ~하기로 하다 make an effort to 노력하다 ▶ He made an effort to explain the situation 그는 상황을 설명하기 위해 노력했다.
209	**material** [mətíəriəl]	명 물질, 재료 형 물질적인(physical), 육체의 ↔ nonmaterial [nɑ̀nmətíəriəl] 형 비물질적인 materialism [mətíəriəlizəm] 명 유물론, 물질주의
210	**measure** [méʒər]	명 측정, 계량 (pl.)대책 동 측정(하다) a measuring cup 계량컵 ▶ The government has taken measures to preserve order. 정부는 질서를 유지하기 위한 대책을 취했다.

211 melt
[melt]

동 녹다, 용해하다
▶ The sun melted the snow.
태양이 눈을 녹였다.

212 mind
[maind]

명 마음, (사고, 의지 등의)정신
absence of mind 방심
questioning mind 탐구심
keep in mind 기억하다

213 mistake
[mistéik]

명 동 잘못(하다)
by mistake 실수로
make a mistake 잘못하다
mistake A for B A를 B로 잘못 알다

214 modern
[mádərn]

형 현대의, 근대의
modernity [madɔ́ːrnəti] 명 현대성, 근대성
modernize [mádərnàiz] 동 현대화하다

215 moreover
[mɔːróuvər]

부 더욱이(in addition=besides=furthermore)

216 natural
[nǽtʃərəl]

형 자연의, 타고난, 꾸밈없는
naturally [nǽtʃərəli] 부 자연히
nature [néitʃər] 명 본성, 자연
human nature 인간 본성
▶ Habits is the second nature.
《속담》습관은 제2의 천성.

217 necessary
[nésəsèri]

형 필요한(essential=indispensable)
necessarily [nèsəsérəli] 부 반드시
↔ unnecessarily [ʌnnésəsèrəli] 부 쓸데없이

STEP Ⅰ 55

necessaries 명 (pl.)필수품
necessity [nəsésəti] 명 필수품, 필요성
▶ Necessity is the mother of invention.
필요는 발명의 어머니

218 **nervous**
[nə́:rvəs]

형 초조해하는, 신경과민의, 두려워하는
nervousness [nə́:rvəsnis] 명 신경과민, 겁, 소심함
nerve [nə:rv] 명 신경, 뻔뻔스러움
have a nerve 뻔뻔스럽다
get on a person's nerves
~의 신경을 건드리다,
~을 안달 나게 하다

219 **object**
[ábdʒikt]

명 물체, 목표 동 반대하다
objection [əbdʒékʃən] 명 반론
objective [əbdʒéktiv] 형 객관적인
↔ subjective [səbdʒéktiv] 형 주관적인

220 **obtain**
[əbtéin]

동 얻다(get=acquire)
obtain forgiveness 사과를 받아들이다

221 **occasion**
[əkéiʒən]

명 경우, 시기, 기회
occasional [əkéiʒənəl] 형 임시의, 이따 금씩의, 수시의
occasionally [əkéiʒənəli] 부 가끔(now and then), 때때로(sometimes)
occasionally=on occasion 가끔

222 **occur**
[əkə́:r]

동 일어나다(happen=take place), 발생하다, 머리에 떠오르다, 생각이 나다(to)

	It occured to me that ~한 생각이 떠오르다 occurrence [əkə́:rəns] 명 발생, 사건
223 **offer** [ɔ́(:)fər]	동 제공하다, 제의하다, 권하다 offer assistance 원조를 제공하다
224 **once** [wʌns]	부 이전 once a day 하루에 한번 all at once 동시에(simultaneously=at the same time) once in a while 가끔 once upon a time 옛날에 ▶ There was once a giant. 옛날에 한 거인이 있었다. ▶ I haven't seen him once. 나는 그를 한 번도 만난 일이 없다.
225 **operation** [àpəréiʃən]	동 조작, 운전, 수술, 작용 (pl.)군사 작전 put into operation 실시(시행)하다 operate [ápərèit] 동 조작, 운전, 수술하다 operator [ápərèitər] 명 기사, 운전사
226 **order** [ɔ́:rdər]	명 명령, 질서, 순서, 서열 in order to ~하기 위해서 in alphabetical order 알파벳순으로 be under order to do ~하라는 명을 받고 있다 keep in order 질서를 바로 잡아 두다
227 **organization** [ɔ̀:rgənəzéiʃən]	명 조직, 체제, 단체 organize [ɔ́:rgənàiz] 동 조직, 구성하다,

STEP I **57**

	(행사 등을) 개최하다 organic [ɔːrgǽnik] 형 유기적인, 구조상의
228 **past** [pæst]	명 (the)과거, 이력 형 지나간, 과거의 in the past 과거에는
229 **pay** [pei]	동 지불하다, 이익이 되다 pay one's debt 빚을 갚다 ▶ He paid me the rent. 그는 나에게 집세를 치렀다. ▶ The deal paid him 10,000 dollars. 그 거래로 그는 1만 달러의 이익을 봤다. payment [péimənt] 명 지불, 납입
230 **perform** [pərfɔ́ːrm]	동 수행하다, 공연·연기하다 performance [pərfɔ́ːrməns] 명 실행, 공연, 연기, 연주
231 **permit** [pəːrmít]	명 동 허가(하다)(allow) permission [pəːrmíʃən] 명 허가, 승인
232 **personal** [pə́ːrsənəl]	형 개인의, 사적인, 인격적인 ↔ impersonal [impə́ːrsənəl] 형 비개인적인 personality [pə̀ːrsənǽləti] 명 성격(character), 개성, 인격 personnel [pə̀ːrsənél] 명 인사, 직원, 인원, 인사과

233 **physical** [fízikəl]	형 육체적인, 물질적인(↔ spiritual) a physical change 육체적 변화 physically [fízikəli] 부 육체적으로, 물질적으로
234 **pick** [pik]	동 고르다 pick out 가려내다(choose) pick up 줍다, (차에)태우다
235 **place** [pleis]	명 장소 take place 발생하다(happen=occur) ▶ The important event took place in London. 런던에서 중요한 이벤트가 발생했다.
236 **play** [plei]	동 놀다, 연주하다, 연기하다 play a part[role] 역할을 하다 ▶ She played a part[role] of a princess. 그녀는 공주 역할을 했다. playful [pléifəl] 형 놀기 좋아하는, 명랑한, 농담의
237 **pleasure** [pléʒər]	명 기쁨, 즐거운, 방종 pleasant [plézənt] 형 즐거운 ↔ unpleasant [ʌnplézənt] 형 불유쾌한 pleased [pli:zd] 형 기뻐하는, 만족한 (contented=satisfied)
238 **poetry** [póuitri]	명 (집합적)시 poem [póuim] 명 시, 가사 a lyric poem 서정시

	an epic poem 서사시 poet [póuit] 명 시인 poetic [pouétik] 형 시적인, 시인의, 낭만적인
239 **point** [pɔint]	명 요점 동 지적하다, 가리키다 point out 가리키다 make a point of 중요시하다 raise the point 문제를 제기하다 come to the point 중대한 대목에 이르다, 요점에 이르다
240 **population** [pɑ̀pjəléiʃən]	명 인구, 주민 population explosion 인구 폭발
241 **positive** [pázətiv]	형 명확한, 긍정적인 ↔ negative [négətiv] 형 부정적인, 소극적인 a positive attitude toward the future 미래에 대한 긍정적인 자세
242 **possibility** [pàsəbíləti]	명 가능성 possible [pásəbəl] 형 가능한, 있음직한, 어울리는 ↔ impossible [impásəbəl] 형 불가능한
243 **practice** [præktis]	명 동 연습, 실행, 훈련(하다) practical [præktikəl] 형 실용적인 practicable [præktikəbəl] 형 실행 가능한
244 **praise** [preiz]	명 동 칭찬, 찬양(하다) praise to God 신에 대한 찬양

245 preference
[préfərəns]

명 기호, 더 좋아함, 편애
prefer [prifə́:r] 통 보다 좋아하다 (like better)
prefer A to B B보다 A를 더 좋아하다
▶ She prefers tea to coffee.
그녀는 커피보다 차를 좋아한다.
▶ I much prefer playing in the open air (to reading indoors.)
(집에서 독서하기보다) 밖에서 놀기가 훨씬 좋다.

246 prepare
[pripέər]

통 준비하다
preparation [prèpəréiʃən] 명 준비

247 private
[práivit]

형 개인의, 사적인
privacy [práivəsi] 명 사생활
▶ Don't disturb my privacy!
내 생활을 침해하지 마!

248 proceed
[prousí:d]

통 나아가다
process [práses] 명 진행, 과정, (만드는)방법
in the process of ~하는 중

249 produce
[prədjú:s]

통 생산하다
product [prádəkt] 명 생산물
production [prədʌ́kʃən] 명 생산
productivity [pròudʌktívəti] 명 생산성
productive [prədʌ́ktiv] 형 생산적인, 생산하는, 풍부한, (토지가)비옥한
↔ unproductive [ʌ̀nprədʌ́ktiv]
형 비생산적인
▶ Poverty is productive of crime.
빈곤은 범죄를 낳는다.

STEP I **61**

250 **professor** [prəfésər]	몡 교수 associate professor 부교수 assistant professor 조교수
251 **progress** [prágres]	몡 전진, 진보, 향상(↔ regress) 통 진보하다, 전진하다 progressive [prəgrésiv] 혱 진보적인, 혁신적인 (↔ conservative)
252 **promise** [prámis]	몡 통 약속(하다) make[give] a promise 약속을 하다 keep[carry out] one's promise 약속을 지키다 break one's promise 약속을 깨 뜨리다 ▶ A promise is a promise. 약속은 약속이다(약속은 꼭 지켜야 한다). promising [prámisiŋ] 혱 유망한(hopeful) a promising student 전도유망한 학생
253 **prompt** [prɑmpt]	혱 재빠른, 신속한 통 자극하다(inspire), 격려하다(cheer) promptly [prámptli] 閉 재빨리, 정확하게, 정각에
254 **proper** [prápər]	혱 적당한, 적절한, 예의바른, 단정한 properly [prápərli] 閉 적당하게, 예의바르게 propriety [prəpráiəti] 몡 정당성, 단정한, 예의바름
255 **protect** [prətékt]	통 보호하다 ▶ She protected her children from danger. 그녀는 위험으로부터 아이들을 보호했다.

	protection [prətékʃən] 명 보호, 보호무역 제도
256 **protest** [prətést]	명 동 항의(하다) make a protest=protest 항의하다
257 **prove** [pruːv]	동 증명하다 ▶ She proved herself (to be) a good lawyer. 그녀는 자신이 훌륭한 변호사임을 입증했다. proof [pruːf] 명 증거, 증명 in proof of ~의 증거로 fireproof[waterproof] 불[물]에 대해 내구성이 있는, 견디는
258 **provide** [prəváid]	동 제공하다, 공급하다(supply), 규정하다 ▶ Chickens provide us eggs. 닭은 우리에게 계란을 제공한다. ▶ It is provided that the papers (should) be typed. 서류는 타자 치도록 규정되어 있다.
259 **public** [pʌ́blik]	명 대중, 공중, 국민 형 공공의(↔ private), 공공연한, 유명한 a public library 공공도서관 go [make] public 공표하다, 공개하다 publicity [pʌblísəti] 명 공표
260 **purpose** [pə́ːrpəs]	명 목적(aim=object) on purpose 고의로(intentionally)

STEP I **63**

261 **put** [put]	동놓다, 두다 put aside=put away 치우다 put down 내려놓다, 진압하다, 억누르다(suppress) put on 입다 ↔ put off 벗다(take off) put out 내쫓다(dismiss=expel) 끄다(extinguish) put together 모으다 put up with 참다(endure)
262 **quality** [kwáləti]	명질, 소질 ↔ quantity [kwántəti] 명양 qualification [kwὰləfəkéiʃən] 명자격, 면허장, 제한 qualify [kwáləfài] 동~에게 자격을 주다
263 **quiet** [kwáiət]	형조용한(↔ noisy) 동조용하게 하다 quietness [kwáiətnis] 명정적
264 **quite** [kwait]	부완전히, 상당히, 전적으로(wholly) ▶ You're quite right. 　네가 전적으로 옳아.
265 **range** [reindʒ]	명범위 동정돈하다 beyond one's range ~의 범위를 넘어서는
266 **rate** [reit]	명비율, 요금 동평가하다, 여겨지다 at all rates 어떻게 해서라도 at any rate 어쨌든, 좌우간에 at the rate of ~의 비율로 hotel[postal]rates 호텔[우편] 요금

	▶ He is rated(as) one of the richest men. 그는 가장 부유한 사람 중의 하나로 여겨진다.
267 **rather** [rǽðər]	부 어느 정도, 꽤, 오히려, 어느 쪽인가 하면 would[had] rather A than B B하느니 차라리 A가 낫다 ▶ You would rather insist on your point. 네 주장을 강조하는 편이 낫다. A rather than B B라기 보다는 오히려 A이다 ▶ He is a writer rather than a scholar. 그는 학자라기보다는 오히려 문필가이다.
268 **react** [ri:ǽkt]	동 반작용하다, 《화학》반응하다 reactive [ri:ǽktiv] 형 반동하는 reaction [ri:ǽkʃən] 명 반응, (정치상의)반동, (자극에 대한)반응
269 **reason** [ríːzən]	명 이성, 이유 까닭(cause) reasonable [ríːzənəbəl] 형 타당한, 분별이 있는, 온당한 at a reasonable price 알맞은 가격으로
270 **receive** [risíːv]	동 받다 receive a letter 편지를 받다 receive the served ball 리시브하다 receipt [risíːt] 명 영수증 receptive [riséptiv] 명 잘 받아들이는, 감수성이 풍부한
271 **recent** [ríːsənt]	형 최근의 recent events 최근의 사건 recently [ríːsəntli] 부 최근

STEP I **65**

272 recognize
[rékəgnàiz]

⑧ 알다, 인정하다(acknowledge), 승인하다
recognition [rèkəgníʃən] ⑲ 인정, 인식, 승인
receive much recognition 크게 인정을 받다

273 reduce
[ridjúːs]

⑧ 줄이다, 낮추다(lower)
reduction [ridʌ́kʃən] ⑲ 감소
price reductions 가격 인하

274 regard
[rigάːrd]

⑧ 여기다, 간주하다(consider) ⑲ 안부
regard A as B A를 B로 간주하다
regard the situation as serious
사태를 심각하게 여기다
as regards = in regard to = with regard to
~에 관하여
▶ Give him my best regards.
그에게 안부를 전해 주세요.

275 regret
[rigrét]

⑲ 유감, 후회 ⑧ 후회하다
I regret to say, 유감스럽지만
▶ I regretted having spent the money.
  = I regretted that I spent the money.
나는 그 돈을 쓴 것을 후회했다.
regretful [rigrétfəl] ⑱ 뉘우치는, 후회하는, 애석해하는
regrettable [rigrétəbəl] ⑱ 유감스러운, 서운한, 개탄할

276 regular
[régjələr]

⑱ 보통의, 규칙적인, 표준의
↔ irregular [irégjələr] ⑱ 불규칙적인
irregularity [irègjəlǽrəti] ⑲ 불규칙성

277 **relate**
[riléit]

동 관계있다, 설명하다
be related with ~와 관계가 있다
relation [riléiʃən] 명 관계
relationship [riléiʃənʃip] 명 관계
blood relationship 혈연관계

278 **relax**
[riléks]

동 긴장을 풀다, 늦추다(loosen), 힘을 빼다
relaxation [rìːlækséiʃən] 명 휴식, 이완, 오락
relaxed [rilǽkst] 형 편안한, 긴장을 푼

279 **remain**
[riméin]

동 남다, 머무르다 명 (pl.)유물
▶ Much more still remains to be done.
해야 할 일은 아직 많이 남아 있다.
the remains of the ancestors 조상의 유물

280 **remind**
[rimáind]

동 상기시키다
remind A of B A에게 B를 상기시키다.
▶ She reminds him of his mother.
그녀는 그에게 그의 어머니를 상기시킨다.

281 **remote**
[rimóut]

형 먼(distant), 멀리 떨어진, 외딴(secluded)

282 **reply**
[ripái]

명 동 대답(하다)
▶ You must hurry up to reply to her letter.
너는 빨리 그녀의 편지에 답장을 해야 한다.

STEP I **67**

283 report
[ripɔ́:rt]

명 동 보고(하다)
It is reported that ~이라는 소문이다
▶ He is reported to have been in Paris.
그는 파리에 있다고 한다.
reporter [ripɔ́:rtər] 명 보고자

284 require
[rikwáiər]

동 필요로 하다, 요구하다
▶ He is required to hand in his application.
그는 지원서를 제출할 필요가 있다.
requirement [rikwáiərmənt] 명 필요, 필요조건
requirements for graduation 졸업에 필요한 조건

285 research
[risə́:rtʃ]

명 동 연구(하다)
researcher [risə́:rtʃər] 명 연구자

286 respect
[rispékt]

명 동 존경(하다)(look up to)
in respect of ~에 관하여(with regard to)
respectable [rispéktəbəl] 형 존경할 만한, (수량, 크기 등이)상당한, 꽤 많은
respectful [rispéktfəl] 형 정중한
↔ disrespectful [dìsrispéktfəl]
형 무례한

287 response
[rispáns]

명 대답, 반응
in response to ~에 답하여
make a response=respond 대답하다
respond [rispánd] 동 대답하다, 응하다, 반응하다

288 responsible
[rispánsəbəl]

형 책임을 지는, 신뢰할 수 있는
↔ irresponsible [ìrispánsəbəl] 형 무책임한, 믿을 수 없는
▶ I'm not responsible for his fault.
나는 그의 잘못에 책임 없다.
responsibility [rispànsəbíləti] 명 책임
take the responsibility of 책임을 지다

289 result
[rizʌ́lt]

명 동 결과(가 나오다)
as a result=in result 그 결과
result from ~에서 기인하다
▶ Disease often results from poverty.
질병은 종종 빈곤에서 생긴다.
result in ~으로 끝나다
▶ Their negotiation resulted in failure.
그들의 협상은 결국 실패했다.

290 run
[rʌn]

동 달리다, 경영하다, 운전하다, 흐르다
run away 달아나다
run for ~에 입후보하다
run out of 다 써 버리다
▶ She ran out of sugar.
그녀는 설탕이 바닥이 났다.
run over 훑어보다

291 rush
[rʌʃ]

명 돌진
동 달려들다, 서두르다, 성급히 행동으로 옮기다
▶ The river rushed along.
강이 세차게 흐르고 있었다.

STEP I **69**

292 sake
[seik]

명 목적, ~을 위함, 이익
for convenience' sake 편의상
for heaven's sake 제발, 아무쪼록
for one's sake ~ 때문에
for the sake of ~을 위하여

293 sale
[seil]

명 판매, 매각(selling)
on sale 팔려고 내놓은
▶ This house is on sale.
이 집은 팔려고 내놓았다.

294 save
[seiv]

통 구하다(rescue), 절약하다
(경비, 비용, 고생 등을) 덜어주다
▶ This shirt saves ironing.
이 셔츠는 다림질은 안 해도 된다.

295 science
[sáiəns]

명 과학
scientist [sáiəntist] 명 과학자
scientific [sàiəntífik] 형 과학의
scientific method 과학적 방법

296 secure
[sikjúər]

형 안전한, 보장된, 확고한
↔ insecure [ìnsikjúər] 형 위험한
security [sikjúəriti] 명 안전, 보증 (*pl.*)유가증권

297 seek
[si:k]

통 찾다
seek fame and fortune 명예와 부를 추구하다

298 sense
[sens]

명 감각
make sense 뜻이 통하다, 이치에 맞다
common sense 상식

	sensitive [sénsətiv] 형 민감한, 신경질적인, 감수성이 예민한 sensible [sénsəbəl] 형 분별 있는, 현저한, 알아챌 만한
299 **separate** [sépərèit]	동 분리하다(part=divide), 헤어지게 하다 형 분리된 separate A from B A와 B를 분리시키다 separate politics from economics 정치를 경제와 분리하다 separation [sèpəréiʃən] 명 분리, 독립, 이탈, 별거 separation of powers 3권 분립 separately [sépəritli] 부 갈라져, 개별적으로
300 **serious** [síəriəs]	형 진지한, 중대한, 심각한 serious reading 정독 seriously [síəriəsli] 부 진지하게

STEP I **71**

♣ 재미난 단어 유래

Bulldozer – 소를 졸게 하는 차?

bulldozer의 원형은 bulldoze라는 동사이다. 이 말은 1870년대 미국에서 생겨났는데, '황소'라는 의미의 bull과 '졸다'라는 의미의 doze가 결합된 합성어이다. '황소를 졸게 하다'라는 말을 의역하면 곧 '힘이 센 황소를 맥을 못 추게 하다'라는 뜻이 된다. 여기에서 발전하여 bulldoze라는 말이 '우격다짐으로 시키다, 위협하다'라는 의미를 갖게 되었다. 험하고 접근하기 어려운 지형을 깎아 내고 고르는 일을 하는 것은 '억센 황소를 잠재우는 일'에 비유될 수 있으므로 그런 일에 사용되는 기계를 bulldoze라고 이름 붙인 것이다.

Jeep – 뽀빠이 만화에서 유래된 자동차 이름?

jeep는 '4륜 구동의 다목적 자동차'를 말한다. 원래는 제2차 세계대전 중 미국 육군의 요청을 받아 아메리칸 밴텀사가 개발한 자동차 모델이다. jeep라는 이름이 붙여진 것에는 만화 Popeye에 나오는 Eugene the Jeep라는 캐릭터의 영향이 결정적이었다. 초자연적인 힘을 가진 이 조그마한 동물은 짖을 때마다 jeeeeep라는 이상한 소리를 냈는데 그를 본떠 jeep라고 부르게 되었다.

CHECK UP 3

A. 비슷한 말 혹은 반대말을 찾아 연결하시오.(유의어·반의어 찾기)

1. lonely .
2. majority .
3. necessary .
4. physical .
5. positive
6. private .
7. reasonable .

ⓐ minority(소수)
ⓑ essential(필수적인)
ⓒ public(대중의, 널리 알려진)
ⓓ sensible(합리적인)
ⓔ negative(부정적인)
ⓕ lonesome(외로운)
ⓖ spiritual(정신적인)

B. 다음 각 설명에 해당하는 단어를 보기에서 골라 쓰시오.(영문 정의 찾기)

modern / nervous / objective / positive / praise / prove / recognize

1. to speak with admiration and approval
   _____(찬양하다, 칭찬하다)

2. frightened or worried
   _____(불안한)

3. to accept or agree that something is true or real
   _____(인정하다)

4. not influenced by personal feelings, based on things
   _____(객관적인)

5. to show that something is certainly real or true
   _____(증명하다)

6. belonging to the present time
   _____(현대의)

7. quite sure/showing agreement
   _____(명확한/긍정적인)

C. 다음 보기에서 적합한 숙어를 골라 빈 칸에 쓰시오.

> look down upon / make up for / all at once / put out / put up with / run away

1. despise = _____ (경멸하다)
2. at the same time=simultaneously = _____ (동시에)
3. compensate = _____ (보상하다)
4. extinguish/dismiss=expel = _____ (불을 끄다/내쫓다)
5. endure = _____ (참다, 견디다)
6. escape = _____ (달아나다)

[실전문제] 다음 문장을 읽고, 이탤릭체로 된 단어의 뜻을 맞게 설명한 것을 고르시오.

1. James decided that it would be wise to *defer* buying a new car until after he graduated from college.
   ⓐ define   ⓑ put off   ⓒ measure

   graduate 图 졸업하다   *define* 图 정의하다   *put off* : 연기하다
   measure 图 측정하다

2. In their *clandestine* meetings, the conspirators determined how and when they would assassinate the emperor.
   ⓐ secret   ⓑ annual   ⓒ regular

   conspirator 图 음모자   *assassinate* 图 암살하다   *emperor* 图 황제

A. 1.ⓕ 2.ⓐ 3.ⓑ 4.ⓖ 5.ⓔ 6.ⓒ 7.ⓓ
B. 1. praise   2. nervous   3. recognize   4. objective
   5. prove   6. modern   7. positive
C. 1. look down upon   2. all at once   3. make up for
   4. put out   5. put up with   6. run away

[실전문제] 1. ⓑ put off(연기하다)
         2. ⓐ secret(비밀의)

74 똑똑한 영한단어 표현

301 service
[sə́:rvis]

몡 봉사, 공공사업, 복무
serve [sə:rv] 동 제공하다, 섬기다, (나라를 위해)일하다
▶ She served me with coffee.
그녀는 내게 커피를 대접했다.

302 set
[set]

동 (물건을)놓다, (어떤 상태로)되게 하다
set free 석방하다(release)
set out 출발하다
set up 건설하다, 창립하다

303 several
[sévərəl]

형 몇몇
▶ Several man, several mind.
《속담》십인십색(十人十色)

304 shadow
[ʃǽdou]

몡 동 그림자(로 덮다)
cast shadow 그림자를 드리우다
▶ There is not a shadow of doubt about it.
티끌만큼도 의심할 여지가 없다.

305 shape
[ʃeip]

몡 형상
in shape 최상의 상태인
keep in shape 모양을 망가뜨리지 않게 하다
shapely [ʃéipli] 형 맵시가 있는, 보기 좋은

306 share
[ʃɛər]

몡 몫, 역할, 주식 동 나누다, 공유하다
go shares 몫을 나누다, 공동으로 하다
take the lion's share 제일 큰 몫을 차지하다

STEP I **75**

> I like to share joys with my friends.
> 나는 친구들과 기쁨을 나누는 것을 좋아한다.

---

307 **simple**
[símpəl]

형 간단한, 순진한, 악의 없는
a simple sentence 단문
simply [símpli] 부 간단히
simplification [sìmpləfikéiʃən] 명 단순화

---

308 **social**
[sóuʃəl]

형 사회의, 사교적인
social environment 사회적 환경
society [səsáiəti] 명 사회
sociologist [sòusiálədʒist] 명 사회학자

---

309 **solve**
[sɑlv]

동 풀다, (어려운 일은) 해결하다
solve a problem 문제를 풀다
solution [səljúːʃən] 명 해결, 해법, 녹임
a solution of a problem 문제의 해결 방법

---

310 **sort**
[sɔːrt]

명 종류, 부류, 성격
동 분류하다
all of a sort 비슷비슷한
all sorts of 온갖 종류의

---

311 **spread**
[spred]

동 펴다(out), 퍼뜨리다, 살포하다

---

312 **state**
[steit]

명 상태, 주(州), (높은 지위의)계급
in a terrible state 끔찍한 상황에

---

313 **stick**
[stik]

명 막대기
동 찌르다, 내밀다, 고정시키다, (친구, 약속 등에)

충실하다, ~에 옴짝달싹 못하다
▶ A cart is stuck in the mud.
짐마차가 진창 속에 빠져 있다.

314 **subject**
[sʌ́bdʒikt]

명 주제, 과목, 백성
형 지배를 받는, 복종하는(to), 받기 쉬운(to)
▶ He is subject to colds.
그는 감기에 잘 걸린다.
▶ The plan is subject to your approval.
이 계획은 귀하의 승인을 요합니다.

315 **success**
[səksés]

명 성공(↔ failure)
successful [səksésfəl] 형 성공한
successfully [səksésfəli] 부 성공적으로
succeed [səksíːd] 동 성공하다, 상속하다
▶ He succeed to his father's estate.
그는 아버지의 재산을 상속했다.
succession [səkséʃən] 명 연속, 계승, 상승
succeeding [səksíːdiŋ] 형 뒤이은(subsequent)

316 **suffer**
[sʌ́fər]

동 고통 받다, (부정문)견디다
suffer from 고통 받다
▶ She suffered from headache.
그녀는 두통으로 괴로웠다.
▶ I cannot suffer his insolence.
나는 그의 무례함을 참을 수 없다.

317 **suggest**
[səgdʒést]

동 제안하다, 암시하다(imply)
▶ She suggested they go for a walk.

STEP I **77**

	그녀는 산책을 가자고 제안했다. suggestion [səgdʒéstʃən] 명 제안 suggestive [səgdʒéstiv] 형 암시적인, 연상시키는
318 **supply** [səplái]	명 동 공급(하다)(provide)
319 **support** [səpɔ́ːrt]	동 지지하다, 유지하다, 격려하다 ▶ He can support his family by himself. 그는 혼자 가족을 부양한다. supporter [səpɔ́ːrtər] 명 지지자 supportive [səpɔ́ːrtiv] 형 지지하는
320 **suppose** [səpóuz]	동 가정하다(assume), 상상하다(imagine) ▶ Suppose (that) he does quit his job, what would happen? 그가 일을 그만둔다고 가정하면, 무슨 일이 일어날까? ▶ You are supposed to be here by 8. 8시까지는 여기 돌아와 있어야 해.
321 **surprise** [sərpráiz]	동 놀라게 하다 ▶ I'm surprised at her reaction. 나는 그녀의 반응에 놀랐다. surprising [sərpráiziŋ] 형 놀라운 surprisingly [sərpráiziŋli] 부 놀랍게도
322 **system** [sístəm]	명 체계, 조직, 계통, 방식 an educational system 교육제도

323 take
[teik]

동 잡다
take after 닮다(resemble)
take apart 분해하다, 분석하다
take back 도로 찾다, 철회하다, 회상시키다
take off 제거하다
take out 가지고 가다
take part in 참가하다(participate in)
take place 발생하다(happen=occur)
take up 집어 올리다

324 technology
[teknálədʒi]

명 과학기술
technological [tèknəládʒikəl] 형 기술의
technician [tekníʃən] 명 기술자, 전문가

325 tend
[tend]

동 ~하는 경향이 있다
tendency [téndənsi] 명 경향, 풍조, 추세
have a tendency to =tend to ~하는 경향이 있다

326 tension
[ténʃən]

명 긴장
social tension 사회적 긴장

327 term
[tə:rm]

명 용어, 기간, 학기
in terms of ~의 면에서

328 terror
[térər]

명 공포, 테러
terrific [tərífik] 형 무서운, 훌륭한, 멋진
terrify [térəfài] 동 위협하다, 겁나게 하다
terrified [térəfàid] 형 겁이 난(afraid=frightened)

329 threat
[θret]

명 협박, 위협
threaten [θrétn] 동 협박, 위협하다

330 time
[taim]

명 시간, (pl.)시대
behind the times 시대에 뒤떨어져
at the same time 동시에(simultaneously)
for the fist time 최초로
in the mean time 그러는 동안
have a hard time 어려운 시기를 보내다

331 traffic
[trǽfik]

명 교통, 거래
traffic congestion=traffic jam 교통 체증
▶ He trafficked with the natives for the ivory.
그는 원주민과 불법적으로 상아를 거래하였다.

332 transport
[trænspɔ́ːrt]

동 나르다, 수송하다
transportation [trænspərtéiʃən] 명 수송

333 trouble
[trʌ́bəl]

명 근심, 고생
동 고생하다, 괴롭히다
▶ She has no trouble doing her homework.
그 여자는 숙제를 하는 데 어려움이 없었다.

334 turn
[təːrn]

동 돌리다 명 회전, 차례
by turns=in turn 교대로
take turns 교대로 하다
turn down 거절하다(reject)
turn on 켜다 ↔ turn off 끄다
turn out ~이 되다(end up), ~임이 입증되다(prove)

335 unfortunately
[ʌnfɔ́ːrtʃənitli]

부 불행하게도
▶ Unfortunately, we lost game.
불행하게도, 우리는 게임에서 졌다.

336 **universe** [júːnəvə̀ːrs]	명 우주, 천지 만물 universal [jùːnəvə́ːrsəl] 형 전체의(whole), 일반적인(general) universally [jùːnəvə́ːrsəli] 부 보편적으로, 일반적으로(generally)
337 **use** [juːs]	동 사용·이용하다 명 사용, 이용 of no use 쓸모가 없는(useless) be used to (과거의 습관, 상태) ~하곤 했다
338 **usual** [júːʒuəl]	형 평상시의, 일상의 습관적인(↔ unusual) usually [júːʒuəli] 부 보통, 일반적으로 ↔ unusually [ʌ̀njúːʒuəli] 부 유별나게, 대단히 (extremely) ▶ He usually helps his mother with cooking. 그는 보통 어머니가 요리를 할 때 돕는다.
339 **value** [vǽljuː]	명 가치 동 평가하다 of value 귀중한, 가치 있는(valuable) valuation [væ̀ljuéiʃən] 명 견적, 평가액 valuable [vǽljuːəbəl] 형 귀중한 cf.) invaluable [invǽljuəbəl] 형 평가할 수 없는 (priceless), 매우 귀중한
340 **vary** [vɛ́əri]	동 바꾸다 varied [vɛ́ərid] 형 다양한 various [vɛ́əriəs] 형 다양한 variety [vəráiəti] 명 다양성 ▶ Variety is the spice of life. 다양함은 인생의 즐거움.

STEP I **81**

341 **victim** [víktim]	몡 피해자 fall a victim to ~의 희생자가 되다
342 **view** [vju:]	몡 경치, 전망, 의견 통 바라보다 point of view 견지, 관점, 견해
343 **volunteer** [vὰləntíər]	몡 지원자 혱 자발적인 통 자발적으로 하다
344 **warn** [wɔ:rn]	통 경고하다 warning [wɔ́:rniŋ] 몡 경고
345 **waste** [weist]	몡 통 낭비(하다) ▶ Haste makes wastes. 서두르면 일을 망친다. wasteful [wéistfəl] 혱 낭비가 심한
346 **witness** [wítnis]	몡 목격자, 증인 통 목격, 증언하다 eyewitness [áiwìtnis] 몡 목격자, 증인
347 **wonder** [wʌ́ndər]	몡 감탄, 경이, 놀라움 통 놀라다, 의심하다, ~이 아닐까 생각하다 in wonder 감탄하면서 It is no wonder that ~은 조금도 놀랄 일이 아니다(당연하다) ▶ I wonder whether[if] it will rain tomorrow. 내일 비가 오지 않을까 생각이 든다.
348 **word** [wə:rd]	몡 말, 단어 in a word 간단히 말하면(in brief=in short) in other word(s) 다시 말하자면

349 **worry** [wə́:ri]	동 걱정하다 worried [wə́:rid] 형 걱정스러운 worried looks 근심스러운 표정
350 **worth** [wə:rθ]	명 형 가치(가 있는)(↔ worthless) be worth of ~할 가치가 있다

♣ 재미난 단어 유래

Bribe – 뇌물로 변신한 빵 덩이

bribe란 원래 a piece of bread given to a beggar(거지에게 주는 빵 한 조각)의 뜻이다. 이것이 나중에 a gift given to a thief to keep one from harm(해를 입지 않으려고 도둑에게 주는 선물)이라는 뜻을 가지게 되었고, 오늘날에는 a gift demanded by an extortioner in exchange for a favor(선심을 베푸는 조건으로 강탈자가 요구하는 선물)의 뜻으로 변형되어 쓰이게 되었다. 그러니까 bribe의 의미의 변천을 정리하자면 '빵 한 조각 → 구호품 → 뇌물'이 된다. 오늘날에는 '뇌물', '뇌물을 주다'라는 뜻으로 쓰이고 있다.

Lobby – 로비와 청탁의 관계는?

lobby란 본래 '건물의 한 칸에서 다른 칸을 연결하는 복도 또는 대기실'을 의미하나. 특히, 영국 의회나 다른 입법 기관의 입구에 있는 큰 홀을 가리키는데, 그 속에서 주로 의원과 민원인의 상담이 이루어진다. 여기서 의미가 발전하여 '어떤 집단의 권익을 위하여 활동하는 것'을 lobby라고 일컫게 되었다. 미국 의회에는 합법적으로 이런 활동을 하는 사람(lobbyist)이 많다. 반면 우리나라는 lobby라고 하면 왠지 불법적인 '청탁'의 느낌이 강하다.

A. 비슷한 말 혹은 반대말을 찾아 연결하시오. (유의어·반의어 찾기)
1. success .　　　　　ⓐ provide(제공하다)
2. suggest .　　　　　ⓑ imagine(상상하다)
3. supply .　　　　　ⓒ frightened(무서운)
4. suppose .　　　　　ⓓ failure(실패)
5. terrified .　　　　　ⓔ general(일반적인)
6. universal .　　　　　ⓕ priceless(귀중한)
7. invaluable .　　　　　ⓖ imagine(상상하다)

B. 다음 각 설명에 해당하는 단어를 보기에서 골라 쓰시오. (영문 정의 찾기)

spread / support / technician / terrific / threat / unfortunate / witness

1. to open or stretch out/have an effect on more people
　　　　　　　　　　　　(벌리다/보급시키다)

2. having bad luck
　　　　　　　　　　　　(불행한)

3. to help, encourage, or approve of someone's ideas
　　　　　　　　　　　　(지지하다)

4. a skilled worker, especially in science or industry
　　　　　　　　　　　　(기술자)

5. very good or enjoyable, very great
　　　　　　　　　　　　(굉장한)

6. a saying that someone will be hurt or punished
　　　　　　　　　　　　(위협)

7. a person who actually saw an event
　　　　　　　　　　　　(목격자)

C. 이탤릭체로 된 숙어에 유의하여 아래 문장을 해석하시오.

1. There is not *a shadow of doubt* about it
   (a shadow of doubt : 티끌만큼의 의심)

2. He *succeed to* his father's estate.
   (succeed to : ~을 계승하다)

3. You had better *take part in* the swimming club.
   (take part in : ~에 참여하다)

4. *It is no wonder that* she doesn't like snakes.
   (It is no wonder that : ~은 이상한 일이 아니다)

5. He *suffered from* headache.
   (suffer from : ~로 고생하다)

실전문제 다음 문장을 읽고, 이탤릭체로 된 단어의 뜻을 맞게 설명한 것을 고르시오.

1. Randy failed one of the courses *requisite* for graduation, so he had to retake it during the summer session.
   ⓐ successful　　ⓑ important　　ⓒ essential

   graduation 명 졸업　*retake* 통 재수강하다　*session* 명 학기

2. The *cerebral* drama of George Bernard Shaw forces the audience to think hard about complex subjects such as social duty, justice, and morality.
   ⓐ intellectual　　ⓑ famous　　ⓒ difficult

   force A to B : A를 B하게 하다　*complex* 형 복잡한　*subject* 명 문제
   duty 명 의무　*justice* 명 정의　*morality* 명 도덕

A. 1.ⓓ 2.ⓖ 3.ⓐ 4.ⓑ 5.ⓒ 6.ⓔ 7.ⓕ
B. 1. spread   2. unfortunate   3. support   4. technician
   5. terrific   6. threat   7. witness
C. 1. 티끌만큼의 의심할 여지도 없다.
   2. 그는 아버지의 토지를 상속받았다.
   3. 너는 수영 클럽에 가입하는 편이 낫다.
   4. 그녀가 뱀을 싫어하는 것도 무리가 아니다.
   5. 그는 두통으로 고생했다.

[실전문제] 1. ⓒ essential(필수적인)
         2. ⓐ intellectual(지적인)

Vocabulary

1 **abroad**
[əbrɔ́ːd]

튀 국외로, 해외에
go abroad 해외로 가다

---

2 **absorb**
[əbsɔ́ːrb]

동 흡수하다, 열중시키다
be absorbed in ~에 열중하다
▶ He was absorbed in deep thoughts.
그는 깊은 생각에 잠겨 있었다.
absorption [əbsɔ́ːrpʃən] 명 흡수

---

3 **academy**
[əkǽdəmi]

명 학원, 전문학교
academic [æ̀kədémik] 형 학문의, 학원의, 학구적인
academic freedom 학문의 자유

---

4 **acquire**
[əkwáiər]

동 얻다, 배우다
acquisition [æ̀kwəzíʃən] 명 습득

---

5 **adapt**
[ədǽpt]

동 적응·조화시키다, (소설 등을)개작하다(modify)
adaptive [ədǽptiv] 형 적응할 수 있는
adaptable [ədǽptəbəl] 형 적합한, 융통성 있는, 개조할 수 있는
adaptation [æ̀dəptéiʃən] 명 적응, 개조, 각색, 번안

---

6 **admire**
[ædmáiər]

동 감탄하다, 숭배하다(respect)
admiration [æ̀dməréiʃən] 명 감탄
admirer [ædmáiərər] 명 찬미자, 숭배자

---

7 **advantage**
[ədvǽntidʒ]

명 이점, 우세 이익(benefit)
↔ disadvantage [dìsədvǽntidʒ]
명 불리, 손해

	take advantage of 이용하다
8 advertise [ǽdvərtàiz]	동 광고하다 advertising [ǽdvərtàiziŋ] 명 형 광고(의) advertisement [ædvərtáizmənt] 명 광고 advertiser [ǽdvərtàizər] 명 광고자, 광고주
9 afford [əfɔ́ːrd]	동 할 수 있다, 여유가 있다 ▶ He can't afford the expense. 그는 비용을 충당할 수 없다.
10 afraid [əfréid]	형 두려워하는, 유감스럽게 생각하는 be afraid of 두려워하다, 유감이다 ▶ He is afraid that he will die. 그는 죽지 않을까 두려워한다. ▶ He is afraid to die. 그는 죽을 만한 용기가 없다. ▶ I'm afraid, I cannot help you. 유감이지만 당신을 도울 수 없습니다.
11 agriculture [ǽgrikʌ̀ltʃər]	명 농업 agricultural [ægrikʌ́ltʃərəl] 형 농업의
12 aim [əim]	명 동 겨냥, 조준(하다) aim at 겨냥하다, 목표로 삼다
13 alarm [əláːrm]	명 놀라움, 경고 동 놀라게 하다 alarming [əláːrmiŋ] 형 놀라운
14 alive [əláiv]	형 살아 있는(living), 활동적인 ↔ dead [ded] 형 죽은

STEP Ⅱ **89**

15 alternative
[ɔːltə́ːrnətiv]

- 명 양자택일, 대안
- 형 선택적인, 대안의
▶ There is no alternative.
다른 대안이 없다.

16 amaze
[əméiz]

- 동 놀라게 하다
amazing [əméiziŋ] 형 놀라운
amazement [əméizmənt] 명 놀라움
to one's amazement 놀랍게도

17 ancient
[éinʃənt]

- 형 고대의
ancient history 고대사
ancient civilization 고대 문명

18 annoy
[ənɔ́i]

- 동 괴롭히다, 성가시게 하다(bother)
annoyance [ənɔ́iəns] 명 괴롭히기
annoying [ənɔ́iiŋ] 형 귀찮은, 짜증나는

19 anxious
[ǽŋkʃəs]

- 형 걱정하는, 갈망하는(for)
anxiously [ǽŋkʃəsli] 부 걱정하여
anxiety [æŋzáiəti] 명 불안, 걱정, 갈망
with anxiety 걱정하여
be anxious for ~을 염원하다

20 appeal
[əpíːl]

- 명 동 호소, 요청(하다)
appeal to ~에 호소하다
appeal to arms[the public/reason]
폭력[여론/이성]에 호소하다

21 **apply** [əplái]	동 지원하다, 적용시키다 apply for a job 일자리에 지원하다 application [æplikéiʃən] 명 지원, 적용, 입사 원서(신청서) application from 신청 용지 applicant [ǽplikənt] 명 지원자, 응모자, 후보자 an applicant for admission to a school 입학 지원자
22 **appreciation** [əpriːʃiéiʃən]	명 평가, 감상, 감사 appreciative [əpríːʃətiv] 형 감식력이 있는, 감사의
23 **approve** [əprúːv]	동 승인하다, 찬성하다, 입증하다 approval [əprúːvəl] 명 승인, 찬성
24 **article** [áːrtikl]	명 기사, 물품, 항목
25 **artificial** [àːrtəfíʃəl]	형 인공의(↔ natural) artificial organs 인공 장기 artificial satellite 인공위성
26 **ashamed** [əʃéimd]	형 부끄러워하는 be[feel] ashamed of ~을 부끄러워하다
27 **assume** [əsjúːm]	동 가정하다, 추측하다(presume) assuming that ~이라고 가정하여 assumed [əsjúːmd] 형 거짓의, 가장한 assumption [əsʌ́mpʃən] 명 가정, 가설 on the assumption that ~라는 가정 하에

28 athlete
[ǽθliːt]

명 운동선수
athletic [æθlétik] 형 튼튼한, 체육의, 운동경기의

29 attempt
[ətémpt]

명 동 시도, 노력(하다)
make an attempt to=attempt 시도하다

30 attend
[əténd]

동 참석하다, 시중들다
attend to ~에 유의하다, 주의하다
▶ You're not attending to my words.
　너는 내 말을 주의 깊게 듣지 않아.
attendance [əténdəns] 명 참석, 참석자
attendant [əténdənt] 명 시중드는 사람 형 참석한

31 attract
[ətrǽkt]

동 끌어당기다, 매혹시키다
attraction [ətrǽkʃən] 명 끌어당기기, 매력(charm)
attractive [ətrǽktiv] 형 매력적인(charming)

32 authority
[əθɔ́ːriti]

명 권위, 권한, 권력 (pl.)당국
authorize [ɔ́ːθəràiz] 동 권위(권한)를 부여하다 (empower), 정당하다고 인정하다

33 beat
[biːt]

동 때리다, 치다

34 bend
[bend]

명 굽히기, 구부러짐 동 구부리다
bend down 구부리다

35 bill
[bil]

명 계산서(account) 《美》지폐
billing [bíliŋ] 명 계산서 작성, 청구서 발송

36 blame
[bleim]

명 비난, 책망 동 ~탓으로 돌리다
▶ They blamed her.

= They blamed the failure on her.
= They blamed her for the failure.
그들은 실패를 그녀의 탓으로 돌렸다.
blameful [bléimfəl] 형 비난할 만한

37 **blow**
[blou]

명 타격, 강타 동 불다, 움직이다
blow away 날려 버리다
blow up (사진 등을) 확대하다

38 **boring**
[bɔ́:riŋ]

형 지루한, 싫증나는(tired)

39 **bottle**
[bátl]

명 병
a bottle of wine 포도주 한 병

40 **burn**
[bə:rn]

동 태우다 명 화상 입은 흉터
burn out 다 타 버리다, 소모하다
burning [bə́:rniŋ] 형 타고 있는, 뜨거운, 중대한

41 **capable**
[kéipəbəl]

형 할 수 있는(abel)
▶ She was capable of handling the situation
그녀는 그 상황을 다룰 수 있었다.
capability [kèipəbíləti] 명 능력, 재능
(ability=capacity)

42 **careful**
[kɛ́ərfəl]

형 조심스러운, 소중한
carefully [kɛ́ərfəli] 부 조심스럽게, 신중히
careless [kɛ́ərlis] 형 부주의한, 경솔한(reckless)

STEP Ⅱ **93**

	carelessly [kɛ́ərlisli] 부 부주의하게, 무심코 carelessness [kɛ́ərlisnis] 명 부주의
43 **cash** [kæʃ]	명 현금 in cash 현금으로 *cf.*) by check 수표로
44 **category** [kǽtigɔ̀:ri]	명 종류, 부류 동 범주로 나누다, 분류하다
45 **celebrate** [séləbrèit]	동 축하하다, (의식, 축전을) 거행하다, 찬양하다 celebration [sèləbréiʃən] 명 축하, 찬양 in celebration of ~을 축하하여
46 **celebrated** [séləbrèitid]	형 유명한(famous=renowned=well-known) celebrity [səlébrəti] 명 유명인, 명성
47 **character** [kǽriktər]	명 특징, 인물, 성격, 문자, (연극 등의) 등장인물 characteristic [kæ̀riktərístik] 형 특유의 명 특징, 개성 be characteristic of ~의 특성을 나타내고 있다 characterization [kæ̀riktərizéiʃən] 명 특징의 묘사 characterize [kǽriktəràiz] 동 특성을 나타내다, ~을 특징짓다 ▶ His style is characterized by simplicity. 그의 문체는 간결한 것이 특징이다.
48 **check** [tʃek]	명 동 수표, 조사, 검사(하다) check in 체크인하다 ↔ check out 체크아웃하다

49 cheer
[tʃiər]

명 동 갈채, 환호(하다), 위로(하다)(comfort)
cheer up 격려하다(support), 응원하다
▶ One glance at her face cheered him up again.
그녀의 얼굴을 다시 보자 그는 힘이 났다.
cheerful [tʃíərfəl] 형 명랑한, 쾌활한
cheerfully [tʃíərfəli] 부 기분 좋게, 쾌활하게
cheering [tʃíəriŋ] 명 응원

50 chief
[tʃi:f]

명 (조직의) 장(長), 우두머리 형 최고의, 주된
chiefly [tʃí:fli] 부 주로, 대개(principally=mainly)

51 civil
[sívəl]

형 시민의
civil service 공무원
civilize [sívəlàiz] 동 문명화하다(enlighten)
civilization [sìvəlizéiʃən] 명 문명(culture)

52 claim
[kleim]

명 동 요구(하다) (demand-request), 주장(하다)
claim damages 손해 배상을 요구하다
▶ He claimed that he reached the top of the mountain.
그는 그 산의 정상까지 올라갔다고 주장했다.

53 command
[kəmǽnd]

명 동 명령(하다)(order), 지휘(하다)(lead)

54 comment
[kάmənt]

명 동 주석, 해설, 비평, 해석(을 달다)

STEP Ⅱ **95**

55 commerce
[kámə:*r*s]

명 상업
commercial [kəmə́:*r*ʃəl] 명 광고 방송 형 상업의

56 companion
[kəmpǽnjən]

명 동료(colleague), (우연한) 길동무

57 compare
[kəmpɛ́ər]

동 비교하다, 비유하다
compare A with B A와 B를 비교하다
▶ He compares a professor with another.
그는 어떤 교수를 다른 교수와 비교했다.
compare A to B A를 B에 비교하다
▶ Shakespeare compared the world to a stage.
셰익스피어는 세상을 무대에 비유했다.
comparison [kəmpǽrisən] 명 비교, 대조, 유사
in comparison to ~와 비교하여

58 complete
[kəmplí:t]

동 완결하다, 끝내다(finish)
형 전부의(entire), 완전한(perfect)
↔ incomplete [ìnkəmplí:t] 형 불완전한
complete the work 일을 끝내다
completely [kəmplí:tli] 부 완전히(totally)
▶ I completely forgot about it.
난 그 사실에 대해 완전히 잊어버렸다.

59 compose
[kəmpóuz]

동 구성하다, 조합하다, 작곡하다
be composed of ~으로 구성되다(consist in=be made up of)
composition [kàmpəzíʃən] 명 구성, 구조, 작문
composer [kəmpóuzə*r*] 명 작곡가, 작성자

60 conclude
[kənklú:d]

동 결말짓다, 결론을 내리다, (조약을)체결하다
conclusion [kənklú:ʒən] 명 끝, 종결

in conclusion 끝으로
conclusive [kənklú:siv] 형 결정적인, 단호한

61 conduct
[kándʌkt]

명 처신, 행실, 품행
동 행동하다, 안내하다, 지휘하다

62 confident
[kánfidənt]

형 확신하는, 자신 있는
confidence [kánfidəns] 명 신뢰, 신임, 자신감, 비밀
confidential [kànfidénʃəl] 형 신뢰할 수 있는, 비밀의

63 confuse
[kənfjú:z]

동 혼동하다, 혼란시키다, 당황하게 하다
confuse A with B A와 B를 혼동하다
confuse liberty with license 자유를 방종과 혼동하다
confused [kənfjú:zd] 형 당황한(perplexed)

64 congest
[kəndʒést]

동 무리하게 채우다
congested [kəndʒéstid] 형 (사람, 교통이)혼잡한
congestion [kəndʒéstʃən] 명 밀집, 혼잡
traffic congestion 교통 체증
(traffic jam)

65 connect
[kənékt]

동 연결하다, 잇다, 접속하다
connection [kənékʃən] 명 연결, 접촉, 관련
connective [kənéktiv] 형 연결하는

66 conscious
[kánʃəs]

형 의식이 있는, 알아채고 있는, 의식적인
↔ unconscious [ʌnkánʃəs] 형
모르는, 의식불명의, 자기도 모르게 나온

	consciously [kánʃəsli] 뷔 의식적으로, 일부러 consciousness [kánʃəsnis] 몡 의식, 자각
67 **constitute** [kánstətjùːt]	동 구성하다, 이루다 constitution [kànstətjúːʃən] 몡 구성, 헌법
68 **consume** [kənsúːm]	동 소비하다, 다 쓰다(use up) consumer [kənsúːmər] 몡 소비자 consumption [kənsʌ́mpʃən] 몡 소비 (↔ production), 소모
69 **contrary** [kántreri]	혱 반대의(opposite) 몡 반대인 것 on the contrary 이와 반대로
70 **contrast** [kántræst]	몡 동 대조(하다) in contrast 대조적으로 contrast A with B A와 B를 대조하다
71 **contribution** [kàntrəbjúːʃən]	몡 기부, 공헌, (기사의) 투고 contribute [kəntríbjut] 동 기부, 공헌하다, (원고를) 기고하다 contribute money to the college 대학에 기부하다 contribute articles to journals 잡지에 기고하다
72 **convenience** [kənvíːnjəns]	몡 편리 ↔ inconvenience [ìnkənvíːnjəns] 몡 불편 as a matter of convenience 편의상 convenient [kənvíːnjənt] 혱 편리한, 적당한 ↔ inconvenient [ìnkənvíːnjənt] 혱 불편한

73 conversation
[kànvərséiʃən]

명 대화
have a conversation 대화를 하다
converse [kənvə́ːrs] 동 대화를 나누다

74 convict
[kənvíkt]

동 유죄를 증명·선고하다
convict a person of robbery 절도죄의 판결을 내리다
conviction [kənvíkʃən] 명 유죄(판결), 확신

75 convince
[kənvíns]

동 설득하다, 납득시키다
convincible [kənvínsəbl] 형 설득할 수 있는, 도리에 맞는
convincing [kənvínsiŋ] 형 설득력 있는, 수긍이 가는

76 correct
[kərékt]

동 고치다 형 옳은, 정확한
correct mistakes[errors] 잘못을 바로 잡다
correction [kərékʃən] 명 정정, 교정

77 courage
[kə́ːridʒ]

명 용기
courageous [kəréidʒəs] 형 용감한
(brave=bold)
encourage [enkə́ːridʒ] 동 용기를 북돋다, 격려하다
↔ discourage [diskə́ːridʒ] 동 낙심시키다
encourage A to B A를 B하게 끔 북돋우다

78 crash
[kræʃ]

명 충격, 충돌
동 부수다, 산산조각이 나다

79 **creation** [kriːéiʃən]	몡 창조, 창작, 창조물 creature [kríːtʃər] 몡 창조물, 생물
80 **crime** [kraim]	몡 범죄 commit a crime 범죄를 저지르다 criminal [krímənəl] 몡 범인
81 **crisis** [kráisis]	몡 위기, 결정적인 시기, 고비 critical [krítikəl] 혱 위기의, 결정적인, 비판적인
82 **criterion** [kraitíəriən]	몡 (판단, 비판의) 근거, 기준 (*pl.*)criteria
83 **custom** [kʌ́stəm]	몡 습관, 관습, 풍습, 단골 (*pl.*) 관세, 세관 customary [kʌ́stəmèri] 혱 습관적인(habitual), 관례의 *cf.*) customer [kʌ́stəmər] 몡 고객, 손님 ▶ The customer is always right. 손님은 왕이다.
84 **dare** [dɛər]	동 감히 ~하다(venture), 과감하게 ~하다 ▶ How dare you say such a thing? 어떻게 네가 감히 그런 말을 할 수 있느냐?
85 **death** [deθ]	몡 죽음 dead [ded] 혱 죽은 ↔ alive [əláiv] 혱 살아 있는(living) deadly [dédli] 혱 치명적인(fatal), 죽음과 같은

86 decade
[dékeid]
- 명 10년 간(period of ten years)

87 decline
[dikláin]
- 명 (해가) 기욺, 쇠퇴
- 동 거절하다, (해가) 기울다, 쇠퇴하다(fall off)
- a decline in the power of Europe
  유럽 세력의 쇠퇴

88 decorate
[dékərèit]
- 동 장식하다, 꾸미다
- decoration [dèkəréiʃən] 명 장식
- Decoration Day 《美》현충일 (Memorial Day)

89 decrease
[díːkriːs]
- 명 동 감소(하다)(diminish)
- ↔ increase [inkríːs] 명 동 증가(하다)

90 defend
[difénd]
- 동 방어하다, 지키다(protect), 변호하다
- defense [diféns] 명 방어, 수비, 변호(↔ offense)
- defendant [diféndənt] 명 피고(인)(↔ plaintiff)
  피고(측)의

91 degree
[digríː]
- 명 단계, 등급(grade), (각도, 온도 등의) 도
- by degrees 점차(gradually)

92 delay
[diléi]
- 명 동 지연, 연기(하다)(put off=postpone)
- admit of no delay 잠깐의 여유도 주지 않다
- ▶ Ignorance delays progress.
  무지가 진보를 늦춘다.

STEP Ⅱ **101**

93 delight
[diláit]

명 즐거움(pleasure=joy) 동 즐겁게 하다
take delight in ~을 낙으로 삼다
delightful [diláitfəl] 형 즐거운

94 deliver
[dilívər]

동 배달하다, 건네주다, (연설을) 하다, 해방시키다
delivery [dilívəri] 명 배달, 인도, 구조, (아이의) 분만
deliverance [dilívərəns] 명 구출, (의견의) 진술

95 democracy
[dimάkrəsi]

명 민주주의
democrat [déməkræt] 명 민주주의자 《美》민주당원
democratic [déməkrǽtik] 형 민주적인

96 department
[dipá:rtmənt]

명 단위, 구분, 부, 과, 매장
department store 백화점

97 describe
[diskráib]

동 묘사하다, 기술하다
▶ Words cannot describe the scene.
말로는 그 광경을 다 설명할 수 없다.
description [diskrípʃən] 명 기술, 묘사
beyond description 말로 표현할 수 없을 정도로
descriptive [diskríptiv] 형 설명적인, 서술적인

98 desert
[dézə:rt]

명 사막, 황무지 형 사막의, 불모의(barren)
cf.) dessert [dizə́:rt] 명 디저트(식사의 마지막 코스)
deserted [dizə́:rtid] 형 황폐한, 버려진

99 despair
[dispɛ́ər]

명 동 절망, 실망(하다)
desperation [dèspəréiʃən] 명 절망, 자포자기
desperate [déspərit] 형 무모한, 절망적인, 필사적인
▶ I was desperate for a glass of water.
물 한 잔 마시고 싶어서 죽을 지경이었다.
desperately [déspəritli] 부 절망적으로(hopelessly)

100 destination
[dèstənéiʃən]

명 목적지, 행선지
destiny [déstəni] 명 운명, 숙명(fate)
destine [déstin] 동 미리 정해 놓다, 운명 지우다
be destined to ~할 운명이다

♣ 재미난 단어 유래

Dustman - 먼지사나이가 나타나면 졸리다?

dustman은 '졸음'과는 전혀 관계가 없을 것 같지만 이것은 재미있는 연상에서 나온 표현이다. 어린이들은 졸리면 마치 먼지(dust)가 들어간 것처럼 눈을 비빈다. 그래서 '졸음'을 의인화해서 dust라는 사람(man), 즉 dustman으로 표현한 것이다.

누군가가 The dustman is coming.(dustman이 오는구나.)이라고 말하면 이것은 I'm getting sleepy.(졸리기 시작해.)라는 뜻이 된다. 비슷한 발상으로 졸음을 sandman이라고도 하는데, 눈에 모래(sand)가 들어가도 눈을 비비기 때문이다.

CHECK UP 5

A. 비슷한 말을 찾아 연결하시오.(유의어 찾기)
1. adapt .   ⓐ respect(존경)
2. admiration .   ⓑ finish(끝마치다)
3. annoy .   ⓒ brave(용감한)
4. attraction .   ⓓ reckless(무모한)
5. careless .   ⓔ modify(각색하다)
6. complete .   ⓕ charming(매력)
7. courageous .   ⓖ bother(괴롭히다)

B. 다음 각 설명에 해당하는 단어를 보기에서 골라 쓰시오.(영문 정의 찾기)

> anxious / artificial / celebrated / confident / creative / deserted / desperate

1. producing new and original ideas and things
   _____ (창조적인)
2. not natural but made by people
   _____ (인공의)
3. feeling or expressing a strong belief in yourself
   _____ (자신만만한)
4. nervous or troubled, very eager to do something
   _____ (걱정하는)
5. having lost hope and not caring about danger
   _____ (자포자기의)
6. renowned, well-known
   _____ (유명한)
7. abandoned, forsaken
   _____ (황폐한)

C. 이탤릭체로 된 숙어에 유의하여 아래 문장을 해석하시오.

1. He *was absorbed in* deep thoughts.
   (be absorbed in : ~에 열중하다)

2. They *blamed* her for the failure.
   (blame A for B : B에 대해 A를 비난하다)

3. Shakespeare *compared* the world to a stage.
   (compare A to B : A를 B에 비유하다)

4. I *was desperate for* a glass of water.
   (be desperate for : ~을 갈망하다)

5. You're not *attending* to my words.
   (attend to : ~에 주의하다)

[실전문제] 다음 문장을 읽고, 이탤릭체로 된 단어의 뜻을 맞게 설명한 것을 고르시오.

1. Herod the Great built what he thought was an *impregnable* fortress at Masada, near the Dead Sea, bit it fell to the Romans in 73 A.D.
   ⓐ destructive   ⓑ weak   ⓒ unconquerable

   Herod the Great 명 해롯 대왕   *fortress* 명 요새   *fall to* : ~에 함락되다
   destructive 형 파괴적인   *unconquerablee* 형 난공불락의

2. Bill often quotes his favorite *aphorism*, "Time is money."
   ⓐ speech   ⓑ proverb   ⓒ writing

   quote 동 인용하다   *proverb* 명 금언

A. 1.ⓔ 2.ⓐ 3.ⓖ 4.ⓕ 5.ⓓ 6.ⓑ 7.ⓒ
B. 1. creative   2. artificial   3. confident   4. anxious
   5. desperate   6. celebrated   7. deserted
C. 1. 그는 깊은 생각에 잠겼다.
   2. 그들은 그 실패에 대해 그녀를 비난했다.
   3. 셰익스피어는 세계를 무대에 비유했다.
   4. 나는 물 한잔이 마시고 싶어 죽을 지경이었다.
   5. 넌 내 말을 듣지 않는구나.
[실전문제] 1. ⓒ unconquerable(정복할 수 없는)   2. ⓑ proverb(속담)

101 **dim** [dim]	형 어두운, 흐릿한, (기억이)어슴푸레한
102 **discount** [dískaunt]	명 동 할인(하다)
103 **discover** [diskʌ́vər]	동 발견하다, 깨닫다 discovery [diskʌ́vəri] 명 발견
104 **discuss** [diskʌ́s]	동 논하다, 토의하다(debate) discussion [diskʌ́ʃən] 명 토론 beyond discussion 논할 여지도 없는
105 **distinguish** [distíŋgwiʃ]	동 구별하다 distinguish A from B A와 B를 구별하다 distinguished [distíŋgwiʃt] 형 두드러진(eminent), 저명한, 뛰어난 distinguishable [distíŋgwiʃəbəl] 형 구별할 수 있는 distinction [distíŋkʃən] 명 구별 distinction between right and wrong 선과 악의 구별 distinctive [distíŋktiv] 형 차이((차별)를 나타내는, 특유의
106 **divide** [diváid]	동 나누다, 극복하다 divide A into B A를 B로 나누다 ▶ Divide it into three equal parts. 　그것을 3등분하시오. ▶ United we stand, divided we fall. 　뭉치면 살고, 흩어지면 죽는다. division [divíʒən] 명 분할, 분배 divided [diváidid] 형 나누어진, 갈라진

107 due
[dju:]

형 만기의, 지불 기일이 된
due to ~에 기인하는
▶ The discovery is due to Newton.
그 발견은 당연히 뉴턴에게 공을 돌려야 한다.
▶ The accident was due to the driver's failing to give a signal.
그 사고는 운전자가 신호를 하지 못했기 때문에 일어난 것이다.

108 duty
[djú:ti]

명 의무, 책임(responsibility)
(pl.)임무
off duty 근무 시간 외에
↔ on duty 근무 시간 중에

109 earn
[ə:rn]

동 벌다, 얻다(gain), (명성, 지위 등을) 획득하다
earn one's living 생계를 유지하다
earn a reputation for honesty 정직하다는 평판을 얻다

110 ecosystem
[í:kousìstəm]

명 생태계
ecology [i:kálədʒi] 명 생태학

111 edge
[edʒ]

명 가장자리, 끝, 위기
on edge 과민한, 신경질적인
on the edge of ~에 임박하여

112 edit
[édit]

동 편집하다
edition [edíʃən] 명 (1회에 발행한) 판
a pocket[popular] edition 포켓[보급]판
a revised[an enlarged] edition 개정[증보]판
editor [édətər] 명 편집장, 논설위원

chief editor 편집장, 주필
editorial [èdətɔ́ːriəl] 명 사설 형 편집자의, 편집상의, 사설의

113 **efficient**
[ifíʃənt]

형 유능한, 능률적인
efficiently [ifíʃəntli] 부 유능하게
efficiency [ifíʃənsi] 명 능률, 유효

114 **elect**
[ilékt]

동 뽑다, 선거하다
the elect 당선자
elect a person (to be) president ~을 회장(대통령)으로 선출하다
elect a person as chairman ~을 의장으로 뽑다
election [ilékʃən] 동 선거
elector [iléktər] 명 선거인, 유권자
elective [iléktiv] 형 선거의, 선택의(↔ compulsary)
electable [iléktəbl] 형 선출될 수 있는

115 **electricity**
[ilèktrísəti]

명 전기

116 **electronic**
[ilèktránik]

형 전자의, 전자 공학의
electronics [ilèktrániks] 명 (단수 취급)전자 공학
electron [iléktran] 명 전자
an electron microscope 전자 현미경

117 **element**
[éləmənt]

명 원소, 성분, 요소
elemental [èləméntl] 형 요소의, 기본적인
elementary [èləméntəri] 형 초보의, 기본의, 초등

의(introductory)
elementary education 초등 교육

118 **embarrass**
[imbǽrəs]

동 당황하게 하다(perplex)
embarrassing [imbǽrəsiŋ] 형 난처한
embarrassment [imbǽrəsmənt] 명 당황, 낭패

119 **employ**
[emplɔ́i]

동 고용하다
employee [emplɔ̀ii:] 명 피고용인, 종업원
employer [emplɔ́iər] 명 고용인, 고용주
employed [emplɔ́id] 형 고용된
↔ unemployed [ʌ̀nimplɔ́id] 형 실직한(out of work)
employment [emplɔ́imənt] 명 고용
↔ unemployment [ʌ̀nimplɔ́imənt] 명 실업

120 **enable**
[enéibəl]

동 가능하게 하다(make able=make possible)
▶ The law enables us to receive protection.
그 법은 우리로 하여금 보호를 받을 수 있도록 해준다.

121 **enemy**
[énəmi]

명 적, 원수
a natural enemy 천적

122 **engineering**
[èndʒəníəriŋ]

명 공학
engineer [èndʒəníər] 명 공학도, 기술자

123 **enormous**
[inɔ́ːrməs]

형 거대한(huge), 막대한(immense)

STEP Ⅱ **109**

124 **ensure** [enʃúər]	동 확실히 하다(make sure=certain), 보장하다 (secure), 책임지다(guarantee) ▶ It will ensure your success. 　그것이 너의 성공을 보장해 줄 것이다.
125 **entire** [entáiər]	형 전부의(complete=whole), 완전한 entirely [entáiərli] 부 전적으로 (completely=wholly)
126 **equal** [í:kwəl]	형 동일한, 감당하는, 평등한 be equal to ~을 감당할 수 있다 on equal terms(with) 동등하게 equally [í:kwəli] 부 동일하게, 평등하게 equality [i(:)kwáləti] 명 평등, 동등 equation [i(:)kwéiʒən] 명 평균화, 동등화《수학》 방정식
127 **error** [érər]	명 잘못, 실수, 오류 make errors 잘못하다, 실수하다
128 **escape** [iskéip]	명 동 도망, 탈출(하다)
129 **establish** [istǽbliʃ]	동 설립하다, (제도.법률 등을)제정하다 established [istǽbliʃt] 형 확립된 establishment [istǽbliʃmənt] 명 설립, 창립
130 **ethic** [éθik]	명 윤리 ethics [éθiks] 명 (단수 취급)윤리학 ethical [éθikəl] 형 윤리의(moral) ethicist [éθəsist] 명 도덕가, 윤리학자

131 **ethnic** [éθnik]	형 민족의(ethnical)
132 **evaluate** [ivǽljuèit]	동 평가하다, 어림하다(estimate) evaluation [ivæ̀ljuèiʃən] 명 평가, 사정(valuation)
133 **exam** [igzǽm]	명 시험 examination [igzæ̀mənéiʃən] 명 시험, 조사, 검사 examine [igzǽmin] 동 검사하다 (inspect=investigate) examiner [igzǽmənər] 명 시험관 examinee [igzæ̀məní:] 명 시험 보는 사람, 수험자
134 **exhibit** [igzíbit]	동 전시하다, 보이다(slow) exhibition [èksəbíʃən] 명 전시(회), 박람회, 제시
135 **expert** [ékspə:rt]	명 형 전문가(의)(↔ amateur) an expert surgeon 외관 전문 의사
136 **explode** [iksplóud]	동 폭발하다 explosion [iksplóuʒən] 명 (화약, 감정 등의) 폭발 explosive [iksplóusiv] 형 폭발성의, 폭발적인 an explosive substance 폭발물
137 **explore** [iksplɔ́:r]	동 탐험, 조사, 연구하다 exploratory [iksplɔ́:rətɔ̀:ri] 형 탐험의 exploration [èkspləréiʃən] 명 탐험, 조사, 탐구 (inquiry)

138 export
[ikspɔ́ːrt]

명 동 수출(하다)
↔ import [impɔ́ːrt] 명 동 수입(하다)
import cotton from India 인도에서 면화를 수입하다

139 express
[iksprés]

동 표현하다 형 명백한 명 급행
express one's feeling 감정을 드러내다
expression [ikpréʃən] 명 표현, 표정
beyond expression 말할 수 없이 아름다운
expressive [iksprésiv] 형 표현의, 표정이 풍부한

140 extend
[iksténd]

동 뻗치다(stretch out), 연기하다(prolong)
extension [iksténʃən] 명 확장(enlargement)
extended family 확대가족
cf.) nuclear family 핵가족
extended [iksténdid] 형 광범위한, 쭉 펼친
extensive [iksténsiv] 형 광대한, 넓은(spacious)

141 external
[ikstə́ːrnəl]

형 외부의(exterior), 외면의, 외계의
명 외부(outside), 외관
↔ internal [intə́ːrnl] 형 내부의(interior), 내재적인
명 내부(inside)

142 extreme
[ikstríːm]

형 극단적인, 극도의(utmost), 과격한
(↔ moderate), 맨 끝의
take extreme action[measures]
과격한 수단[조치]를 취하다
the girl on the extreme right 오른쪽 맨 끝의 여자
extremely [ikstríːmli] 부 극도로

143 facility
[fəsíləti]

명 재주, 능통함 (*pl.*)설비, 시설
have facility in speaking 말솜씨가 있다
convenience facilities 편의시설

144 **factor** [fǽktər]	명 요인, 요소(element)
145 **fame** [feim]	명 명성, 명망 famous [féiməs] 형 유명한, 이름 높은(well-know) *cf.*) infamous [ínfəməs] 형 악명 높은(notorious)
146 **fasten** [fǽsn]	동 고정시키다, (지퍼, 단추, 핀 등을) 채우다, 잠그다 ▶ Fasten your seat belts! 안전벨트를 착용해라!
147 **feature** [fíːtʃər]	명 특징, 생김새, (영화, 연예 등의) 인기 프로 동 특징짓다
148 **festival** [féstəvəl]	명 축제 festive [féstiv] 형 축제의
149 **firm** [fəːrm]	명 회사 형 단단한(solid), 확고한(stable) 동 굳게 하다 firmly [fə́ːrmli] 부 단단하게
150 **fisherman** [fíʃərmən]	명 어부 fishery [fíʃəri] 명 어업, 어장
151 **fit** [fit]	형 맞는, 알맞은 동 적당하다, 어울리다 be fit for 적당하다 fit in[into] 맞다, 적합하다 ▶ This coat doesn't fit me. 이 웃옷은 나에게는 맞지 않는다.

STEP Ⅱ **113**

152 flat
[flæt]

형 수평의, 편평한, (요금이) 균일한, 단조로운
명 평평한 것 《英》아파트
a flat tire 펑크 난 타이어

153 flow
[flou]

명 흐름 동 흐르다, 충만하다(abound)
▶ Rivers flow into the ocean.
강은 바다로 흘러 들어간다.

154 focus
[fóukəs]

명 동 초점(을 모으다), 집중(하다)
out of focus 초점에서 벗어나
↔ in focus 초점을 맞추어

155 fortune
[fɔ́ːrtʃən]

명 행운, 재산(wealth), 운(chance)
fortune cookie (중국 음식점에서 파는) 행운의 과자
fortune teller 점쟁이, 역술가
a man of fortune 재산가
fortunate [fɔ́ːrtʃənit] 형 행운의, 운이 좋은
fortunately [fɔ́ːrtʃənətli] 부 다행히
↔ unfortunately [ʌnfɔ́ːrtʃənitli] 부 불행하게도, 유감스럽게도

156 found
[faund]

동 창립·설립하다(set up=establish)
(found-founded-founded)
founder [fáundər] 명 창설자, 설립자
foundation [faundéiʃən] 명 창설, 설립, 재단(財團), 기초, 토대

157 frank
[fræŋk]

형 솔직한
frankly [frǽŋkli] 부 솔직히
frankly speaking (문장 전체를 수식해서) 솔직하게 말해서

158 fresh
[freʃ]

[형] 새로운(new), 신선한, 상쾌한
freshman [fréʃmən] [명] 신입생, 1학년
cf.) sophomore-junior-senior 2학년-3학년-4학년

159 fright
[frait]

[명] 공포(terror=fear), 경악
frighten [fráitn] [동] 놀라게 하다 (scare=terrify)
frightened [fráitnd] [형] 깜짝 놀란, 겁이 난
be frightened to death 까무러칠 만큼 놀라다

160 fuel
[fjúːəl]

[명][동] 연료(를 공급하다)

161 fulfill
[fulfíl]

[동] (의무, 약속, 조건을)이행하다, 충족시키다
fulfillment [fulfílmənt] [명] 실행, 달성

162 gather
[gǽðər]

[동] 모으다(bring together), 채집하다
▶ Gather roses while you may.
《속담》젊을 때 청춘을 즐겨라.

163 general
[dʒénərəl]

[형] 전체의, 일반적인(↔ special) [명] 장군
in general 일반적으로(as a whole)
generally [dʒénərəli] [부] 대체로(usually), 보통 (commonly=ordinary)
generalize [dʒénərəlàiz] [동] 일반화하다
generalization [dʒènərəlizéiʃən] [명] 일반화

164 generation
[dʒènəréiʃən]

[명] 세대, 발생
generation gap 세대 차이
the rising generation 청년 세대

STEP Ⅱ **115**

165 **generous** [dʒénərəs]	형 관대한, 풍부한(plentiful), (땅이)기름진 generosity [dʒènərásəti] 명 관대, 아량
166 **gentle** [dʒéntl]	형 온화한(mild), 예의바른(courteous) gently [dʒéntli] 부 친절하게, 다정하게(kindly)
167 **genuine** [dʒénjuin]	형 진짜의(authentic=real)
168 **geometry** [dʒi:ámətri]	명 기하학 algebraic geometry 대수기하학
169 **glad** [glæd]	형 기쁜, 즐거운 gladly [glǽdli] 부 기꺼이
170 **global** [glóubəl]	형 세계적인(world-wide=universal) globalize [glóubəlàiz] 동 전 세계에 퍼지게 하다 globalism [glóubəlìzəm] 명 세계화
171 **grain** [grein]	명 씨앗, 곡식, 낱알
172 **grave** [greiv]	명 무덤(tomb) from the cradle to the grave 태어나서 죽을 때까지(요람에서 무덤까지) dig one's own grave 스스로 무덤을 파다, 자멸하다
173 **greeting** [grí:tiŋ]	명 인사, (pl.)인사말 exchange greetings 인사를 나누다

174 guess
[ges]

명 동 추측(하다)
▶ He guessed that the cost would be about ten dollars.
그는 비용이 5달러 정도가 될 것으로 추측했다.
▶ Guess which hand holds the coin.
어느 손에 동전을 갖고 있는지 맞춰봐.

175 guide
[gaid]

명 지도자, 안내 책자
동 길을 안내하다, 이끌다
guidance [gáidns] 명 지도, 안내, 지침

176 handle
[hǽndl]

명 손잡이(핸들) 동 조종하다, 다루다
▶ Most things have two handles.
대부분의 것은 양면이 있다.
handlebar [hǽndlbàːr] 명 (pl.)자전거 핸들
cf.) steering wheel 자동차 핸들

177 hang
[hæŋ]

동 걸다, 매달다, 몸을 매달다
hang on 매달리다, (전화를) 끊지 않고 기다리다
hang out 서성거리다, 친구들과 어울려 돌아다니다

178 harm
[hɑːrm]

명 손해, 재난
harmful [háːrmfəl] 형 유해한(injurious), 위험한 (dangerous)
↔ harmless [háːrmlis] 형 무해한(innocuous), 악의 없는(innocent)

STEP II 117

179 harmony
[háːrməni]

명 조화, 《음악》화음
in harmony with ~와 조화를 이루어
harmonious [haːrmóuniəs] 형 조화를 이룬, 균형 잡힌
harmonize [háːrmənàiz] 동 조화시키다, 일치하다

180 harsh
[haːrʃ]

형 거친(rough), 난폭한, 엄격한
▶ She was harsh to[with] her students.
그녀는 학생들에게 엄했다.

181 hate
[heit]

동 미워하다, 혐오하다
hateful [héitfəl] 형 미운, 싫은
hatred [héitrid] 명 증오, 혐오

182 heal
[hiːl]

동 (상처, 고장 등을) 고치다, 화해시키다
▶ Time heals all wounds.
《속담》시간은 모든 상처를 치유한다.
healing [híːliŋ] 형 치료하는(curing) 명 치유, 치료(법)

183 helpful
[hélpfəl]

형 도움이 되는 유익한(useful)
helpless [hélplis] 형 도움이 되지 않는, 무능력한

184 hire
[háiər]

동 고용하다, (사용료를 내고) 빌리다
hire a motorbike by the hour
오토바이를 시간당으로 빌리다

185 horizon
[həráizən]

명 지평선, 수평선 (pl.)한계(limit)
broad one's horizons 시야를 넓히다

186 horror
[hɔ́:rər]

명 공포, 전율, 혐오
horrify [hɔ́:rəfài] 동 무섭게 하다
horrified [hɔ́:rəfài] 형 공포의, 놀란

187 huge
[hju:dʒ]

형 거대한(enormous)

188 hurry
[hə́:ri]

동 서두르다
hurry up 서두르다
hurried [hə́:rid] 형 서두르는
↔ unhurried [ʌnhə́:rid] 형 느긋한 여유 있는

189 identify
[aidéntəfài]

동 확인하다, 동일시하다
▶ The child was identified by its clothes.
그 아이는 입고 있던 옷으로 신원이 판명되었다.
identify one's interest with those of another.
자기 이익과 남의 이익을 동일시하다.
identity [aidéntəti] 명 일치, 정체성
identical [aidéntikəl] 형 일치한, 동일한
identical twin 일란성 쌍둥이

190 impact
[ímpækt]

명 동 영향, 충격(을 주다), 충돌(하다)

191 impatience
[impéiʃəns]

명 성급함, 초조, 짜증
impatient [impéiʃənt] 형 참을성 없는, 성급한, 견딜 수 없는
▶ The children are impatient to go.
아이들은 빨리 가고 싶어서 안달하고 있다.

STEP Ⅱ **119**

192 **imply** [implái]	동 뜻하다(mean=signify), 포함하다
193 **import** [impɔ́:rt]	명 동 수입(하다) ↔ export [ikspɔ́:rt] 명 동 수출(하다)
194 **impose** [impóuz]	동 부과하다, 지우다, 강요하다 impose taxes on a person's property 재산에 세금을 부과하다 impose one's opinion on others 자기 의견을 남에게 강요하다
195 **impress** [imprés]	명 동 감동, 인상(을 주다)
196 **income** [ínkʌm]	명 (정기적) 수입, 소득
197 **indicate** [índikèit]	동 나타내다, 가리키다, 진술하다 indication [ìndikéiʃən] 명 진술하는 것, 표시, 징후
198 **industry** [índəstri]	명 산업, 근면(diligence) the shipping industry 조선 산업 industrial [indʌ́striəl] 형 산업의, 산업이 고도로 발달한 industrious [indʌ́striəs] 형 부지런한, 근면한 (diligent) industrialize [indʌ́striəlàiz] 동 산업화하다

120 똑똑한 영한단어 표현

199 **infant**
[ínfənt]

명 유아, 갓난아기
형 유아의
infancy [ínfənsi] 명 유아기

200 **injure**
[índʒər]

동 해치다
injured [índʒərd] 형 상처 입은, 손해를 입은
injury [índʒəri] 명 부상(wound), 손상(harm)
injurious [indʒúəriəs] 형 해로운, 나쁜(harmful)

A. 비슷한 말 혹은 반대말을 찾아 연결하시오. (유의어·반의어 찾기)
1. destiny .
2. duty .
3. embarrass .
4. entire .
5. expert .
6. famous .
7. fortunate .

ⓐ responsibility(책임)
ⓑ whole(전체의)
ⓒ amateur(아마추어)
ⓓ notorious(악명 높은)
ⓔ fate(운명)
ⓕ lucky(운 좋은)
ⓖ perplex(당황하게 하다)

B. 다음 각 설명에 해당하는 단어를 보기에서 골라 쓰시오. (영문 정의 찾기)

employer / enormous / extreme / fortunate / general / generous / genuine

1. a person or group pays people to work for them
   _____(고용주)

2. concerning most people or places
   _____(일반적인)

3. real, not fake
   _____(진짜의)

4. a point beyond what is usual or reasonable
   _____(극도의)

5. willing to give money, help, and kindness
   _____(관대한)

6. huge, very large
   _____(거대한)

7. very lucky
   _____(행운의)

C. 이탤릭체로 된 숙어에 유의하여 아래 문장을 해석하시오.

1. The accident *was due to* the driver's failing to give a signal.
   (be due to : ~에 기인하다)

2. The law *enables* us *to* receive protection.
   (enable A to B : A가 B를 구별하다)

3. Reason *distinguishes* man *from* the animals.
   (distinguish A from B : A와 B를 구별하다)

4. I like to *hang out* with my friends after school.
   (hang out : 밖에 나가 놀다)

[실전문제] 다음 문장을 읽고, 이탤릭체로 된 단어의 뜻을 맞게 설명한 것을 고르시오.

1. Ms. Ryan was the earnest *mentor* that every high school graduate recalls with great fondness.
   ⓐ guard　　　ⓑ counselor　　　ⓒ president

   earnest 형 진지한　　*graduate* 명 졸업생　　*recall* 동 기억하다
   fondness 명 좋아함　　*guard* 명 경비원　　*counselor* 명 상담교사

2. The attic is filled with *mementos* of Julie's basketball career awards, newspaper clippings, team photographs, and ger old uniform.
   ⓐ souvenir　　　ⓑ wastes　　　ⓒ relics

   attic 명 다락　　*be filled with* : ~으로 가득 차다　　*award* 명 상
   clipping 명 (신문·잡지에서)오려낸 것　　*wastes* 명 쓰레기　　*relics* 명 유적, 유물

A. 1.ⓔ　2.ⓐ　3.ⓖ　4.ⓑ　5.ⓒ　6.ⓓ　7.ⓕ
B. 1. employer　2. general　3. genuine　4. extreme
   5. generous　6. enormous　7. fortunate
C. 1. 그 사고는 운전자가 신호를 하지 않았기 때문에 일어났다.
   2. 그 법은 우리가 보호받을 수 있도록 해준다.
   3. 이성은 인간과 동물을 구별하게 해준다.
   4. 나는 방과 후에 친구들과 함께 어울려 돌아다니며 놀고 싶다.
[실전문제] 1. ⓑ counselor(상담교사)　2. ⓐ souvenir(기념품)

201 **instance** [ínstəns]	몡 경우(case), 사실, 예(example) for instance 예를 들자면(for example)
202 **instrument** [ínstrəmənt]	몡 기구, 도구, 악기 instrumental [ìnstrəméntl] 혱 수단이 되는, 유용한, 악기의
203 **intelligence** [intélədʒəns]	몡 지능, 지성(intellect), 정보 intelligent [intélədʒənt] 혱 지적인, 총명한 intellectual [ìntəléktʃuəl] 혱 지적인, 지식인
204 **intention** [inténʃən]	몡 의도, 작성 ▶ I have no intention of ignoring your rights. 당신의 권리를 무시할 의도는 아니다. intentional [inténʃənəl] 혱 의도적인, 고의의(↔ accidental) intentionally [inténʃənəli] 뷔 고의적으로(on purpose) intent [intént] 몡 의지, 의도 혱 열중한, 집중된 ▶ The swindler sold the house with intent to cheat her. 그 사기꾼은 그녀를 속일 목적으로 그 집을 팔았다.
205 **interact** [ìntərǽk]	통 상호 작용하다, 서로 영향을 끼치다 interaction [ìntərǽkʃən] 몡 상호 작용
206 **introduction** [ìntrədʌ́kʃən]	몡 도입, 소개, 서론 introduce [ìntrədjúːs] 통 소개하다, 처음으로 도입하다 introduce A to B A를 B에게 소개하다

▶ Tobacco was introduced into Europe from America.
담배는 미대륙에서 유럽으로 전해졌다.

207 **invent**
[invént]

동 발명하다, 날조하다
invention [invénʃən] 명 발명
make an invention=invent 발명하다
inventor [invéntər] 명 발명자
inventive [invéntiv] 형 발명의(재능이 있는), 독창적인

208 **isolation**
[àisəléiʃən]

명 분리, 고립
isolate [áisəlèit] 동 분리하다, 격리하다
isolated [áisəlèitid] 형 분리된, 고립된

209 **joy**
[dʒɔi]

명 기쁨, 즐거움(pleasure)
with joy 기꺼이
joyful [dʒɔ́ifəl] 형 기쁨에 찬(full of joy)

210 **judge**
[dʒʌdʒ]

동 판단하다, 재판하다 명 재판관, 판사
▶ Never judge from appearance.
외모로 사람을 판단하지 말라.
judgment [dʒʌ́dʒmənt] 명 재판, 판결, (신이 내리는)처벌
Judgement Day 심판의 날

211 **justice**
[dʒʌ́stis]

명 정의, 공평(fairness), 재판관
justify [dʒʌ́stəfài] 동 정당화하다

STEP II **125**

▶ The fine quality justifies the high cost.
질이 좋기 때문에 값이 비싼 것은 당연하다.

212 labor
[léibər]

명 동 노동, 일(하다)
Labor Day 노동절, 근로자의 날
Labor and Capital 노동자와 자본가

213 lack
[læk]

명 동 부족, 결핍(하다)
lack of ~이 모자라서
▶ He lacks common sense. 그는 상식이 부족하다.

214 legal
[líːgəl]

형 합법적인(lawful), 법률상의
↔ illegal [ilíːgəl] 형 불법의
legal holiday 법정 휴일
It is legal [illegal] to ~하는 것은 합법적(비합법적)이다

215 length
[leŋkθ]

명 길이
at length 충분히, 상세히, 마침내
wavelength [wéivlèŋkθ] 명 파장

216 location
[loukéiʃən]

명 위치, 장소
locate [loukéit] 동 위치하다, 설치하다
▶ The house is located on the hill.
그 집은 언덕 위에 있다.

217 loud
[laud]

형 소리가 큰, 시끄러운(noisy)
loudly [láudli] 부 큰 소리로(aloud), 사치스럽게

218 maintain
[meintéin]

동 유지하다, 계속하다, 주장하다
maintain neighborly relations

우호 관계를 지속하다
maintenance [méintənəns] 명 유지, 지속

219 manner
[mǽnər]

명 방법, 태도 (pl.)관습, 예절, 풍습
in a manner 그런 대로, 말하자면(so to speak)
manners and customs 풍속 습관

220 mass
[mæs]

명 덩어리, 모임, 다수
the masses 대중, 서민, 근로자 계급
a mass of letters 산더미같이 쌓인 편지들
mass communication 대중 매체

221 mean
[miːn]

동 의미하다, 계획하다 형 하찮은, 나쁜
명 (pl.) 수단, 방법, 재산
by all means 반드시
by no means 결코 ~하지 않다
in the mean time (while) 그 동안

222 medical
[médikəl]

형 의학의 명 내과 의사(physician)
medicine [médəsən] 명 약
take medicine 약을 복용하다

223 mental
[méntl]

형 마음의, 정신의(↔ physical)
mental illness[disease] 정신병

224 mention
[ménʃən]

동 언급하다(refer to=speak of)
not to mention of ~은 말할 것 없이, ~에 더하여(in addition to)
an mentioned above 위에서 말한 바와 같이
▶ Don't mention ti.=You're welcome.
(감사나 사과에 대해) 친민의 말씀입니다.

225 **mere** [miə*r*]	형 단순한, 순전한 merely [míə*r*li] 부 오직, 단지(only=simply)
226 **mess** [mes]	명 엉망 동 어지르다, 망치다 ▶ This room is a mess. 　이 방은 엉망으로 어질러 있다. mess up 어지르다 in a mess 뒤죽박죽이 되어, 혼란(분규)에 빠져서 messy [mési] 형 어질러진, 더러운
227 **method** [méθəd]	명 방법, 방식 a deductive method 연역법 an inductive method 귀납법
228 **midst** [midst]	명 한가운데, 중앙 in the middle of ~속에, ~할 때에
229 **million** [míljən]	명 100만 millionaire [mìljənέə*r*] 명 백만장자 *cf.*) billion [bíljən] 명 10억 billionaire [bìljənέə*r*] 명 억만장자
230 **modest** [mádist]	형 겸손한, 얌전한, 적당한 modesty [mádisti] 명 겸손, 정숙함, 소박함
231 **moral** [mɔ́(ː)rəl]	형 도덕적인, 윤리의, 교훈적인 명 교훈 (*pl.*) 윤리학, 품행 ↔ immoral [imɔ́(ː)rəl] 형 비도덕적인, 부도덕한
232 **mud** [mʌd]	명 진흙, 진창 muddy [mʌ́di] 형 진흙의, (머리가) 흐리멍덩한

233 mummy
[mʌ́mi]

명 미라

234 mystery
[místəri]

명 신비, 비밀, 추리 소설
mysterious [mistíəriəs] 형 신비한, 비밀스러운, 불가사의한

235 neglect
[niglékt]

명 동 무시(하다)(disregard), 태만(하다)
neglect writing an answer 게을러서 편지 답장을 않다
negligence [néglidʒəns] 명 태만, 부주의, 무관심
neglectful [negléktfəl] 형 게으른, 무관심한
negligible [néglidʒəbəl] 형 무시해도 좋은, 대수롭지 않은

236 noise
[nɔiz]

명 소리(sound), 잡음, 소음
make noises 시끄러운 소리를 내다, 소음을 내다
noisy [nɔ́izi] 형 떠들썩한, 요란한

237 normal
[nɔ́ːrməl]

명 형 정상, 표준(의)
↔ abnormal [æbnɔ́ːrməl] 형 비정상적인, 이상한
normally [nɔ́ːrməli] 부 보통, 일반적으로(as a rule)
normalize [nɔ́ːrməlàiz] 동 표준화하다

238 nurture
[nɔ́ːrtʃər]

명 동 양육, 교육(하다)
nature and nurture 천성과 교육

239 occupy
[ákjəpài]

동 차지하다, 소유하다, (방, 사무실을) 사용하다
▶ The building is occupied.
그 건물은 사람이 살고 있다.
occupation [àkjəpéiʃən] 명 소유, 일, 직업, 점유, 점령

240 opportunity
[àpərtjúːnəti]

명 기회, 조건, 적절한 시기
take[seize] an[the] opportunity 기회를 잡다
equality of opportunity 기회의 균등
▶ Opportunity makes the thief.
《속담》기회가 도둑을 만든다(見物生心).

241 oppose
[əpóuz]

동 반대하다, 저항하다(resist), 반항하다
be opposed to ~에 반대이다
opposite [ápəzit] 명 형 반대(의) (contrary)
Left is opposite to right. left는 right의 반대말이다.
opposition [àpəzíʃən] 명 반대, 대립《법률》이의 신청
The Opposition 《정치》야당

242 origin
[ɔ́ːrədʒin]

명 기원, 근본, 원인 (pl.)출신(가문)
the origin(s) of civilization 문명의 기원
original [ərídʒənəl] 형 최초의, 원래의, 독자(독창)적인(creative)
명 원형, (the) 원작
originality [ərìdʒənǽləti:] 명 원형, 독창력

243 overcome
[òuvərkʌ́m]

동 극복하다, 이기다(defeat=conquer)

244 overweight
[óuvərwèit]

명 형 초과 중량(의)
동 지나치게 부담을 주다
(overload=overburden)

245 participation
[pɑːrtìsəpéiʃən]

명 참가
participate [pɑːrtísəpèit] 동 참가하다
participate in 참가하다(take part in)

246 particular
[pərtíkjələr]

형 특이한, 특별한, 특정한
in particular 특히, 특별히
(particularly=specially)
on that particular day 그날따라
particularly [pərtíkjələrli] 부 특히, 각별히, 자세히

247 pass
[pæs]

명 동 통행, 통과(하다)
pass away 끝나다(cease=end), 기절하다
pass through 가로지르다, 경험하다
pass in the exam 시험에 합격하다
passable [pǽsəbəl] 형 통행할 수 있는, 쓸 만한, 통용(유통)하는

248 passion
[pǽʃən]

명 감정, 정열
a man of passion 열정적인 사람
passionate [pǽʃənit] 형 열정적인, (감정이)격렬한

249 patient
[péiʃənt]

명 환자 형 참을성 있는
↔ impatient [impéiʃənt] 형 참을성 없는, 인내심이 없는
patience [péiʃəns] 명 인내
↔ impatience [impéiʃəns] 명 성급, 초조
with patience 인내심을 가지고

▶ Patience is the best remedy[medicine].
《속담》인내는 가장 좋은 약이다.

250 **peak**
[piːk]

명 산꼭대기(top), 정점, 최대한도
형 최고의, 최대의
the peak of traffic 최대 교통량
the peak years 통계상 최고 기록의 해

251 **perfect**
[péːrfikt]

형 완벽한, 더할 나위 없는, 완전한(complete)
perfectly [pərféktli] 부 완벽하게
perfection [pərfékʃən] 명 완전, 완벽, 완성

252 **period**
[píəriəd]

명 기간, 시기, 주기, 끝, 마침표
periodic [pìəriádik] 형 주기적인, 정기적인, 간헐적인
the periodic law 주기율
the periodic table 주기율표
periodical [pìəriádikəl] 명 정기 간행물 형 정기 간행의

253 **permanent**
[péːrmənənt]

형 영구적인, 영원한
permanently [péːrmənəntli] 부 영구히, 영구불변으로
permanence [péːrmənəns] 명 영구, 내구성

254 **plain**
[plein]

형 명백한, 쉬운, 평범한, 솔직한, 검소한
명 (pl.)평지, 평원
to be plain with you 솔직하게 말해서

255 **policy**
[páləsi]

명 정책, 방침
a foreign policy 외교 정책
▶ Honest is the best policy.
《속담》정직은 최선의 방책이다.

132 똑똑한 영한단어 표현

256 **polite**
[pəláit]

형 공손한(↔ impolite), 예의 바른(courteous)
politely [pəláitli] 부 공손히, 예의 바르게, 고상하게

257 **polite**
[pəláit]

동 오염시키다, (도덕적으로) 타락시키다
▶ Cars pollute the air with exhaust fumes.
자동차들은 배기가스로 대기를 오염시킨다.
pollution [pəlú:ʃən] 명 오염
air[water/environmental] pollution
대기[수질/환경] 오염
pollution control facilities
공해 방지 시설
pollutant [pəlú:tənt] 명 오염물, 오물

258 **popular**
[pápjələr]

형 인기 있는, 대중적인
popular song 대중가요
popular education 보통 교육
▶ He is popular among students.
그는 학생들에게 인기 있다.
popularity [pàpjəlǽrəti] 명 인기, 대중성

259 **portion**
[pɔ́:rʃən]

명 일부(part) 동 분배하다
a portion of 약간의

260 **potent**
[póutənt]

형 힘센, 유력한
potential [pouténʃəl] 명 형 가능성(이 있는), 잠재(하는)
potentially [pouténʃəli] 부 가능성 있게, 잠재적으로, 어쩌면(possibly)

STEP Ⅱ **133**

261 precious
[préʃəs]

형 값비싼, 소중한(valuable) 명 소중한 사람

262 prejudice
[prédʒədis]

명 편견 동 편견을 갖게 하다
racial prejudice 인종적 편견
have a prejudice against ~을 까닭 없이 싫어하다

263 press
[pres]

동 누르다 명 누름, 인쇄, 출판사, (언론)기자단
Oxford University Press 옥스퍼드 대학 출판부
▶ The press is waiting for the announcement
기자단은 성명서 발표를 기다리고 있는 중이다.
press down 누르다, 압력을 가하다
pressure [préʃər] 명 압력, 압박, (불쾌한)압박감
high pressure 고기압, 고혈압
low pressure 저기압, 저혈압

264 prevent
[privént]

동 막다, 예방하다
prevent A from ~ing A가 ~하는 것을 방해하다, 예방하다
▶ The snow prevented him going out.
눈 때문에 그는 외출할 수 없었다.
prevention [privénʃən] 명 방지, 저지, 예방(책)
preventive [privéntiv] 형 예방용의
preventive measures 예방 조치들

265 profession
[prəféʃən]

명 직업(vocation, business)
professional [prəféʃənəl] 형 전문의, 직업상의
명 전문인, 직업인

266 prohibit
[prouhíbit]

동 금지하다(forbid), (사물이)방해하다
▶ Heavy snow prohibited him from going out.

	폭설로 인해 그는 외출할 수가 없었다. prohibition [pròuhəbíʃən] 명 금지, 금지령
267 promote [prəmóut]	동 승진시키다, 조장하다, (경기 등을)주최하다 ▶ She was promoted (to be) a prime minister. 그녀는 국무총리로 승진했다. promotion [prəmóuʃən] 명 촉진, 승진(demotion) get[win/obtain] promotion 승진하다
268 publish [pʌ́bliʃ]	동 출판하다, 발표하다, (법령 등을)공포하다 publisher [pʌ́bliʃər] 명 발행자, 출판사 publication [pʌ̀bləkéiʃən] 명 발표, 출판, 출판물, 간행물
269 pull [pul]	동 당기다, 끌다(↔ push) pull up (차를) 세우다
270 pupil [pjúːpəl]	명 학생, 제자, 동공
271 qualify [kwáləfài]	동 자격을 주다 ▶ These experiences qualify her for that job. 이러한 경험들로 그녀가 그 일에 적격이다. qualified [kwáləfàid] 형 자격이 있는, 적격인 qualification [kwàləfəkéiʃən] 명 자격, 소질, 능력, 자격 증명서, 면허장(license)
272 rare [rɛər]	형 드문(unusual=uncommon), 진기한 rarely [rɛ́ərli] 부 드물게(seldom) ▶ We rarely see him nowadays.

STEP II **135**

요즘은 그를 좀처럼 볼 수 없다.

---

273 realize
[ríːəlàiz]

동 이해하다, 깨닫다, 실현되다
▶ He realized how difficult it was.
그는 그것이 얼마나 어려운가를 실감했다.
▶ Our dreams are finally realized.
우리의 꿈은 마침내 이루어진다.
realization [rìːələzéiʃən] 명 이해, 깨달음

---

274 recover
[rikʌvər]

동 회복하다, 되찾다
recover from the effects of the earthquake.
지진의 피해에서 복구되다
recovery [rikʌvəri] 명 회복, 복구

---

275 refresh
[rifréʃ]

동 회복시키다, 새롭게 하다(freshen)
refreshment [rifréʃmənt] 명 원기 회복, 기분을
회복시키는 것 (*pl.*) 간식, 다과류

---

276 refuse
[rifjúːz]

동 거절·거부하다
refusal [rifjúːzəl] 명 거절, 거부

---

277 reject
[ridʒékt]

동 거절하다, 불합격시키다 명 불합격품
rejection [ridʒékʃən] 명 거절, 부결

---

278 relieve
[rilíːv]

동 누그러뜨리다, 덜다, 구제하다
relieve A of B A에게서 B를 덜어 주다
relief [rilíːf] 명 완화, 위안, 구제
sigh of relief 안도의 한숨

279 religion
[rilídʒən]

명 종교
religious [rilídʒəs] 형 종교적인, 종교의, 신앙심이 깊은

280 remark
[rimá:rk]

명 동 언급, 인지, 주목(하다)
remarkable [rimá:rkəbəl] 형 주목할 만한
remarkably [rimá:rkəbli] 부 두드러지게, 현저하게

281 remove
[rimú:v]

동 제거하다 (get rid of)
removal [rimú:vəl] 명 제거, 치우기

282 repeat
[ripí:t]

동 되풀이하다, 따라하다, 암송하다
▶ History repeats itself.
《속담》역사는 되풀이된다.
repeatedly [ripí:tidli] 부 되풀이해서

283 represent
[rèprizént]

동 나타내다, 대표하다
▶ The dove represents peace.
비둘기는 평화를 상징한다.
representation [rèprizentéiʃən] 명 표현, 나타내기, 대표자 보내기
representative [rèprizentèitiv]
명 대표자, 대리인, 국회의원
《美》하원의원

284 reserve
[rizə́:rv]

동 (훗날을 위해)남겨놓다, 예약하다
명 예비비, 적립금
reservation [rèzərvéiʃən] 명 예약《법률》유보, 보류

STEP II **137**

	make a reservation 예약하다 reserved [rizɔ́:rvd] 형 확보된, 예약된, 수줍어하는 a reserved seat 예약석
285 **resource** [rí:sɔ:rs]	명 (pl.)자원, 원인, 공급원 resourceful [risɔ́:rsfəl] 형 자원이 풍부한 resourcefulness [risɔ́:rsfəlnis] 명 자원의 풍부함
286 **respond** [rispánd]	통 대답하다(answer=reply), 반응하다 respondence [rispándəns] 명 응답(response), 반응 respondent [rispándənt] 형 답하는(answering), 반응하는(responsive)
287 **responsibility** [rispɑ̀nsəbíləti]	명 책임 take responsibility for 책임지다 ▶ I take full responsibility for losing the money. 내가 그 돈을 잃어버린 책임을 전적으로 지겠다. responsible [rispánsəbəl] 형 책임이 있는, 신뢰할 수 있는, 확실한
288 **revolution** [rèvəlú:ʃən]	명 혁명 revolutionary [rèvəlú:ʃənèri] 형 혁명의
289 **rhythm** [ríðəm]	명 리듬, 박자, 율동 cf.) rhyme [raim] 명 《詩》운 《노래》운율
290 **rise** [raiz]	명 통 상승(하다) on the rise 올라, 오름세에 rise from the ashes 잿더미 속에서 다시 일어나다

291 risk
[risk]

명 위험, 모험
take the risk of 위험을 무릅쓰다, 모험을 하다
at all risks=at any risk
어떤 위험을 무릅쓰고서라도, 기어이

292 satisfy
[sǽtisfài]

동 만족시키다
↔ dissatisfy 동 불쾌하게 하다
satisfied [sǽtisfàid] 형 만족스러운
be satisfied with ~에 만족하다
satisfaction [sæ̀tisfǽkʃən] 명 만족, 흡족
satisfactory [sæ̀tisfǽktəri] 형 만족스러운

293 scale
[skeil]

명 동 천칭, 저울(로 달다, 무게가 나간다)
명 눈금, 축척

294 scandal
[skǽndl]

명 스캔들, 추문(rumor), 불명예(disgrace)
scandalous [skǽndələs] 형 수치스러운, 비방하는

295 scent
[sent]

명 향기, 냄새 동 냄새 맡다

296 scholar
[skálər]

명 학자
scholarship [skálərʃìp] 명 학문, 장학금
study on a Fulbright Scholarship 풀브라이트 장학금을 받아 공부하다

297 scold
[skould]

동 꾸짖다
scolding [skóuldiŋ] 명 꾸지람, 잔소리

STEP Ⅱ **139**

298 **secret** [síːkrit]	명 형 비밀(의) keep a secret 비밀을 지키다 ↔ break a secret 비밀을 누설하다	
299 **seed** [siːd]	명 동 종자, 씨(씨를 뿌리다)	
300 **seldom** [séldəm]	부 드물게(rarely ↔ often), 좀처럼 ~않다	

♣ 재미난 단어 유래

Copycat – 천재적인 모방가

사람들이 가장 사랑하는 애완동물은 아마도 개와 고양이일 것이다. 그런데 개와 고양이 모두 영어 표현에서 그다지 좋은 뜻으로 비유되지 못하는 것은 아이러니가 아닐 수 없다. 고양이는 앙칼지고 영악한 동물로 종종 묘사된다. copycat이라는 말 역시 '복사하는 데 있어 고양이 같은 존재'로, '남의 작품을 흉내내는 데 천재적인 소질이 있는 사람'을 가리키는 말이 된다. 흔히 미국인들은 일본인을 가리켜 비아냥거리는 말로 copycat(남의 것을 훔치는 교활한 모방가)이라는 단어를 쓰기도 한다.

CHECK UP 7

A. 비슷한 말 혹은 반대말을 찾아 연결하시오. (유의어·반의어 찾기)
1. intentionally .
2. legal .
3. mental .
4. ignore .
5. patient .
6. precious .
7. respond .

ⓐ physical(육체적인)
ⓑ neglect(무시하다)
ⓒ on purpose(일부러)
ⓓ valuable(귀중한)
ⓔ reply(대답하다)
ⓕ lawful(합법적인)
ⓖ impatient(참을성 없는)

B. 다음 각 설명에 해당하는 단어를 보기에서 골라 쓰시오. (영문 정의 찾기)

intelligent / isolated / mysterious / passionate / patient / prejudice / remarkable

1. having or showing powers of reasoning and understanding
 _____(지적인)

2. showing strong feelings
 _____(정열적인)

3. lonely and without friends
 _____(고립된)

4. not easily understood
 _____(신비한)

5. very noticeable
 _____(두드러진)

6. an opinion without any knowledge or fair judgement
 _____(편견)

7. enduring pain, hardship
 _____(환자)

C. 다음 보기에서 적합한 숙어를 골라 빈 칸에 쓰시오.

> for instance / participate in / at all risks / get rid of / pass away

1. take part in = _____ (참가하다)
2. remove = _____ (제거하다)
3. at any risk = _____ (어떤 위험을 무릅쓰고라도)
4. fall into a faint = _____ (기절하다)
5. for example = _____ (예를 들어)

D. 이탤릭체로 된 숙어에 유의하여 아래 문장을 해석하시오.

1. The snow *prevented* him *from* go*ing* out.
   (prevent A from ~ing : A가 ~하는 것을 막다, 방해하다)

2. I *take* full *responsibility for* losing the money.
   (take responsibility for : ~에 대해 책임지다)

[실전문제] 다음 문장을 읽고, 이탤릭체로 된 단어의 뜻을 맞게 설명한 것을 고르시오.

1. After the expedition in the desert, the coffee and goat cheese that they were offered at the bedouin camp tasted like *nectar* and ambrosia.
   ⓐ bread　　　ⓑ delicious drink　　　ⓒ meat

   expedition 명 탐험　　　*bedonin camp* : (사막의)유목민 캠프
   taste like : ~와 같은 맛이 나다　　*ambrosia* 명 신의 음식, 맛있는 음식

2. Jen and Tom are *audacious* mountain climbers, seeking the challenge of higher, steeper rock walls, cliffs.
   ⓐ pessimistic　　　ⓑ stupid　　　ⓒ bold

   pessimistic 형 비관적인　　*bold* 형 대담한

A. 1.ⓒ　2.ⓕ　3.ⓐ　4.ⓑ　5.ⓖ　6.ⓓ　7.ⓔ
B. 1. intelligent　2. passionate　3. isolated　4. mysterious
　5. remarkable　6. prejudice　7. patient
C. 1. participate in　2. get rid of　3. at all risks　4. pass away
　5. for instance
D. 1. 그는 눈 때문에 갈 수 없었다.
　2. 나는 그 돈을 잃어버린 데 책임이 있다.
[실전문제] 1. ⓑ delicious drink(달콤한 음료)　2. ⓒ bold(대담한)

301 severe
[sivíər]

형 엄한, (태풍 등이) 심한
severely [səvíərli] 부 엄격하게
severity [səvérəti] 명 엄격, 가혹(harshness)

302 silent
[sáilənt]

형 조용한, (일, 화산 등이) 활동하지 않는
silently [sáiləntli] 부 조용히
silence [sáiləns] 명 고요, 정적
▶ Silence is gold.
《속담》침묵은 금.
▶ Silence gives consent.
《속담》침묵은 승낙의 표시이다.

303 similar
[símələr]

형 비슷한
be similar to ~와 비슷(유사)하다
similarly [símələrli] 부 유사하게, 마찬가지로
similarity [sìməlǽrəti] 명 유사

304 sorrow
[sárou]

명 슬픔(sadness), 비탄(grief), 후회(regret)
sorrowful [sároufəl] 형 슬픈, 가엾은, 후회하는, 애석해 하는

305 sow
[sou]

동 뿌리다(scatter), 심다(plant)
▶ As a man sows, so he shall reap.
《속담》뿌린 대로 거두리라(인과응보).

306 species
[spíːʃi(ː)z]

명 종류, 종
specific [spisífik] 형 정확한, 특유의(↔ general)

307 spite
[spait]

명 동 악의, 원한(을 품다)
in spite of ~을 무시하고, ~에도 불구하고(despite)

308 **status** [stéitəs]	명 신분, 지위
309 **steady** [stédi]	형 확고한, 안정된(stable), 한결 같은 steadily [stédili] 부 확고하게, 한결같이
310 **stir** [stəːr]	명 동 자극(하다, 움직이다, 휘젓다) stir one's milk with a spoon 스푼으로 우유를 휘젓다 stir up one's imagination 상상력을 자극하다 stir up the people to revolution 국민에게 혁명을 선동하다
311 **stock** [stɑk]	명 재고품, 저장, (집합적)가축, 주식 동 (물건을) 쌓아 두다, 비축하다 out of stock 재고가 없어, 품절 되어 ▶ The store is well stocked with excellent goods. 저 상점에는 좋은 물품이 풍부하게 갖추어져 있다.
312 **strain** [strein]	동 잡아당기다, 긴장시키다 strain a wire 철사를 잡아당기다 strain one's eyes by reading too much. 지나친 독서로 눈을 상하다
313 **strange** [streindʒ]	형 이상한(unusual), 낯선(unfamiliar) strange as it may sound 이상하게 들리겠지만 strangely [stréindʒli] 부 (문장 전체를 수식하여)이상하게 stranger [stréindʒər] 명 타인, 외부 사람

314 **stretch**
[stretʃ]

명 뻗음   동 뻗다, 내밀다
stretch (out) one's leg 다리를 뻗다, 산책하다 (take a walk)

315 **struggle**
[strʌ́gəl]

명 분투, 싸움   동 싸우다, 애쓰다
struggle for a living 생계를 위해 악전고투하다
a struggle with disease 질병과의 사투(싸움)
struggling [strʌ́gliŋ] 형 발버둥치는, 분투하는

316 **substance**
[sʌ́bstəns]

명 물질(material), 내용《철학》본질
substantial [səbstǽnʃəl] 형 실속 있는, 넉넉한, 상당한, 유복한

317 **suit**
[suːt]

명 옷 한 벌《법률》소송
동 적당하다, ~에게 편리하다
▶ The five O'clock train suits me fine.
다섯 시 열차면 내게 편리하다.
suitable [súːtəbəl] 형 적당한, 어울리는 (appropriate)

318 **sum**
[sʌm]

명 총, 합계   동 합계를 내다, 요약하다
to sum up 요컨대, 요약하면, 결론으로서
sum up 총계를 내다, 요약하다

319 **summarize**
[sʌ́məràiz]

동 요약하다
summary [sʌ́məri] 명 형 요약(한)

320 **survive**
[sərváiv]

동 살아남다
survival [sərváivəl] 명 생존, 생존자
survival kit 구명 용품

STEP II **145**

	survivor [sərváivər] 명 생존자, 유족, 유물
321 **talent** [tǽlənt]	명 재능(ability=gift), 재능 있는 사람 a talent for singing 노래 부르는 재주 talented [tǽləntid] 형 재능이 있는, 유능한(gifted)
322 **task** [tæsk]	명 임무, 일 perform a task 임무를 수행하다
323 **telescope** [téləskòup]	명 망원경 ↔ microscope [máikrouskòup] 명 현미경 a binocular telescope 쌍안경
324 **thought** [θɔːt]	명 생각, 착상(idea) 《철학》사상 Western[Greek] thought 서양[그리스] 사상 on second thought(s) 다시 생각하여 보고, 재고(再考) 하여 thoughtful [θɔ́ːtfəl] 형 생각에 잠긴, 사려 깊은 ▶ How thoughtful of you! 정말로 사려 깊으시네요!
325 **throw** [θrou]	동 던지다(cast) throw dow one's arms 무기를 버리다, 항복하다 throw out 버리다(discard), 제거하다(get rid of) at a stone's throw 돌멩이가 닿는 거리에(매우 가까운 거리)

326 tide
[taid]

명 조수, 간만, 흐름, 흥망성쇠
time and tide 시간, 세월
▶ Time and tide waits for no man.
《속담》시간은 사람을 기다려 주지 않는다.
▶ The tide turns to [against] him
형세(상황)가 그에게 유리[불리]해진다.

327 tiny
[táini]

형 아주 작은(extremely small)

328 trade
[treid]

명 상업, 무역, 통상(commerce), 교환
동 매매하다, 교환하다
trade-off 거래(bargain), 교환(exchange)
be in trade 장사하다
▶ Two of a trade never agree
《속담》같은 장사끼리는 마음이 맞지 않는다.

329 tradition
[trədíʃən]

명 전통, 관례, 전설
traditional [trədíʃənəl] 형 전통의, 전통적인
traditionally [trədíʃənəli] 부 전통적으로

330 transfer
[trænsfə́:r]

명 동 이동, 이전(하다), 갈아타다
transfer from a bus to a train
버스에서 기차로 갈아(옮겨) 타다

STEP II **147**

331 treat
[tri:t]

동 다루다, 대우하다, 치료하다
treat a person with respect[kindness] 사람을 존경심을 갖고[친절하게] 대하다
▶ The doctor treated me with a new drug.
그 의사는 새로운 약으로 나를 치료해 주었다.
treatment [trí:tmənt] 명 취급, 치료
give a treatment 치료하다

332 tremendous
[triméndəs]

형 굉장한, 엄청난(huge), 무서운(dreadful)
tremendously [triméndəsli] 부 굉장히, 아주, 무시무시하게

333 trivial
[trívial]

형 평범한, 사소한
trivial round of daily life 평범한 일상생활

334 trust
[trʌst]

명 동 신뢰(하다)
on trust 외상으로, 남의 말만 믿고, 증거도 없이
hold[be in] a position of trust 책임 있는 위치에 있다
trust to chance 운에 맡기다
trustworthy [trʌ́stwə̀:rði] 형 믿을 만한(reliable)

335 ultimate
[ʌ́ltəmit]

형 최후의(last), 궁극적인
ultimately [ʌ́ltəmitli] 부 최후로, 궁극적(finally)

336 upset
[ʌpsét]

명 동 당황(하게 하다), 전복(시키다)
형 화가 난, 당황한, 혼란한

337 urban
[ə́ːrbən]

형 도시의
↔ rural [rúərəl] 형 시골의

338 usual
[júːʒuəl]

형 평소의, 일상의(↔ unusual)
as usual 여느 때처럼
usually [júːʒuəli] 부 보통, 일반적으로, 통상적으로

339 vague
[veig]

형 모호한, 막연한, (형태, 색 등이) 흐릿한
vaguely [véigli] 부 막연하게, 모호하게

340 valid
[vǽlid]

형 유효한(↔ invalid), 근거가 확실한, 정당한
a ticket valid for 2 weeks 2주간 유효한 표

341 venture
[véntʃər]

명 모험, 투기, 모험적(투기적) 사업
동 위험을 무릅쓰다(risk)
▶ Nothing ventured, nothing gained.
위험을 무릅쓰지 않으면 아무것도 얻을 수 없다.

342 weak
[wiːk]

형 약한(↔ strong=firm)
weaken [wíːkən] 동 약화시키다, (술, 차 등을)묽게 하다
weakness [wíːknis] 명 허약, 쇠약, 약점

343 wealth
[welθ]

명 재산, 부
▶ Health is above wealth.
건강이 재산보다 중요하다.
wealthy [wélθi] 형 부유한(rich=affluent)

344 weigh
[wei]

동 무게를 달다, (무게가)나가다
▶ She weighs 180 pounds.

	그녀는 무게가 180파운드 나간다. weight [weit] 명 무게, 체중 lose weight 체중이 줄다 ↔ gain[put on] weight 체중이 늘다
345 **whole** [houl]	형 전부의(entire=full=total), 안전한(complete) 명 전부, 전체 as a whole 전체로서(altogether), 총괄적으로 wholly [hóulli] 부 전적으로, 완전히 (completely), 오로지(exclusively)
346 **width** [widθ]	명 폭, 너비 wide [waid] 형 넓은(broad) ↔ narrow [nǽrou] 형 좁은 widely [wáidli] 부 넓게 widen [wáidn] 동 넓히다
347 **wild** [waild]	형 야생의(↔ tamed), 야만의, 사나운 wilderness [wíldərnis] 명 황야, 황무지 wildlife [wáildlàif] 명 야생 동물
348 **willing** [wíliŋ]	형 ~하고 싶은, 기꺼이 하는 be willing to ~하고 싶다 willing or not 싫든 좋든 willingly [wíliŋli] 부 자진해서

349 **wound**
[wuːnd]

명 상처, 부상(injury), (명예, 감정 등의) 고통
동 상처 입히다, 손해를 끼치다
wounded [wúːndid] 형 부상한 명 부상자들
the wounded 부상자들

350 **wrap**
[ræp]

동 싸다, 두르다, (수동태)열중하다
wrap up 싸다, 마치다
be wrapped in ~에 열중이다

CHECK UP 8

A. 비슷한 말 혹은 반대말을 찾아 연결하시오.(유의어·반의어 찾기)
   1. rumor .   ⓐ stable(안정적인)
   2. steady .   ⓑ appropriate(알맞은)
   3. suitable .   ⓒ unusual(유별난)
   4. tiny .   ⓓ scandal(헛소문)
   5. usual .   ⓔ tamed(길들여진)
   6. wealthy .   ⓕ very small(매우 작은)
   7. wild .   ⓖ poor(가난한)

B. 다음 각 설명에 해당하는 단어를 보기에서 골라 쓰시오.(영문 정의 찾기)

   sorrow / similar / steady / talent / telescope / transfer / urban

1. like or of the same kind
   _____(비슷한)

2. a special natural ability
   _____(재능)

3. to move from one place to another within the same organization
   _____(옮기다)

4. a situation that makes you sad, unhappiness
   _____(슬픔)

5. a device that enables people to see things at a distance
   _____(망원경)

6. fixed, firm, stable
   _____(확고한, 꾸준한)

7. of or belonging to cities or towns
   _____(도시의)

C. 이탤릭체로 된 숙어에 유의하여 아래 문장을 해석하시오.

1. Those items are *out of stock*
   (out of stock : 품절인)

2. The shop is *at a stone's throw*
   (at a stone's throw : 가까운 거리에)

3. The doctor *treated* me *with* a new medicine.
   (treat A with B : A를 B로 치료하다)

4. I *am willing to* apply for the job.
   (be willing to : 기꺼이 ~하다)

실전문제 다음 문장을 읽고, 이탤릭체로 된 단어의 뜻을 맞게 설명한 것을 고르시오.

1. Although the French restaurant was a bit expensive, we found its memorable cuisine, luxurious decor, and *impeccable* service to be well worth the price.
   ⓐ amiable   ⓑ faultless   ⓒ kind

memorable 형 기억할 만한   *cuisine* 명 요리   *decor* 명 장식
worth 형 가치가 있는   *amiable* 형 상냥한   *faultless* 형 흠잡을 데 없는

2. The *affluent* families of Tropic City head for their mountain on sultry summer weekends; the less well-heeled seek respite in the river that flows through town.
   ⓐ poor   ⓑ strong   ⓒ wealthy

sultry 형 무서운   *the less well-heeled* : 덜 부유한 사람들   *respite* 명 휴식
head for : ~을 향하다

A. 1.ⓓ 2.ⓐ 3.ⓑ 4.ⓕ 5.ⓒ 6.ⓖ 7.ⓔ
B. 1. similar   2. talent   3. transfer   4. sorrow
   5. telescope   6. steady   7. urban
C. 1. 그 물품들은 재고가 바닥이 났다.
   2. 그 상점은 매우 가까운 거리에 있다.
   3. 그 의사는 나를 새로운 약으로 치료해 주었다.
   4. 나는 기꺼이 그 자리에 지원할 것이다.
실전문제 1. ⓑ faultless(흠잡을 데 없는)   2. ⓒ wealthy(부유한)

STEP Ⅱ **153**

Vocabulary

1 **abandon** [əbǽndən]	통 버리다, 포기하다(give up) abandonment [əbǽndənmənt] 명 포기
2 **absent** [ǽbsənt]	형 부재의, 결석한(↔ present), 방심한 absence [ǽbsəns] 명 부재, 결석(↔ presence) in the absence of ~이 없을 때에 absence of mind 얼빠짐, 방심
3 **abstract** [æbstrǽkt]	형 추상적인, 관념상의, 공상적인(↔ concrete) 통 분리하다, 떼어 내다 abstraction [æbstrǽkʃən] 명 추상 abstractionist [æbstrǽkʃənnist] 명《미술》추상주의(파) 화가
4 **absurd** [æbsə́ːrd]	형 불합리한, 모순된, 어리석은(ridiculous) absurdity [æbsə́ːrdəti] 명 불합리, 부조리, 모순, 어리석은 일
5 **accompany** [əkʌ́mpəni]	통 동반하다, 따라가다 be accompanied by a friend 친구를 동반하다 be accompanied by a thing 사물을 수반하다
6 **accomplish** [əkɑ́mpliʃ]	통 성취하다, 실행하다 accomplishment [əkɑ́mpliʃmənt] 명 완성, 성취, 실현
7 **account** [əkáunt]	명 계산, 이유, 중요성, 예금 통 설명하다 account for ~에 대해 설명하다

accountable [əkáuntəbəl] 형 설명할 수 있는, 책임이 있는
accountant [əkáuntənt] 명 회계사, 회계원
accounting [əkáuntiŋ] 명 회계(학)

8 **accurate**
[ǽkjərit]

형 정확한(precise=exact)
accurately [ǽkjərətli] 부 정확하게, 정밀하게
accuracy [ǽkjərəsi] 명 정확성, 정밀도
↔ inaccuracy [inǽkjərəsi] 명 부정확

9 **accuse**
[əkjúːz]

동 고발·고소하다
be accused of 고소당하다
accuse a person of theft[a murderer] ~을 절도죄[살인자]로 고소하다
accused [əkjúːzd] 형 고발(고소)당한
the accused 피고인, 피의자(↔ accuser)

10 **accustom**
[əkʌ́stəm]

동 익숙하게 하다
accustom A to B A를 B에 익숙케(길들에게) 하다
accustomed [əkʌ́stəmd] 형 길들여진
be accustomed to ~에 익숙하다

11 **admit**
[ædmít]

동 인정하다, 허가하다(permit=allow)
 (입장, 입학 등을) 허락하다(receive)
▶ She admitted that she gad made a mistake.
 그녀는 자기가 실수를 한 것을 인정했다.
admission [ædmíʃən] 명 입장, 입학, 입장 허가, 입장료(fee)
admittance [ædmítəns] 명 입장, 입장 허가
no admittance 출입(입장) 금지

STEP Ⅲ **157**

12 **adolescent** [æ̀dəlésənt]	형 청년기의, 젊은 명 젊은이 adolescence [æ̀dəlésəns] 명 청년기, 사춘기 (puberty)
13 **adopt** [ədápt]	동 채용하다, 채택하다, 양자로 삼다 adapted words 외래어, 차용어 adopt a child as one's heir 아이를 상속자로서 양자로 삼다 adoption [ədápʃən] 명 채택, 채용, 양자 결연 adoptive [ədáptiv] 형 채택하는
14 **afflict** [əflíkt]	동 괴롭히다(distress), 고생하다 affliction [əflíkʃən] 명 고통, 괴로움(misery)
15 **aid** [eid]	명 도움, 원조 동 돕다, 원조하다
16 **ally** [əlái]	동 동맹·제휴·연합시키다 (Pl.)동맹국 alliance [əláiəns] 명 결연, 동맹
17 **ambition** [æmbíʃən]	명 대망, 야심 ambitious [æmbíʃəs] 형 야심을 품은, 열심인
18 **analyze** [ǽnəlàiz]	동 분석하다 analysis [ənǽləsis] 명 분석《심리학》정신 분석 analyst [ǽnəlist] 명 분석가, 해설자, 정신 분석가
19 **announce** [ənǽləsis]	동 알리다 announcement [ənáunsmənt] 명 공고, 발표, (결혼식 등의) 청첩장

20 **anticipate**
[æntísəpèit]

통 예상하다, 기대하다
anticipation [æntìsəpéiʃən] 명 예상, 기대

21 **apologize**
[əpálədʒàiz]

통 빌다, 사과하다
▸ I must apologize to you for not writing for such a long time.
이렇게 오랫동안 소식을 전해 드리지 못해 사과합니다.
apology [əpálədʒi] 명 사과
make[accept] an apology for ~에 대해 사과하다(사과를 받아들이다)

22 **apparent**
[əpǽrənt]

형 명백한, 눈에 보이는
apparently [əpǽrəntli] 부 명백히, 분명히

23 **applaud**
[əplɔ́ːd]

통 박수갈채를 보내다, 칭찬하다(cheer)
applause [əplɔ́ːz] 명 박수갈채, 칭찬

24 **appliance**
[əpláiəns]

명 기구, 장치
medical appliances 의료 기구

25 **appoint**
[əpɔ́int]

통 정하다, 임명하다, 지명하다
▸ He was appointed as[to be] governor.
그는 지사로 임명되었다.
appointed [əpɔ́intid] 형 정해진, 지정된
appointment [əpɔ́intmənt] 명 약속, 임명

STEP Ⅲ **159**

26 **architecture** [ɑ́ːrkətèktʃər]	명 건축, 건축학 architect [ɑ́ːrkitèkt] 명 건축가, 설계자
27 **arise** [əráiz]	동 생기다, 일어나다 ▶ A dreadful storm arose. 무서운 폭풍이 일었다.
28 **arrange** [əréindʒ]	동 배치하다, 정하다, 준비하다 arrange things in order 깔끔히 정돈하다 arrangement [əréindʒmənt] 명 정돈, 협정, 합의 (agreement) (Pl.) 준비 rearrange [rìːəréindʒ] 동 재정비하다, 배열을 바꾸다
29 **asleep** [əslíːp]	부 잠들어 형 잠든(↔ awake) fall asleep 잠들다
30 **aspect** [ǽspekt]	명 관점, 양상, 국면 consider a question in every aspect 문제를 모든 측면에서 고려하다
31 **assemble** [əsémbəl]	동 모으다, 집합시키다, (기계 등을) 조립하다 assembly [əsémbli] 명 모임, 집회, 회의
32 **asset** [ǽset]	명 이점, 강점 (Pl.)자산
33 **assist** [əsíst]	동 돕다, 원조하다 assistance [əsístəns] 명 도움, 원조 assistant [əsístənt] 명 조수, 원조자, 조력자

34 assure
[əʃúər]

통 장담하다, 단언하다, 보증하다(guarantee)
▶ I assure you of his innocence.
나는 그의 결백을 보증합니다.
assuredly [əʃúːəridli] 부 확실히, 틀림없이

35 atom
[ǽtəm]

명 《물리·화학》원자
atomic [ətámik] 형 원자(력)의,
극소의(minute)
atomic bomb 원자폭탄
atomic reactor 원자로

36 attach
[ətǽtʃ]

동 붙이다, 첨부하다
attachment [ətǽtʃmənt] 명 연결, 부착, 애착

37 author
[ɔ́ːθər]

명 저자, 작가(writer)

38 autograph
[ɔ́ːtəgræf]

명 (유명인의) 서명, 자필 형 자필의, 서명이 있는
cf.) signature [sígnətʃər] (개인의)서명

39 automatic
[ɔ̀ːtəmǽtik]

형 자동의, 자동적인, 기계적인
automatically [ɔ̀ːtəmǽtikəli] 부 자동적으로,
기계적으로

40 awful
[ɔ́ːfəl]

형 지독한, 심한
awfully [ɔ́ːfəli] 부 매우, 몹시, 끔찍하게

41 barbarism
[báːrbərizəm]

명 야만, 미개
barbarous [báːrbərəs] 형 야만스러운(savage)
barbarian [baːrbɛ́əriən] 명 야만인, 교양 없는 사람

STEP Ⅲ **161**

42 **barely** [bɛ́ərli]	甲 간신히, 겨우(hardly), 거의 ~않다(scarcely)
43 **barter** [báːrtər]	동 교역하다, 물물교환하다 barter furs for powder 모피를 화약과 교환하다
44 **bear** [bɛər]	동 낳다(give birth to), 참다(endure) bearable [bɛ́ərəbəl] 형 참을 수 있는, 견딜 만한 (endurable) ↔ unbearable [ʌ̀nbɛ́ərəbəl] 형 참을 수 없는
45 **beginner** [bigínər]	명 초보자(novice) beginning [bigíniŋ] 명 처음, 기원(origin) rise from humble beginning 비천한 처지에서 출세하다
46 **bind** [baind]	동 묶다, 속박하다, 의무를 지우다 bound [baund] 형 묶인, 틀림없는(sure=certain) ~해야 하는(obliged) be bound to ~해야 한다
47 **bitter** [bítər]	형 쓴(↔ sweet), 지독한, 심한 bitterly [bítərli] 甲 지독히, 몹시 bitterness [bítərnis] 명 쓴, 신랄, 비통
48 **blank** [blæŋk]	명 형 공백, 백지(의) fill in a blank 백지 용지에 기재(기입)하다

49 **bliss** [blis]
명 행복, 환희
▶ Ignorance is bliss.《속담》모르는 게 약.
blissful [blísfəl] 형 더없이 행복한
bless [bles] 동 축복하다, 은혜를 베풀다, 찬미하다

50 **blunder** [blʌ́ndər]
명 큰 실수
동 잘못하다, 실패하다

51 **bluntly** [blʌ́ntli]
부 무뚝뚝하게, 무디게
blunt [blʌnt] 형 퉁명한, 무딘(dull)
↔ keen [kiːn] 형 날카로운(sharp)

52 **border** [bɔ́ːrdər]
명 가장자리, 경계 (종종 Pl.)국경지대
borderline [bɔ́ːrdərlàin] 형 경계(국경)상의
border line 경계선, 국경선

53 **bottom** [bátəm]
명 바닥, 기초(basis)
go to the bottom (of) 진상을 규명하다, 탐구하다, 가라앉다

54 **bough** [bau]
명 (큰) 나뭇가지(branch)

55 **breath** [breθ]
명 숨, 호흡
be short of breath 숨이 차다 (가쁘다)
breathe [briːð] 동 숨쉬다
breathing [bríːðiŋ] 명 호흡
breathless [bréθlis] 형 숨 가쁜, 숨도 못 쉴 정도의

56 **breeze** [briːz]
명 동 산들바람, 미풍(이 불다)

57 brilliance
[bríljəns]

명 밝음, 뛰어난 재주
brilliant [bríljənt] 형 빛나는, 재기 넘치는, 훌륭한
a brilliant idea 기막힌 착상
brilliantly [bríljəntli] 부 찬란히, 훌륭하게

58 bud
[bʌd]

명 싹, 봉오리
in the bud 싹틀 때에, 초기에

59 budget
[bʌ́dʒit]

명 예산(안) 동 예산을 세우다
balance the budget 수지 균형을 맞추다

60 build
[bild]

동 건설하다, 짓다 명 체격
build up 확립하다, 세우다(establish)

61 burden
[bə́ːrdn]

명 부담, 무거운 짐, 의무, 책임
동 부담시키다, 괴롭히다
burdensome [bə́ːrdnsəm] 형 무거운, 괴로운

62 bury
[béri]

동 묻다, 매장하다(inter), (수동태)몰두하다
▶ He was buried in the cemetery.
  그는 공동묘지에 묻혔다.
be buried in thought [grief] 생각[슬픔]에 잠기다
burial [bériəl] 명 매장
a burial service 장례식

63 candidate
[kǽndədèit]

명 후보자, 지원자(applicant)

64 capacity
[kəpǽsəti]

명 용적, 수용 능력, 능력(ability=capability)
capacious [kəpéiʃəs] 형 널찍한, 용량이 큰, 포용력 있는

65 capital
[kǽpitl]

명 수도, 자본, 대문자 형 자본의, 주요한
the capital of Korean finance 한국 금융의 중심지
in capitals 대문자로

66 cast
[kæst]

동 던지다 명 던지기, 형태, 깁스
▶ The die is cast. 주사위는 던져졌다.
cast a vote[ballot] 투표하다
cast away 표류하다, 난파되다

67 cease
[si:s]

동 그만두다, 그치다 명 중지
without cease 끊임없이
cease to exist 없어지다, 죽다, 멸망하다

68 cereal
[síəriəl]

명 시리얼, 곡류(식품)

69 certify
[sə́:rtəfài]

동 증명하다, 보증하다(guarantee)
▶ His report was certified (as) correct.
그의 보고는 정확한 것임이 증명 되었다.

70 chant
[tʃænt]

명 동 노래(하다)

71 charge
[tʃɑ:rdʒ]

동 (의무, 책임 등을) 부과하다, 감독하다
명 보호, 감독, 경비, 청구 금액
in charge of ~을 돌보는
take the charge of ~을 떠맡다
free of charge 무료로

STEP Ⅲ **165**

72 charity
[tʃǽrəti]

명 자선, 자비
▶ **Charity** begins at home.
《속담》남보다 먼저 가족을 먼저 사랑하라.
charitable [tʃǽrətəbəl] 형 자비로운, 관용적인, 자선의

73 charter
[tʃáːrtər]

명 선언, 헌장
동 (특허를 받아)설립하다, 인가하다, 전세 내다
the **Charter** of the United Nations 국제 연합 헌장

74 chase
[tʃeis]

명 동 추적, 추격(하다)
chase after 뒤를 쫓아 추격하다

75 cheap
[tʃiːp]

형 싼(inexpensive)
↔ expensive [ikspénsiv] 형 비싼

76 cheat
[tʃiːt]

동 사기 치다, 부정을 저지르다
명 사기, (시험의) 부정행위
cheat a person **of** a thing 사람을 속여 물건을 빼앗다

77 chop
[tʃɑp]

동 쳐서 자르다, 잘게 썰다
명 절단, 일격, 잘라진 한 조각
chop up a cabbage 양배추를 잘게 썰다

78 circle
[sə́ːrkl]

명 원 (*pl.*)집단, (교우, 세력, 활동 등의) 범위
동 선회하다, 에워싸다
the upper **circles** 상류 사회
▶ The earth **circles** the sun.
지구는 태양의 둘레를 돈다.
circulate [sə́ːrkjəlèit] 동 (피, 공기,

물 등이) 순환하다, 돌다
circulation [sə̀:rkjəléiʃən] 몡 순환, 유통, (도서, 신문 등의)발행 부수

79 **circumstance**
[sə́:rkəmstæ̀ns]

몡 상황, 환경
depend on circumstances 사정에 따라 다르다
other circumstances equal 다른 상황들은 다 같다고 하고

80 **clap**
[klæp]

동 치다, 때리다, 박수갈채하다(applaud)
몡 찰싹 때리기, 박수(clapping=applause)

81 **classify**
[klǽsəfài]

동 분류하다, 등급을 매기다, 기밀 취급하다
classification [klæ̀səfikéiʃən] 몡 분류(법), 등급 매김

82 **clay**
[klei]

몡 점토, 찰흙

83 **clerk**
[klə:rk]

몡 사무원, 은행원, 점원, 서기관

84 **client**
[kláiənt]

몡 의뢰인, 고객

85 **clue**
[klu:]

몡 단서, 실마리
clueless [klú:nis] 형 단서(실마리)가 없는, 오리무중의

86 **combine** [kəmbáin]	동 결합시키다, 합치다, 겸하다 combine work with interest 일과 흥미를 결합시키다 combination [kàmbənéiʃən] 명 결합, 조합 in combination with ~와 협력하여
87 **commit** [kəmít]	동 맡기다, 위임하다, (죄, 과실 등을) 저지르다 commit a crime 죄를 저지르다 commit suicide 자살하다 commitment [kəmítmənt] 명 위탁, 위임, 공약, 서약 make a commitment 약속하다
88 **compensate** [kámpənsèit]	동 보상하다, 갚다, 보수·급료를 치르다 compensate a person for loss ~에게 손실을 배상하다 compensation [kàmpənséiʃən] 명 보상, 보충
89 **competent** [kámpətənt]	형 유능한(able), 적임의, 요구에 맞는(adequate) competence [kámpətəns] 명 능력, 적성
90 **compile** [kəmpáil]	동 (책을) 편집하다, 모으다, 축척하다 compilation [kàmpəléiʃən] 명 편집 the compilation of dictionary 사전의 편찬
91 **complain** [kəmpléin]	동 불평하다 complain of ~을 불평하다 complaint [kəmpléint] 명 불평, 불만 make[file/lay] a complaint against ~를 고소하다

92 **comprehend** [kàmprihénd]	동 파악하다, 이해하다(understand) comprehension [kàmprihénʃən] 명 포함, 이해(력) comprehensive [kàmprihénsiv] 형 광범한, 이해력이 있는
93 **conceal** [kənsíːl]	동 감추다, 숨기다(hide) ▶ Do not conceal your intentions from me. 너의 의도를 숨기지 마라. concealment [kənsíːlmənt] 명 숨김, 은폐
94 **concentrate** [kánsəntrèit]	동 집중하다(focus) concentrate on ~에 집중하다 concentrated [kánsəntrèitid] 형 집중한 concentration [kànsəntréiʃən] 명 집중, 몰두
95 **concern** [kənsə́ːrn]	동 관계하다, 염려하다 명 관심, 염려, 이해관계(interest) ▶ This concerns all of us. 이것은 우리 모두에게 관계가 있다. have no concern with ~와 아무런 관계가 없다 of concern to ~에게 중요한 concerned [kənsə́ːrnd] 형 관계하고 있는, 걱정스러운 concerning [kənsə́ːrniŋ] 전 ~에 대하여(about)
96 **confirm** [kənfə́ːrm]	동 확인하다, 승인하다, 굳히다 ▶ The letter from her confirmed what you had told us before. 그녀의 편지로 당신이 전에 말해 준 사실이 확인되었다.

STEP Ⅲ **169**

	confirmation [kɑ̀nfərméiʃən] 명 확증, 확인 reconfirm [rìːkənfɔ́ːrm] 동 재확인하다
97 **conform** [kənfɔ́ːrm]	동 따르다, 일치하다 conform to the laws[customs] 법률[습관]에 따르다
98 **congratulate** [kəngrǽtʃəlèit]	동 축하하다 congratulate on 축하하다 congratulation [kəngrǽtʃəléiʃən] 명 축하
99 **conquer** [kɑ́ŋkər]	동 정복하다 conquest [kɑ́ŋkwest] 명 정복 conqueror [kɑ́ŋkərər] 명 정복자
100 **consequence** [kɑ́nsikwèns]	명 결과, 결말(result) as a consequence=in consequence 그 결과(as a result) consequently [kɑ́nsikwəntli] 부 결과적으로

CHECK UP 9

A. 비슷한 말 혹은 반대말을 찾아 연결하시오.(유의어·반의어 찾기)

1. absent .
2. accurate .
3. asleep .
4. author .
5. barely .
6. beginner .
7. candidate .
8. cheap .

ⓐ precise(정확한)
ⓑ awake(깨어 있는)
ⓒ novice(초보자)
ⓓ applicant(지원자)
ⓔ expensive(비싼)
ⓕ seldom(거의 ~않다)
ⓖ present(출석한)
ⓗ writer(작가)

B. 다음 각 설명에 해당하는 단어를 보기에서 골라 쓰시오.(영문 정의 찾기)

> brilliant / charity / clerk / client / customer / conqueror

1. a person who buys goods or services from a shop
　_____(고객)

2. a person employed to keep records and accounts
　_____(점원)

3. a person who pays a professional person or organization for help and advice
　_____(의뢰인)

4. an organization that gives money and help to people who are sick, poor, or in difficulty
　_____(자선단체)

5. a person who defeats the enemy and wins land
　_____(정복자)

6. shining brightly, very bright
　_____(빛나는)

C. 이탤릭체로 된 숙어에 유의하여 아래 문장을 해석하시오.

1. She *was accompanied by* her husband.
   (be accompanied by : ~을 동반하다)

2. They *accused* him *of* a murderer.
   (accuse A of B : A를 B의 혐의로 고소하다)

3. She *adopted* a Korean girl *as* her heir.
   (adopt A as B : A를 B로 양자로 삼다)

4. Mike *is in charge of* this section.
   (be in charge of ~을 책임지다)

5. We will *compensate* you *for* any damage done to your house while we are in it.
   (compensate for : ~을 보상하다)

실전문제 다음 문장을 읽고, 이탤릭체로 된 단어의 뜻을 맞게 설명한 것을 고르시오.

1. For her birthday, Margaret received a beautiful *facsimile* of a medieval manuscript.
   ⓐ exact copy of a paper   ⓑ better   ⓒ photograph

   medieval 형 중세의, 중세풍의   *manuscript* 명 원고

2. "My *domicile* may be modest," explained Mr. Arthur, "but it is located in a lovely place and provides everything a young man needs to live comfortably."
   ⓐ ship   ⓑ car   ⓒ house

   modest 형 수수한   *provide* 동 제공하다   *ccomfortably* 부 편리하게

A. 1.ⓖ 2.ⓐ 3.ⓑ 4.ⓗ 5.ⓕ 6.ⓒ 7.ⓓ 8.ⓔ
B. 1. customer   2. clerk   3. client   4. charity
   5. conqueror   6. brilliant
C. 1. 그녀는 남편을 동반했다.
   2. 그들은 그를 살인자로 고소했다.
   3. 그녀는 그녀의 상속인으로 한국 소녀를 입양했다.
   4. 마이크가 이 자리의 책임자이다.
   5. 당신 집에 입주해 있는 동안 집에 끼치는 어떠한 손해도 보상하겠습니다.

실전문제 1. ⓐ exact copy of a paper(복사)   2. ⓒ house(집)

101 constant
[kánstənt]

형 끊임없는, 지속적인, 일정한(↔ variable)
constantly [kánstəntli] 부 끊임없이(continually), 자주(frequently)

102 construct
[kənstrʎkt]

동 건설하다, 구성하다
construction [kənstrʎkʃən] 명 건설, 구조
constructive [kənstrʎktiv] 부 건설적인(↔ destructive), 구조상

103 consult
[kənsʎlt]

동 상담하다, 참고하다, 고려하다
consult with a person ~와 상담하다
consultant [kənsʎltənt] 명 상담 상대, (기억 경영 등의)고문

104 contain
[kəntéin]

동 포함하다, 함유하다, (감정 등을)억누르다
container [kəntéinər] 명 그릇, 용기, (화물 수송의)컨테이너

105 contemporary
[kəntémpərèri]

형 동시대의, 현대의
contemporary literature 현대 문학
contemporaries [kəntémpərəriz] 명 같은 시대의 사람(신문, 잡지 등)

106 contend
[kənténd]

동 싸우다, 경쟁하다, (강력히)주장하다
contend with a person for a prize ~와 상을 다투다
▶ Columbus contended that the earth is round.
콜럼버스는 지구가 둥글다고 주장했다.

107 cooperate
[kouápərèit]

동 협력·협동하다
cooperation [kouɑ̀pəréiʃən] 명 협력, 원조
cooperative [kouápərèitiv] 형 협동의, 협력적인

108 counsel
[káunsəl]

명 동 충고, 조언(하다)
counseling [káunsəliŋ] 명 상담
counselor [káunsələr] 명 상담역, 상담 교사

109 courtesy
[kɔ́ːrtəsi]

명 예의, 겸손
courteous [kə́ːrtiəs] 형 예의바른(polite)

110 cover
[kʌ́vər]

동 덮다, 다루다 명 뚜껑, 덮개
↔ uncover [ʌ̀nkʌ́vər] 동 벗기다, 열다

111 cradle
[kréidl]

명 요람
▶ What is learned in the cradle is carried to the tomb[grave].
《속담》세 살 버릇 여든까지 간다.

112 craft
[kræft]

명 기능, 기교(skill), 공예

113 creative
[kriːéitiv]

형 창조적인, 독창적인(originative)
creatively [kriːéitivli] 부 창조적으로

114 credit
[krédit]

명 신뢰(trust) 《상업》신용
동 믿다, 신용하다

115 cross
[krɔːs]

명 십자가 동 교차하다, 가로지르다
▶ He crossed the desert.

	그는 사막을 횡단하였다. cross one's fingers (손가락을 걸치는 동작에서 유래)행운을 빌다 crosswalk [krɔ́:swɔ̀:k] 명 횡단보도
116 **crucial** [krúːʃəl]	형 결정적인(decisive), 중대한
117 **crutch** [krʌtʃ]	명 목발
118 **curiosity** [kjùəriɑ́səti]	명 호기심 ▶ Curiosity kills the cat. 호기심이 고양이를 죽인다. curious [kjúəriəs] 형 호기심이 많은 curiously [kjúəriəsli] 부 호기심에서, 신기하게도
119 **current** [kə́ːrənt]	형 현재의, 지금 쓰이고 있는 명 흐름, 유동 the current news 시사 뉴스 currently [kə́ːrəntli] 형 일반적으로(generally), 널리, 지금(now) currency [kə́ːrənsi] 명 통화, 화폐
120 **curriculum** [kəríkjələm]	명 교과 과정, 커리큘럼
121 **date** [deit]	명 날짜, 데이트 up to date 오늘까지의, 최신식의

STEP Ⅲ

out of date 시대에 뒤떨어진, 구식의
blind date 상대가 누구인지 모른 채 나가는 데이트

122 **debt**
[det]

명 빚, 채무, 부채

123 **decent**
[díːsnt]

형 어울리는, 예의 바른, 친절한, 훌륭한
decency [díːsnsi] 명 품위, 예절 바름
decently [díːsntli] 부 단정하게, 품위 있게
behave decently 점잖게 행동하다

124 **dedicate**
[dédikèit]

동 바치다, 헌신하다, 헌정하다
dedicate A to B A를 B에 바치다(헌신하다)
dedicate a book[poem] to someone 책[시]를 누군가에게 바치다
dedicated [dédikèitid] 형 (이상, 예술 등에)일생을 바친, 헌신적인
dedication [dèdikéiʃən] 명 헌납, 헌신, 헌정, (건물 등의)개관(식)

125 **deep**
[diːp]

형 깊은(↔ shallow)
deeps [diːp] 명 심연(abyss)
deeply [díːpli] 부 깊이
depth [depθ] 형 깊이 (pl.)깊은 곳

126 **defeat**
[difíːt]

동 이기다(beat), 꺾다
명 격파, 타도

127 defect
[difékt]

명 결점, 단점, 결손, 부족
동 탈퇴하다, 도망가다
defective [diféktiv] 형 결함이 있는, 불완전한
defection [difékʃən] 명 (조국, 주의, 당 등을)탈당, 탈퇴, 변절, 결함

128 deny
[dinái]

동 부정·부인하다, 거절하다(refuse=reject)
▶ He denied having said so.
그는 그런 말을 하지 않았다고 부인했다.
denial [dináiəl] 명 부정, 거부

129 depress
[diprés]

동 의기소침하게 하다, (경기를)부진하게 하다
depressed [diprést] 형 의기소침한, 불경기의, 궁핍한
depressing [diprésiŋ] 형 억압적인, 침울하게 만드는, 울적한

130 deprive
[dipráiv]

동 빼앗다, 박탈하다
deprive A to B A에서 B를 뺏다
be deprived of ~을 빼앗기다

131 detail
[dí:teil]

명 세부, 상세
in detail 상세히

132 detect
[ditékt]

동 발견하다, 찾아내다(discover)
detector [ditéktər] 명 발견자, 탐지기

STEP III **177**

133 **device** [diváis]	몡 장치, 계획, 계략 devise [diváiz] 통 (방법을)궁리하다, 고안하다
134 **devote** [divóut]	통 바치다, 헌납하다 devote A to B A를 B에 바치다 devote oneself to ~에 전념하다, 몰두하다 devoted [divóutid] 형 헌신적인, 충실한, 몰두한 devotion [divóuʃən] 명 헌신, 신앙심, 경건한
135 **dictator** [díkteitər]	명 독재자 dictatorship [díkteitərʃip] 명 독재(정권)
136 **digest** [didʒést]	통 소화하다, 요약하다 명 요약, 개요 digestive [didʒéstiv] 형 소화의 digestion [didʒéstʃən] 명 소화(작용)
137 **diligence** [dílədʒəns]	명 부지런함, 근면 diligent [dílədʒənt] 형 근면한, 부지런한 diligently [dílədʒəntli] 부 부지런히, 열심히, 애써
138 **diminish** [dəmíniʃ]	통 줄이다, 감소시키다(lessen=reduce) ↔ increase [inkríːs] 통 증가하다, 늘다 diminution [dìmənjúːʃən] 명 감소, 축소
139 **dip** [dip]	명 살짝 적시기 통 살짝 적시다
140 **disaster** [dizǽstər]	명 재난, 참사(calamity) disastrous [dizǽstrəs] 형 비참한, 재난의

141 **discard** [diskάːrd]
- 동 버리다, 포기하다, 없애다(get rid of)
- 명 포기, 해고, 버려진 사람(물건)

142 **discipline** [dísəplin]
- 명 훈련(training), 규칙, 질서(order)
- 동 훈련시키다, 규율을 지키게 하다
- disciple [disáipəl] 명 문하생, 제자

143 **dislike** [disláik]
- 동 싫어하다 명 싫어함, 반감
- have a dislike for[of] 싫어하다

144 **dismay** [disméi]
- 명 의기소침, 낙담
- 동 낙담하게 하다

145 **dismiss** [dismís]
- 동 해산·해임·기각·거절하다
- dismiss a boy from school 학생을 퇴학 시키다
- dismissal [dismísəl] 명 해산, 해고, 석방

146 **display** [displéi]
- 동 보이다, 전시하다, 드러내다
- 명 보이기, 진열

147 **disposable** [dispóuzəbəl]
- 형 쓰고 버릴 수 있는, 이용 가능한
- disposables 일회용 물품

148 **dispose** [dispóuz]
- 동 정리하다, 배치하다
- dispose of 처리하다, 정리하다
- ▶ Man proposes, God disposes.
  《속담》계획은 인간이 꾸며도, 성패는 하늘이 결정한다.
- disposal [dispóuzəl] 명 배치, 처분, 정리
- be at one's disposal ~의 마음대로, 처분할 수 있다

STEP Ⅲ **179**

149 **distribute** [distríbju:t]	통 배포하다, 나누다 distribute pamphlets to the audience 청중들에게 팸플릿을 배포하다 distribution [dìstrəbjú:ʃən] 명 분배, (동·식물의)분포
150 **division** [divíʒən]	명 분할, 나누기, 분배, (관청, 회사 등의)부, 과 division of powers (입법, 행정, 사법의)3권 분립 divide [diváid] 통 나누다, 분배하다
151 **domestic** [douméstik]	형 가정의, 거정적인, 국내의, 길든(tamed) a domestic airline 국내 항공(로) domesticate [douméstəkèit] 통 (동물을)길들이다, (야만인을)교화하다
152 **donate** [dóuneit]	통 기증·기부하다 donation [dounéiʃən] 명 기증, 기부, 장려 donator [dóuneitər] 명 기부자, 기증자 donor [dóunər] 명 (장기, 혈액)기증자
153 **doom** [du:m]	명 운명(fate=destiny), 비운 통 운명 지우다
154 **doubt** [daut]	통 의심하다 ▶ I doubt whether he was there. 나는 그가 그 곳에 있었는지 의심스럽다. doubtful [dáutfəl] 형 의심스러운, 확신이 없는

doubtless [dáutlis] 형 의심 없는, 확실한 부 의심할 여지없이
cf.) undoubtedly [ʌ̀ndáutidli] 부 확실히, 틀림없이(certainly)

155 **drastic**
[drǽstik]

형 맹렬한, 격렬한
take[adopt] drastic measure 과감한 수단을 쓰다
drastically [drǽstikəli] 부 맹렬히, 과감하게

156 **drift**
[drift]

명 표류, 대세, 풍조 동 떠돌다, 표류하다
drift along 표류하다, 정처 없이 떠돌다

157 **drought**
[draut]

명 가물, 건조, 고갈, 결핍(scarcity)

158 **drown**
[draun]

동 물에 빠지다, 익사하다
▶ A drowning man will catch at a straw.
《속담》물에 빠진 사람 지푸라기 잡기.

159 **dull**
[dʌl]

형 머리가 나쁜, 둔한, 무딘(↔ sharp)

160 **dwell**
[dwel]

동 살다, 거주하다
dwelling [dwélɪŋ] 명 주소, 거주

161 **dynamic**
[dainǽmik]

형 동적인, 역학(상)의
↔ static [stǽtik] 형 정적인
dynamically [dainǽmikəli] 부 동적으로, 역학적으로

162 **earnest**
[ə́ːrnist]

형 성실한, 열심인, 진지한 명 진심, 진정, 진지함
earnestly [ə́ːrnistli] 부 진지하게, 진정으로

STEP Ⅲ **181**

163 elegant [éləgənt]	형 우아한, 고상한(graceful) elegance [éligəns] 명 우아, 단정, 기품
164 emphasize [émfəsàiz]	동 강조하다, 역설하다(stress) ▶ Parents emphasize that children should be independent. 부모들은 자식들이 독립적이어야 한다고 강조한다. emphasis [émfəsis] 명 강조, 강세 lay[place/put] emphasis on ~에 (특히)중점을 두다
165 empty [émpti]	형 빈, 없는, 공허한 동 비우다 emptiness [émptinis] 명 빔, 공허
166 encounter [enkáuntər]	동 우연히 만나다
167 enforce [enfɔ́:rs]	동 (법률 등을) 실시하다, 강요하다, 시행하다 enforce obedience 복종을 강요하다 enforce one's opinion on child 자기 의견에 따를 것을 아이에게 강요하다 enforcement [enfɔ́:rsmənt] 명 (법률의)시행, 집행
168 engage [engéidʒ]	동 약속하다, 약혼시키다, 예약하다 engagement [engéidʒmənt] 명 약속, 약혼 make an engagement 약속하다 engaged [engéidʒd] 형 예약된, 약혼한, 종사하는 ▶ Your seat is engaged. 좌석이 예약되어 있습니다. ▶ He is engaged in foreign trade. 그는 해외 무역에 종사하고 있다.

169 enhance
[enhǽns]

동 높이다
enhanced [enhǽns] 형 중대한, 높인, 강화한

170 enrich
[enrítʃ]

동 부유하게·넉넉하게·풍요롭게 하다

171 enroll
[enróul]

동 등록·입학하다, (이름을)명부에 올리다
enroll a person on the list of 사람을 명부에 올리다
enrollment [enróulmənt] 명 등록, 입학, 기재

172 entertain
[èntərtéin]

동 즐겁게 해주다, 대접하다
entertain the company with music[by trick]
음악[미술]으로서 사람들을 즐겁게 하다
entertainer [èntərtéinər] 명 연예인
entertainment [èntərtéinmənt] 명 오락
(amusement), 즐거움, 대접(hospitality)

173 envy
[énvi]

명 동 부러움, 질투, 시기(하다)
in envy of ~을 부러워하여
envious [énviəs] 형 부러워하는, 질투하는
be envious of ~을 시기하다

174 era
[íərə]

명 시대, 시기(period=epoch), 기원
the Victorian era 빅토리아 여왕 시대 (왕조)

175 **estimate** [éstəmèit]	동 평가하다, 값을 매기다, 어림잡다 make an estimate of ~의 견적을 내다, ~을 평가하다 estimation [èstəméiʃən] 명 판단, 평가 (valuation), 존중
176 **eternal** [itə́ːrnəl]	형 영원한, 끝없는(everlasting) eternally [itə́ːrnəli] 부 영원히(forever), 끊임없이 (constantly) eternity [itə́ːrnəti] 명 영원, 영원한 존재, 내세 between this life and eternity 이승과 저승 사이 (생사의 경계)에
177 **evidence** [évidəns]	명 증거 evident [évidənt] 형 분명한(plain), 명백한 (obvious = apparent) evidently [évidəntli] 부 (문장 전체를 수식하여) 분명히, 명백하게
178 **evolution** [èvəlúːʃən]	명 진화, 전개, 발전 the theory of evolution 진화론 evolve [iválv] 동 발전시키다, 진화하다 evolve into[from] ~으로[에서] 진화하다
179 **except** [iksépt]	전 ~를 제외하고(for) exception [iksépʃən] 명 예외, 제외된 예 make an exception of ~은 예외로 하다, 특별 취급하다 make no exceptions 예외 취급을 하지 않다 exceptional [iksépʃənəl] 형 예외의, 이례적인

180 **excess** [iksés]	명 과도, 과잉(too much) excessive [iksésiv] 형 과도한, 극단적인 exceed [iksíːd] 통 (한도를)넘다, 초과하다
181 **exclaim** [ikskléim]	통 외치다, 절규하다
182 **exertion** [igzə́ːrʃən]	명 노력, 수고
183 **exist** [igzíst]	통 존재하다 ▶ Man cannot exist without air. 인간은 공기 없이는 살아갈 수 없다. existence [igzístəns] 명 존재 in existence 현존하는, 존재하는(existing) the struggle for existence 생존 경쟁 existent [igzístənt] 형 존재하는, 현존하는
184 **expand** [ikspǽnd]	통 (세력 등을) 확장하다, 펼치다(spread out) ▶ He was trying to expend his business. 그는 사업을 확장하려는 중이다. expansion [ikspǽnʃən] 명 확장, 확대, 발전 (development)
185 **expel** [ikspél]	통 쫓아내다, 추방하다 ▶ He was expelled from the school. 그는 퇴학 처분을 받았다.
186 **expense** [ikspéns]	명 비용, 지출 (pl.)경비 spare no expense 비용을 아끼지 않다 school[traveling] expensive 학비[여행 경비]

STEP Ⅲ **185**

	expensive [ikspénsiv] 형 비싼 ↔ inexpensive [ìnikspénsiv] 형 싼
187 **experiment** [ikspérəmənt]	명 실험 experimental [ikspèrəméntl] 형 실험의, 실험적인 experimentation [ikspèrəmentéiʃən] 명 실험
188 **expose** [ikspóuz]	동 드러내다, 보여주다, 폭로하다(disclose) exposed [ikspóuzd] 형 (위험 등에)드러난, 노출된 exposure [ikspóuʒər] 명 폭로, 제시
189 **extinction** [ikstíŋkʃən]	명 끄기, 소화, 멸종 extinguish [ikstíŋgwiʃ] 동 끄다(put out) extinguisher [ikstíŋgwiʃər] 명 소화물, 소화기
190 **faint** [feint]	형 희미한, 약한 동 기절하다 feel faint 현기증을 느끼다 fainting [féintiŋ] 명 형 기절, 실신(하는)
191 **falter** [fɔ́:ltər]	동 망설이다, 주저하다(hesitate) 명 망설임 ▶ Never falter in doing good. 《속담》선을 행하는데 주저하지 말라.
192 **famine** [fǽmin]	명 기근 die of famine 굶어 죽다
193 **fantasy** [fǽntəsi]	명 상상, 공상 fantastic [fæntǽstik] 형 상상의 (imaginary), 환상적인

194 fault
[fɔːlt]

명 잘못, 결점, 결합, 단점(defect)
find fault with 흠을 잡다, 비난하다(criticize)
faultless [fɔ́ːltlis] 형 결점이 없는, 나무랄 데 없는

195 feed
[fiːd]

동 먹이다, 키우다 명 먹이, 사료
feed a family 가족을 부양하다

196 fellow
[félou]

명 친구, 동료

197 fiber
[fáibər]

명 섬유

198 fierce
[fiərs]

형 거친, 사나운
fiercely [fiərsli] 부 사납게, 맹렬하게

199 filter
[fíltər]

명 동 여과기, 필터(~로 거르다)

200 finance
[finǽns]

명 재무, 재정, 금융
동 자금을 조달하다
financial [finǽnʃəl] 형 재무의, 재정상의
financial crisis 금융 공황(위기)

♣ 재미난 단어 유래

Groggy - 비틀거리는, 휘청거리는

18세기 영국의 해군 제독 Edward Vernon은 늘 견모적인 grogram 코트를 입는 것으로 유명했다. 그래서 그는 부하들에게 Old Grog라는 별명으로 불렸다. 당시 서인도 제도에 주둔하던 영국 해군들에게는 럼주가 매일 배급되었고, 이 희석주는 제독의 별명을 따서 grog라고 명명되었다. 여기에서 더 나아가 grog를 마시고 취한 사람을 groggy로 표현하기 시작했다. 오늘날에는 취하지 않더라도 비틀거리거나 휘청거리는 상태는 모두 groggy로 표현하게 되었다.

Handicap - '모자에 넣은 손'이 왜 불리한 조건?

handicap은 원래 영국 등지에서 17세기에 유행했던 게임의 일종으로 모자 안에든 벌칙 제비를 뽑으면 불리해서 게임에 지게 되었다고 한다. 이런 과정에서 오늘날 우리가 쓰고 있는 handicapped 라는 말이 '불리한 조건을 가진' 즉 '장애의'라는 뜻이 되었다.

Hooligan - 경기장의 무법자

'경기장의 난폭한 관중'을 hooligan이라고 한다. 19세기말 Hooligan이라는 성을 가진, 성격이 활달한 아일랜드 사람이 런던의 남동쪽 구역으로 Hooligan 가족이 옴으로써 분위기가 달라졌던 모양이다. 그 후 Hooligan이라는 성은 의미가 변해서 '무법자, 깡패'라는 뜻이 되었다. 그리고 이는 다시 '광적인 스포츠 팬, 무법자'라는 뜻이 되었다. 이런 광적인 hooligan들이 하는 행동을 hooliganism이라고 한다.

CHECK UP 10

A. 비슷한 말 혹은 반대말을 찾아 연결하시오.(유의어·반의어 찾기)

1. constantly .
2. courteous .
3. crucial .
4. defeat .
5. discipline .
6. domestic .
7. evident .
8. fix .

ⓐ polite(예의바른)
ⓑ beat(꺾다, 이기다)
ⓒ obvious(명백한)
ⓓ continually(끊임 없이)
ⓔ decisive(중대한)
ⓕ repair(고치다)
ⓖ foreign(외국의)
ⓗ training(훈련)

B. 다음 각 설명에 해당하는 단어를 보기에서 골라 쓰시오.(영문 정의 찾기)

curiosity / debt / decent / devoted / diligent / elegant / evolution

1. the desire to know something or learn about something
   _____(호기심)

2. showing steady, careful effort
   _____(부지런한)

3. the gradual development of the various types of plants and animals
   _____(진화)

4. something that you owe to someone else
   _____(빚)

5. loving someone very much and giving them time and attention
   _____(헌신적인)

6. of manner, fit and proper
   _____(적당한)

7. graceful, having or showing good taste
   _____(우아한)

STEP Ⅲ

C. 이탤릭체로 된 숙어에 유의하여 아래 문장을 해석하시오.

1. He *dedicated* his life *to* the unification of the country.
   (dedicate A to B : A를 B에 헌신하다)

2. Mike *devoted* himself to writing the book.
   (devote A to B : A를 B에 바치다)

3. She *is engaged in* foreign trade.
   (be engaged in : ~에 종사하다)

4. The reporter *found fault with* the politicians.
   (find fault with : 비판하다)

5. They *were in envy of* her success.
   (be in envy of : ~을 시기하다)

실전문제 다음 문장을 읽고, 이탤릭체로 된 단어의 뜻을 맞게 설명한 것을 고르시오.

1. The *perennial* problem of what to do with our pets while we were on vacation was solved for this year when Aunt Ruth volunteered to house-sit.
   ⓐ bothering   ⓑ important   ⓒ continuing

   volunteer 통 지원하다   *house-sit* 통 (가족 대신에)집을 지키다
   bothering 형 괴롭히는   *continuing* 형 계속되는

2. When he was a young reporter, Dean often wrote about the *nexus* between politicians and big business.
   ⓐ difference   ⓑ similarity   ⓒ connection

   politician 명 정치가   *similarity* 명 유사성   *connection* 명 관계

A. 1.ⓓ 2.ⓐ 3.ⓔ 4.ⓑ 5.ⓗ 6.ⓖ 7.ⓒ 8.ⓕ
B. 1.curiosity   2.diligent   3.evolution   4.debt
   5.devoted   6.decent   7.elegant
C. 1. 그는 평생을 조국의 통일에 헌신했다.
   2. 마이크는 그 책을 쓰는데 몰두했다.
   3. 그녀는 해외 무역업에 종사한다.
   4. 그 기자는 그 정치가들을 비판했다.
   5. 그들은 그녀의 성공을 시기했다.
실전문제 1. ⓒ continuing(계속되는)   2. ⓒ connection(관계)

201 **fix** [fiks]	동 고정시키다, 고치다(repair) fix the date[the place] for a wedding 결혼식 날짜[장소]를 정하다 fix a machine 기계를 수리하다 fixed [fikst] 형 고정된, 확고한(firm), 결정된
202 **float** [flout]	동 뜨다, 띄우다 floating [flóutiŋ] 명 부유 형 떠 있는, 유동하는, 변동하는 floating money 유동 자금, 여유 돈
203 **fluffy** [flʌ́fi]	형 솜털의, 복슬복슬한
204 **flush** [flʌʃ]	명 홍조, 흥분 동 얼굴을 붉히다, (물이)왈칵 쏟아져 나오다 ▶ Her face flushed rose. 그녀의 얼굴은 장밋빛으로 물들었다.
205 **flutter** [flʌ́tər]	동 (깃발 등이)흔들리다, 당황하다
206 **forbid** [fərbíd]	동 금하다(prohibit), 막다 forbid A to B A가 B하는 것을 금지하다 ▶ Drinking is forbidden. 음주는 금지되어 있다.
207 **forecast** [fɔ́ːrkæ̀st]	명 동 예상, 예측, 예보(하다) a weather forecast 일기 예보

STEP Ⅲ **191**

208 **forgive**
[fərgív]

동 용서하다, 면제하다
forgiveness [fərgívnis] 명 용서, 관대
forgiving [fərgíviŋ] 형 (쾌히)용서하는, 관대한

209 **foster**
[fɔ́(:)stər]

동 양육하다(nurse), 장려·육성하다(promote)
형 (친부모와 같이)애정을 주는
a foster parents 양부모, 수양부모

210 **fragile**
[frǽdʒəl]

형 깨지기 쉬운, 약한, 연약한
fragility [frədʒíləti] 명 깨지기 쉬움

211 **freeze**
[fri:z]

동 얼다, 얼어붙다 명 혹한
▶ His face froze with terror.
그의 얼굴은 공포로 굳어졌다.
freezing [fríːziŋ] 형 얼음이 어는, 냉담한
▶ I am freezing to death.
추워서 얼어 죽을 것 같다.

212 **frost**
[frɔːst]

명 추위, 서리 동 서리가 내리다
frosted [frɔ́ːstid] 형 서리가 내린, 얼어붙은(frozen)

213 **frown**
[fraun]

동 찡그리다, 찌푸리다
▶ He frowned at me for laughing at him.
내가 그를 비웃었다고 그는 못마땅한 얼굴을 했다.

214 function
[fʌ́ŋkʃən]

명 작용, 기능, 역할 동 기능을 하다
the function of the heart[kidneys] 심장[신장]의 기능
functional [fʌ́ŋkʃənəl] 형 기능의, 기능적인, 직무상의(official)

215 fuzz
[fʌz]

명 보풀, 솜털
fuzzy [fʌ́zi] 형 보풀 모양의, 보풀로 뒤덮인

216 gain
[gein]

동 얻다, 벌다(earn) 명 이익, 벌이
▶ No pains, no gains.
《속담》노력 없이 얻을 수 있는 건 없다.

217 generate
[dʒénərèit]

동 생기게 하다, 낳다, (열, 전기 등을)만들다
generation [dʒènəréiʃən] 명 세대《생물》생식, 발생
the generation of electricity 전기의 발생

218 genre
[ʒɑ́:nrə]

명 장르, 양식, 유형

219 glacier
[gléiʃər]

명 빙하

220 glare
[glɛər]

명 빛 동 빛나다, 노려보다
glaring [glɛ́əriŋ] 형 눈부신, 명백한(obvious)

221 glitter
[glítər]

통 빛나다(shine)
▶ All that glitters is not gold.
반짝인다고 다 금은 아니다.
glittering [glítəriŋ] 형 빛나는, 화려한, 겉만 번지르르한

222 glory
[glɔ́:ri]

명 칭찬, 영광, 명예
be in one's glory 전성시대(한창 때)이다
glorious [glɔ́:riəs] 형 기쁜, 즐거운, 영광의

223 glue
[glu:]

명 접착제, 아교 통 붙이다, 밀착시키다
▶ He glued the wings to the kite.
그는 연에 날개를 붙였다.

224 grace
[greis]

명 고상, 우아, 은혜, 자비(mercy, clemency)
↔ disgrace [disgréis] 명 불명예(dishonor), 치욕(shame)
graceful [gréisfəl] 형 우아한, 품위 있는(delicate)
graceless [gréislis] 형 품위가 없는

225 grant
[grænt]

통 수여·하사하다
명 허가, (국가)보조금
take it for granted 당연한 일로 생각하다

226 grasp
[græsp]

통 붙잡다, 쥐다 명 붙들기, 쥐기
▶ Grasp all, lose all.
《속담》모두 욕심내다가 모두 놓친다.

227 graze
[greiz]

통 풀을 먹이다, 방목하다

228 greed
[gri:d]

명 탐욕
greedy [grí:di] 형 탐욕스러운, 갈망(열망)하는
greedily [grí:dili] 부 탐욕스럽게

229 grocery
[gróusəri]

명 식료품 가게 (pl.)식료품, 잡화류

230 guilt
[gilt]

명 유죄(↔ innocence)
guilty [gílti] 형 유죄의, 가책을 느끼는
be found guilty 유죄로 판결되다
▶ He felt guilty about it
그는 그 일로 자책감을 느꼈다.

231 gust
[gʌst]

명 돌풍, 돌발
동 세차게 불다, 뿜어 나오다

232 habitat
[hǽbətæt]

명 서식지, 거주지
habitation [hæbətéiʃən] 명 거처, 거주

233 halve
[hæv]

동 양분하다(divide into halves)
half [hæf] 명 반(半)

234 haste
[heist]

명 서두름(hurry), 경솔(rashness)
make haste=hasten 서두르다
▶ Haste makes waste.
《속담》서두를수록 일을 망친다.
hasty [héisti] 형 급한, 경솔한
hastily [héistili] 부 급히, 경솔하게

235 haul [hɔːl]
동 세게 잡아당기다, 나르다
명 당기기, 운반
▶ The timber was hauled to a sawmill
재목은 제재소로 운반되었다.

236 hay [hei]
명 목초, 건초
look for a needle in a bundle of hay 찾을 가망이 없는 것을 찾다
▶ Make hay while the sun shines.
《속담》때를 잡아라.

237 height [hait]
명 높이, 고도, 키 (pl.)높은 곳, 고지, 언덕

238 hesitate [hézətèit]
동 망설이다, 주저하다
▶ He hesitated to make a decision.
그는 결단을 내리기를 주저했다.
hesitation [hèzətéiʃən] 명 망설임, 주저
hesitatingly [hézətèitiŋli] 부 주저하며

239 hide [haid]
동 숨기다, 감추다(conceal)
hide-and-seek 숨바꼭질
hide the truth from the people 국민에게 진실을 은폐하다

240 history [hístəri]
명 역사, 경력, 내력
historic [histɔ́(ː)rik] 형 역사상 중요한
historic scenes 사적, 고적
historical [histɔ́(ː)rikəl] 형 역사의
historical novel 역사소설
historian [histɔ́ːriən] 명 역사가, 역사학자

241 **honor** [ánər]	명 명예, 존경 in honor of ~을 축하하여 on one's honor 맹세코 with honors 우등으로 (졸업하다) honorable [ánərəbəl] 형 유명한, 존경할 만한 honorably [ánərəbli] 부 명예롭게, 훌륭히
242 **hop** [hɑp]	동 깡충깡충 뛰다 명 깡충깡충 뛰기
243 **humble** [hʌ́mbəl]	형 겸손한(modest), 비천한 동 비하하다 ↔ arrogant [ǽrəgənt] 형 거만한, 오만한 a man of humble origin 보잘것없는 집안 태생
244 **impersonal** [impə́:rsənəl]	형 객관적인, 비개인적인, 일반적인 impersonality [impə̀:rsənǽləti] 명 비인간성, 인간성의 결여, 감정의 결여
245 **impress** [imprés]	동 감동시키다 명 인상, 감명 ▶ The scene was strongly impressed on me. 　그 장면은 나에게 깊은 인상을 남겼다. impression [impréʃən] 명 인상, 감동 impressive [imprésiv] 형 강한 인상을 주는, 감동적인
246 **imprint** [imprint]	명 누른 자국, 인상 동 누르다, 새겨 넣다 ▶ He imprinted his words upon my memory. 　그는 그의 말을 내 기억에 강하게 남겼다. imprinting [imprínti ŋ] 명 《심리학》각인

247 **incentive** [inséntiv]	명 동기(motive), 자극(stimulus) 형 자극적인, 격려의(encouraging), 보상하는 incentive wage system 능률 성과급 임금 체계
248 **incident** [ínsədənt]	명 일, 사건 형 일어나기 쉬운 incidental [ìnsədéntl] 형 우연의, 일어나기 쉬운 incidentally [ìnsədéntəli] 부 때마침, 우연히
249 **incredible** [inkrédəbəl]	형 엄청난, 놀랄 만한(extraordinary) an incredible story 믿어지지 않는 이야기 incredibly [inkrédəbli] 부 믿을 수 없을 만큼, 대단히
250 **indifferent** [indífərənt]	형 무관심한, 냉담한, 중요치 않은 indifference [indífərəns] 명 무관심, 중요치 않음 show indifference to ~을 아랑곳하지 않다 with indifference 무관심(냉담)하게
251 **indoctrinate** [indáktrənèit]	동 가르치다, 교수하다 *cf.*) doctrine [dáktrin] 명 교리, (종교·정치·학문상의)주의
252 **infinite** [ínfənit]	형 무한한, 막대한 infinity [infínəti] 명 무한
253 **inflate** [infléit]	동 부풀리다, 팽창시키다 inflation [infléiʃən] 명 인플레이션, 통화 팽창 ↔ deflation [difléiʃən] 명 디플레이션, 통화 수축
254 **inhabit** [inhǽbit]	동 살다, 거주하다 inhabitation [inhæ̀bətéiʃən] 명 거주 inhabitant [inhǽbətənt] 명 거주자, 서식 동물

255 **innocent** [ínəsnt]	형 순결한, 순진한, 무죄의 innocence [ínəsns] 명 순결, 순진, 결백
256 **inquire** [inkwáiər]	동 조사하다, 알아보다, 묻다(ask) inquiry [inkwáiəri] 명 질문, 문의, 조사, 연구 inquisition [ìnkwəzíʃən] 명 (엄격한)조사, 취조, 종교 재판소
257 **insecure** [ìnsikjúər]	형 위험한, 불안정한, 믿음이 가지 않는
258 **insight** [ínsàit]	명 통찰, 간파 a man of insight 통찰력이 있는 사람 insightful [ínsàitfəl] 형 통찰력이 있는
259 **instinct** [ínstiŋkt]	명 본능(natural impulse), 자연적인 경향 by instinct 본능에 따라 instinctive [instíŋktiv] 형 본능의, 본능적인
260 **institute** [ínstətjùːt]	동 설립하다, 조직하다 명 협회, 학회, 학교, 연구소 institution [ìnstətjúːʃən] 명 설립, 학회, 단체, 공공시설, 제도
261 **insufficient** [ìnsəfíʃənt]	형 불충분한, 부족한, 부적당한 ↔ sufficient [səfíʃənt] 형 충분한(enough) an insufficient supply of fuel 연료의 공급 부족
262 **insulate** [ínsəlèit]	동 절연·단열·분리하다 insulation [ìnsəléiʃən] 명 절연체, 분리

263 **insult** [ínsʌlt]	동 모욕하다 명 모욕적인 언행, 무례한 짓 insulting [insʌ́ltiŋ] 형 모욕적인, 무례한(insolent)
264 **intact** [intǽkt]	형 손상되지 않은
265 **intend** [inténd]	동 ~할 작정이다, 의도하다, 꾀하다 ▶ I did not intend to insult you at all. 나는 당신을 모욕할 의도는 추호도 없었다. intended [inténdid] 형 의도된, 계획한, 장래의 intent [intént] 명 의도, 의지, 지향 intention [inténʃən] 명 의도 intentional [inténʃənəl] 형 의도적인, 고의의 intentional base on balls 《야구》고의 사구 intentionally [inténʃənəli] 고의적으로(on purpose)
266 **intercourse** [ìntərkɔ́ːrs]	명 교제, 왕래, 교통
267 **interfere** [ìntərfíər]	동 방해하다, 간섭하다 interfere in another's life 남의 생활에 간섭하다 interference [ìntərfíərəns] 명 간섭, 방해, 충돌
268 **intermission** [ìntərmíʃən]	명 간격, 막간, 중지 《음악》간주곡 without intermission 끊임없이
269 **internal** [intə́ːrnl]	형 내부의(interior) 명 내부(inside) (pl.)내장, 창자 ↔ external [ikstə́ːrnəl] 형 외부의(exterior) 명 외부
270 **interpret** [intə́ːrprit]	동 해석하다, 풀이하다, 통역하다 interpret A is B A를 B로 해석(풀이)하다

	▶ I **interpreted** his silence as refusal. 나는 그의 침묵을 거절로 이해했다. interpreter [intə́:rprətər] 명 해석자, 통역자 interpretation [intə̀:rprətèiʃən] 명 설명, 해석
271 **interrupt** [ìntərʌ́pt]	동 방해하다, 가로막다, 중단하다 interruption [ìntərʌ́pʃən] 명 방해, 중단 interruption of electric service 정전
272 **intolerable** [intálərəbəl]	형 참을 수 없는(unbearable=unendurable)
273 **invite** [inváit]	동 부르다, 초대하다 invitation [ìnvətéiʃən] 명 초청, 초대, 제안
274 **involve** [inválv]	동 포함하다, 끌어들이다 involved [inválvd] 형 관계된, (사건 등에)말려든, 뒤얽힌 be involved in 연루되다, 열중하다 ▶ He was involved in this case 그는 이 사건과 관련이 있어. ▶ My son is involved in working out the puzzle. 내 아들은 그 수수께끼를 푸는 데 열중하고 있다.
275 **journal** [dʒə́:rnəl]	명 일기, 일지, 잡지, 정기 간행물 journalism [dʒə́:rnəlìzəm] 명 저널리즘, 언론계 journalist [dʒə́:rnəlist] 명 저널리스트, 기자

276 **kettle** [kétl]	명 솥, 주전자 ▶ The pot calls the kettle black. 《속담》냄비가 주전자 보고 검다 한다 (뭐 묻은 개가 겨 묻은 개 나무란다).
277 **laboratory** [lǽbərətɔ̀:ri]	명 연구소, 실험실
278 **labor** [léibər]	명 노동, 수고 laborer [léibərər] 명 노동자
279 **ladder** [lǽdər]	명 사다리, 출세의 연줄(수단) ▶ He who would climb the ladder must begin at the bottom. 《속담》천 리 길도 한 걸음부터.
280 **latter** [lǽtər]	형 후자의, 뒤의, 최근의 ↔ former [fɔ́:rmər] 형 전자의 ▶ I prefer the latter proposition. (둘 중)뒤의 제안이 좋다. ▶ The former is better than the latter. 전자가 후자보다 좋다. latterly [lǽtərli] 부 최근에(lately), 요즘, 후기에
281 **lease** [li:s]	명 동 임대(하다)
282 **leather** [léðər]	명 가죽

283 lecture
[léktʃər]

명 동 강연(하다)
lecture on foreign affairs
국제 관계에 대해 강의를 하다

284 lore
[lɔːr]

명 전승, 지식, 학문

285 luxurious
[lʌgʒúəriəs]

형 사치스러운
luxury [lʌ́kʃəri] 명 사치품 형 사치(품)의, 고급(품)의

286 majority
[mədʒɔ́(ː)rəti]

명 대다수, 과반수(↔ minority)
▶ The majority of people prefer peace to war.
대다수 사람들은 전쟁보다 평화를 택한다.

287 malnutrition
[mæ̀lnjuːtríʃən]

명 영양실조

288 manual
[mǽnjuəl]

형 수공의, 손의 명 안내서, 입문서, 소형 책자
a manual gearshift (차의)수동 기어

289 manufacture
[mæ̀njəfǽktʃər]

명 가내 수공업, 제조업
steel manufacture 철강업
manufacturer [mæ̀njəfǽktʃərər] 명 제조업자, 공장주

290 mature
[mətjúər]

형 성숙한(ripe), 성장한
↔ immature [ìmətjúər] 형 미성숙한
maturation [mæ̀tʃəréiʃən] 명 성숙, 원숙

STEP Ⅲ 203

291 **mealtime** [míːltàim]	명 식사 시간
292 **meaning** [míːniŋ]	명 의미, 취지, 중요성 meaningful [míːniŋfəl] 형 의미 있는, 의미심장한(significant) ↔ meaningless [míːniŋlis] 형 의미 없는, 무의미한(insignificant) meaningfully [míːniŋfəli] 부 의미심장하게
293 **mechanic** [məkǽnik]	명 기술자, 기계 수리공 mechanics [məkǽniks] 명 역학, 기계학 mechanical [məkǽnikəl] 형 기계의 mechanical pencil 샤프펜슬
294 **merit** [mérit]	명 장점, 공로, 가치 merited [méritid] 형 가치가 있는, 당연한 meritorious [mèritɔ́ːriəs] 형 칭찬할 만한
295 **merriment** [mérimənt]	명 웃고 즐김, 왁자지껄함
296 **military** [mílitèri]	명 군대, 군부 형 군대의(↔ civil) military build-up 군비 증강 militarism [mílitərìzəm] 명 군국주의
297 **minister** [mínistər]	명 성직자, 목사, 장관 the Prime Minister 국무총리

298 mischief
[místʃif]

명 해(harm), 손상, 장난기
▶ One mischief comes on the neck of another.
《속담》엎친 데 덮친다(설상가상).
mischievous [místʃivəs] 형 장난을 좋아하는, 심술궂은, 해로운

299 misdeed
[mìsdíːd]

명 나쁜 짓, 비행

300 moderate
[mádərət]

형 절제하는, 온건한(↔ excessive), 알맞은
be moderate in ~을 절제하다, 절도 있게 하다
moderation [màdəréiʃən] 명 절제, 온화, 중용

♣ 재미난 단어 유래

Egghead - 독특한 사람을 가리킬 때

egghead는 원래 '계란 같은 머리' 즉 '대머리'라는 뜻이다. 대머리인 사람을 지적이고 똑똑한 사람 또는 연장자로 생각하는 경향이 있기 때문에 egghead가 지식인이라는 뜻으로 사용되기 시작했다. 이렇게 '머리'는 어떤 사람의 성격이나 지성을 나타내는 단어를 많이 만들어 낸다. bonehead는 뇌가 아니라 '뼈로 된 머리'이므로 '멍청이'를 뜻한다. 이 밖에도 멍청이를 bird head(새대가리)라고 하고, '자만심 강한 사람'을 big head(큰 머리)라고 하고, swollen head(부푼 머리)가 있고, '화를 잘 내는 사람'을 가리켜 hot head(뜨거운 머리)라고 한다.

Ice man - 썰렁한 사람?

원래 iceman이라는 단어에는 '얼음 장수', '보석 도둑', '스케이트 링크 관리인' 등의 의미가 있다. 그런데 운동을 잘하는 사람도 iceman이라 부를 때가 있다. 이는 냉정을 잃지 않고 침착하게 경기를 잘한다는 뜻이다. iceman은 '도박'이나 운동에 임할 때 항상 객관적이고 자신감을 갖고 침착하게 임하는 사람'을 의미한다. 얼음은 차가운 물질이므로 '냉담하거나 쌀쌀함'을 상징하며 부정적인 의미를 내포하고 있다. 그러나 운동선수에게 이 말을 사용했을 때는 '침착함'을 상징하는 긍정적인 의미로 사용된다.

Janus-faced - 두 얼굴의 사나이?

Janus(야누스)는 로마의 신으로서 일출, 일몰을 관장했다. 그는 god of beginnings(시작을 관장하는 신)라고 불리었으며, 이로 인해 그의 이름에서 유래한 January가 1월이 되었다. Janus는 앞뒤에 각각 다른 형상을 가진 두 얼굴의 신이기 때문에 to be Janus-faced라고 하면 어떤 사물이나 사람의 양면성, 변덕스러움을 의미하는 말로 사용된다.

A. 비슷한 말 혹은 반대말을 찾아 연결하시오. (유의어·반의어 찾기)
 1. fragile .   ⓐ dishonor(불명예)
 2. gain .   ⓑ breakable(깨지기 쉬운)
 3. disgrace .   ⓒ unbearable(참을 수 없는)
 4. hide .   ⓓ civil(민간의)
 5. humble .   ⓔ immature(미성숙한)
 6. intolerable .   ⓕ modest(겸손한)
 7. mature .   ⓖ earn(얻다)
 8. military .   ⓗ conceal(숨기다)

B. 다음 각 설명에 해당하는 단어를 보기에서 골라 쓰시오. (영문 정의 찾기)

freezing / glorious / glue / greed / luxurious / mechanic

1. of extreme cold
   _____ (몹시 추운)

2. a sticky substance used for joining things together.
   _____ (풀)

3. a strong desire to obtain too much food, money or power
   _____ (탐욕)

4. a person who is skilled in using and repairing machinery
   _____ (기계공)

5. famous, honorable and splendid
   _____ (영광의)

6. very comfortable and expensive
   _____ (호화로운)

C. 이탤릭체로 된 숙어에 유의하여 아래 문장을 해석하시오.

1. He *hesitated to* make a decision
   (hesitate to : 주저하다)

2. The scene was strongly *impressed on* my memory.
  (impress on : 인상을 남기다)

3. I did not *intend to* insult you at all.
  (intend to : 의도하다)

4. My son *is involved in* working out the puzzle.
  (is involved in : 열중하다)

5. The majority of people *prefer* peace to war.
  (prefer A to B : A보다 B를 선호하다)

6. I *interpreted* his silence as refusal.
  (interpret A as B : A를 B로 해석하다)

실전문제 다음 문장을 읽고, 이탤릭체로 된 단어의 뜻을 맞게 설명한 것을 고르시오.

1. Curious about the *etymology* of "stellar," Shannon looked it up in her dictionary and found that it came from "stella." Latin for "star."
  ⓐ antonym ⓑ synonym ⓒ world histories

  curious 형 궁금한 *antonym* 명 반의어 *synonym* 명 동의어

2. "He gave thanks for our food and comfort, and prayed for the poor and *destitute* in great cities. (Willa Cather, My Antonia)
  ⓐ violent ⓑ ignorant ⓒ extremely poor

  comfort 명 위로 *pray* 동 기도하다 *ignorant* 형 무시하는

A. 1.ⓑ 2.ⓖ 3.ⓐ 4.ⓗ 5.ⓕ 6.ⓒ 7.ⓔ 8.ⓓ
B. 1. freezing 2. glue 3. greed 4. mechanic
  5. glorious 6. luxurious
C. 1. 그는 결정을 내리기를 주저했다.
  2. 그 장면은 나의 기억에 깊은 인상을 남겼다.
  3. 나는 너를 모욕할 의도가 전혀 아니었다.
  4. 내 아들은 그 수수께끼를 푸는데 몰두했다.
  5. 사람들의 대부분은 전쟁보다 평화를 좋아한다.
  6. 나는 그의 침묵을 거절로 이해했다.
실전문제 1. ⓒ world histories(단어의 유래)
  2. ⓒ extremely poor(매우 가난한)

301 moist
[mɔist]

형 축축한, 습기가 있는(damp)
moisture [mɔ́istʃər] 명 수분, 액체
moisturize [mɔ́istʃəràiz] 동 습기를 주다

302 moment
[móumənt]

명 순간(instant), 찰나
at any moment 언제 어느 때나
for a moment 잠시 동안, (부정 구문) 잠시도 ~않다
momentary [móuməntèri] 형 순간적인, 찰나의, 덧없는

303 moral
[mɔ́(:)rəl]

명 교훈 (pl.)윤리, 품행
형 교훈적인, 도덕(윤리)의
morally [mɔ́(:)rəli] 부 도덕적으로
morality [mɔ(:)rǽləti] 명 도덕성, 윤리성

304 motive
[móutiv]

명 동기, 자극, 주제 형 움직이게 하는
motivate [móutəvèit] 동 동기, 자극을 주다
motivation [mòutəvéiʃən] 명 동기, 자극

305 multiple
[mʌ́ltəpəl]

형 다양한, 다수의
multiple-choice [mʌ́ltəpəltʃɔis] 형 다양한 선택의
a multiple-choice test 객관식 시험

306 mumble
[mʌ́mbəl]

동 중얼거리다(murmur)
명 발음이 분명하지 않은 말

307 mutual
[mjúːtʃuəl]

형 상호의, 공동의(common)
mutual friend 서로(공통)의 친구
mutual respect 상호간의 존경

308 **necessitate** [nisésətèit]	통 필요로 하다 ▶ Your proposal necessitates changing our plan. 자네 제안에 의하면 우리 계획을 변경해야만 하네. necessitation [nisésətéiʃən] 명 필요 necessity [nisésəti] 명 필요 (*pl.*) 필수품 daily necessities 일용 필수품 necessary [nésəsèri] 형 필요한, 필연의 if necessary 필요하다면
309 **neutral** [njúːtrəl]	형 중립의, 공정한 명 중립국, 중립적인 사람 neutralism [njúːtrəlìzəm] 명 중립주의(정책), 중립(태도) neutralize [njúːtrəlàiz] 통 중립시키다, 무효로 하다, 《화학》중화하다
310 **notation** [noutéiʃən]	명 표기법, 각서 chemical notation 화학 기호법 decimal notation 10진법
311 **notorious** [noutɔ́ːriəs]	형 악명 높은, (나쁜 의미로)이름난, 유명한 be notorious for ~으로 악명 높다
312 **novel** [nάvəl]	명 소설(fiction) novelist [nάvəlist] 명 소설가
313 **nutrition** [njuːtríʃən]	명 영양, 영양 섭취, 영양분, 음식물 nutritional [njuːtríʃənəl] 형 영양(상)의

314 obey [oubéi]

동 따르다, 순종하다
↔ disobey [dìsəbéi] 동 거역, 반항하다
obey the law of nature 자연의 법칙을 따르다
obedience [oubí:diəns] 명 순종, 복종(↔ disobedience)
obedient [oubí:diənt] 형 순종하는, 착실한

315 observe [əbzə́:rv]

동 지켜보다, 관찰하다
observation [àbzərvéiʃən] 명 감시, 관찰력, 지각
observer [əbzə́:rvər] 명 관찰자, 감시자, (회의의) 방청자
observatory [əbzə́:rvətɔ̀:ri] 명 관측소, 천문대, 기상대

316 obstacle [ábstəkəl]

명 방해, 장애물
an obstacle to success 성공의 장애물

317 obvious [ábviəs]

형 명백한, 분명한(apparent, evident)
It is obvious that ~은 명백하다
obviously [ábviəsli] 부 명백하게, 분명히

318 offend [əfénd]

동 감정을 해치다, 거스르다, 어기다
be offended 감정이 상하다
offense [əféns] 명 위반, 반칙, 잘못
offensive [əfénsiv] 형 불쾌한, 공격적인 명 공격, 태세

319 omit [oumít]

동 생략하다(skip), 빠뜨리다
omit a persons's name from the list

	명부에서 이름을 없애다 omission [oumíʃən] 명 생략
320 **openly** [óupənli]	부 공개적으로(publicly), 숨김없이
321 **optimist** [áptəmist]	명 낙천주의자(↔ pessimist) optimism [áptəmìzəm] 명 낙천주의 ↔ pessimism [pésəmìzəm] 명 비관주의 optimistic [àptəmístik] 형 낙천적인, 낙관적인 ↔ pessimistic [pésəmístik] 형 비관적인
322 **ordinary** [ɔ́ːrdənèri]	형 보통의, 평범한 ↔ extraordinary [ikstrɔ́ːrdənèri] 형 이상한, 특별한(special) an ordinary man 보통 사람, 범인(凡人)
323 **outstanding** [àutstǽndiŋ]	형 눈에 띄는, 현저한
324 **overhear** [òuvərhíər]	동 우연히 듣다, 엿듣다
325 **overlook** [òuvərlúk]	명 내려다보다, 간과하다
326 **overpopulation** [òuvərpápjuléiʃən]	명 인구 과밀

327 **overwhelming** [òuvərhwélmiŋ]	형 압도적인, 저항할 수 없는 an overwhelming disaster 불가항력적인 재해 overwhelmingly [òuvərhwélmiŋli] 부 압도적으로
328 **overwork** [òuvərwə́ːrk]	동 과로하다, 혹사하다 명 과로, 지나치게 많은 일
329 **parental** [pəréntl]	형 어버이의
330 **particle** [páːrtikl]	명 입자, 분자, 소량 particle physics 소립자 물리학(high-energy physics)
331 **passage** [pǽsidʒ]	명 통행(권), 통과, 이행, 단락, 구절 the passage of a parade 퍼레이드의 통과
332 **passive** [pǽsiv]	형 소극적인(inactive), 수동적인
333 **pat** [pæt]	동 가볍게 두드리다, 쓰다듬다 pat a person on the back ~의 등을 툭툭 치다, 격려하다
334 **path** [pæθ]	명 길, 산책로, 통로 beaten path 늘 다녀 생긴 길《비유》보통 방법
335 **patriot** [péitriət]	명 애국자 patriotic [pèitriátik] 형 애국적인, 애국심이 강한 patriotism [péitriətìzəm] 명 애국심, 애국

336	**pave** [peiv]	통 포장하다 pavement [péivmənt] 명 포장도로
337	**peasant** [pézənt]	명 농부 a poor peasant 영세 농민 peasantry [pézəntri] 명 (집합적)농민, 소작농
338	**pedestrian** [pədéstriən]	명 보행자 형 보도의, 보행의 pedestrian cross 횡단보도
339	**penalize** [píːnəlàiz]	통 형에 처하다, 유죄로 하다 penalty [pénəlti] 명 체벌, 형벌, 불이익 pay the penalty 벌금을 내다
340	**penniless** [pénilis]	형 무일푼의, 몹시 가난한
341	**physician** [fizíʃən]	명 의사, 내과 의사 *cf*.) surgeon [sə́ːrdʒən] 명 외과 의사
342	**physics** [fíziks]	명 물리학 physicist [fízisist] 명 물리학자
343	**pile** [pail]	명 퇴적, 더미 통 쌓다, 모으다 pile up 축적하다, 모으다 make one's pile 재산을 모으다
344	**pity** [píti]	명 동정, 연민 통 불쌍히 여기다 It is a pity that ~은 유감스러운 일이다

pitiful [pítifəl] 혱 가엾은, 비참한, 딱한
pitiless [pítilis] 혱 무자비한, 냉혹한

345 pledge
[pledʒ]

명 맹세, 서약, 담보, 보증
break the pledge 맹세를 어기다

346 plethora
[pléθərə]

명 과다, 과잉

347 polish
[páliʃ]

동 닦다, 다듬다 명 광택(제), 윤내기
polished [páliʃt] 혱 광택 있는, 품위 있는

348 politics
[pálitiks]

명 정치학
political [pálitikəl] 혱 정치의, 정치적인
politician [pàlitíʃən] 명 정치가, 정객(statesman)

349 possess
[pəzés]

동 가지다, 소유하다, (귀신 등이)홀리다
possess a vote 선거권을 가지다
▶ A vague uneasiness possessed him.
  막연한 불안이 그를 사로잡았다.
possession [pəzéʃən] 명 소유, 소유권, 소유물
possessive [pəzésiv] 혱 소유의

350 precise
[prisáis]

혱 정확한(exact), 꼼꼼한
precisely [prisáisli] 부 정확히, 명확히
precision [prisíʒən] 명 정확, 정밀

351 **predict** [pridíkt]	통 예언·예보하다 ▶ The weather forecast predicts sunshine for tomorrow. 일기 예보는 내일이 쾌청하다고 예보하고 있다. prediction [pridíkʃən] 명 예언, 예보 predictive [pridíktiv] 형 예언의, 예보의 predictable [pridíktəbi] 형 예언할 수 있는
352 **preserve** [prizə́:rv]	통 보호하다, 저장하다, 보존하다 preserve one's health 건강을 유지하다 ▶ The house has been preserved for future generations. 그 집은 미래 세대를 위해 보존되어 왔다. preservation [prèzərvéiʃən] 명 보존, 보호 wildlife preservation 야생 동물의 보호
353 **presidency** [prézidənsi]	명 대통령(president)의 지위, 직무, 임기 president [prézidənt] 명 대통령, (관청의)총재, (대학)총장, 사장
354 **prevail** [privéil]	통 널리 퍼져 있다, 압도하다 prevail upon 설득하다 ▶ Good will prevail. 신은 언젠가는 이긴다. prevailing [privéiliŋ] 형 널리 행해지는, 유력한
355 **priest** [pri:st]	명 사제, 성직자, 신부
356 **primary** [práimèri]	형 주요한, 주된 primary industry 1차 산업(농립, 수산)

357 **primitive** [prímətiv]	형 최초의, 원시의
358 **principle** [prínsəpl]	명 원리, 원칙, 주의(主義) 《화학》원소 in principle 원칙적으로
359 **prior** [práiər]	형 앞의, 이전의, 보다 중요한 priority [praiɔ́(:)rəti] 명 우선함 give priority to ~에게 우선권을 주다
360 **profit** [práfit]	명 이익 (*pl.*)이자 ↔ non-profit [nànpráfit] 명 비영리 profitable [práfitəbəl] 형 이익이 되는, 유리한
361 **profound** [prəfáund]	형 심오한, 충심의 take a profound interest in ~에 깊은 관심을 가지다 profoundly [prəfáundli] 부 깊게, 대단히
362 **property** [prápərti]	명 재산, 소유(물), 소유지, (물질의)특징 property right 재산권, 소유권 the properties of iron 철의 특성
363 **prosper** [práspər]	동 성공하다, 번창하다 prosperity [prɑspérəti] 명 번영, 번창 prosperous [práspərəs] 형 번영하는(thriving), 유복한(affluent)

364 punish
[pʌ́niʃ]

동 처벌하다
punish a person for his crime 죄를 처벌하다
punishment [pʌ́niʃmənt] 명 처벌(penalty)

365 pure
[pjuər]

형 순수한(↔ mixed)
purely [pjúərli] 부 순수하게, 완전히
purity [pjúərəti] 명 순수, 깨끗함
purify [pjúərəfài] 동 깨끗이 하다, 정화하다, 추방(숙청)하다
purify a person of[from] sin ~의 죄를 씻다

366 questionnaire
[kwèstʃənɛ́ər]

명 조사 용지, 앙케트
동 질문서를 보내다

367 quick
[kwik]

형 빠른(rapid)
quickly [kwíkli] 부 빠르게
quicken [kwíkən] 동 빠르게 하다, 가속하다

368 race
[reis]

명 경주, 인종, 종족
racial [réiʃəl] 형 인종, 종족의
racism [réisizəm] 명 인종 차별주의, 민족적 우월감
racist [réisist] 명 인종 차별주의자

369 radical
[rǽdikəl]

형 급진적인(extreme), 혁명적인
명 (pl.)급진주의자(과격론자)
a radical party 급진(과격)파

370 ranch
[ræntʃ]

명 목장, 농장
rancher [rǽntʃər] 명 목축 업자, 농장·목장주

371 **rapid** [rǽpid]	형 빠른, 신숙한, 급한 rapidly [rǽpidli] 부 빨리, 신속히, 순식간에
372 **reap** [ri:p]	동 수확하다, 베다 ▶ Reap as one has sown. 《속담》뿌린 대로 거두다 (인과응보). the Reaper 죽음의 신
373 **recite** [risáit]	동 낭독·암송하다 recite a poem 시를 낭송하다 recital [risáitl] 명 연주회, 독주회《시》낭송(회)
374 **recommend** [rèkəménd]	동 추천하다, 권하다, 충고하다(advise) recommend a person to stop drinking ~에게 금주할 것을 권하다 recommendation [rèkəmendéiʃən] 명 추천 recommendatory [rèkəméndətɔ̀:ri] 형 추천의
375 **recreational** [rèkriéiʃənəl]	형 휴양의, 기분 전환의 recreation [rèkriéiʃən] 명 휴양, 기분 전환, 오락 take recreation 휴양하다
376 **recruit** [rikrú:t]	명 《군대》신병, 신회원, 풋내기 동 신병·회원을 모집하다, 가입시키다 recruitment [rikrú:tmənt] 명 신규 모집, 채용, 보충
377 **refer** [rifə́:r]	동 간주하다, 문의하다, 언급하다 refer one's victory to Providence 승리를 천우신조에 돌리다

▶ Don't refer to the matter again.
그 일을 입 밖에 다시 내지마라.
refer to A as B A를 B라 부르다
reference [réfərəns] 명 참고, 문의, 언급, 참고 문헌
reference book 참고서, 참고 도서(사전, 지도 등)

378 reflect [riflékt]

동 반사하다, 비추다, 심사숙고하다
▶ A mirror reflects your face.
거울은 얼굴을 비춘다.
▶ He reflected that it was difficult to solve the question.
그는 그 문제를 해결하는 것이 쉽지 않다고 생각했다.
reflection [riflékʃən] 명 반사, 반영, 투영, 숙고 (pl.) 감상
on reflection 심사숙고해 보니

379 register [rédʒəstər]

명 등록, 기록, 등록부   동 등록하다, 기재하다
register a course 수강 신청을 하다
registered [rédʒəstərd] 형 등록한《우편물》등기의

380 relative [rélətiv]

명 친척   형 상대적인
↔ absolute [ǽbsəlùːt] 형 절대적인
relatively [rélətivli] 부 상대적으로, 비교적 (comparatively)

381 rely [rilái]

동 믿다, 의지하다(on, upon)
▶ The man is not to be relied upon
그 남자는 신용할 수 없다
reliant [riláiənt] 형 신뢰하는, 의지하는
reliance [riláiəns] 명 신뢰, 신용
reliable [riláiəbəl] 형 믿을 수 있는, 의지할 수 있는
reliability [rilàiəbíləti] 명 신뢰성, 확실성

382 remember [rimémbər]

동 기억하다
remembrance [rimémbrəns] 명 기억, 추억, 회상

383 render [réndər]

동 만들다, (봉사·원조를)하다, 주다
▶ His wealth renders him important.
그의 부가 그를 중요한 인물로 만들어 주었다.

384 renew [rinjúː]

동 다시 시작하다(resume), 재개하다
renewal [rinjúːəl] 명 재개, 부흥, 부활

385 renowned [rináund]

형 유명한, 명망 있는(famous)

386 rent [rent]

명 임대, 임차, 임대료
동 임대하다, 빌리다
rent a room from a person ~에게서 방을 세 얻다
rental [réntl] 형 임대의
rental car 렌터카

387 repair [ripέər]

동 수리하다(fix, mend), 회복하다
under repair(s) 수리중인

388 **replace** [ripléis]	동 대신하다, 제자리에 다시 놓다 replace a book on the shelf 책을 책장에 도로 꽂다 replace A with B A를 B로 교환하다(바꾸다) replacement [ripléismənt] 명 대체, 교환, 반환 《군대·운동》교체 요원
389 **reproduce** [rìːprədjúːs]	동 재생하다, 복제하다, 번식하다 reproduction [rìːprədʌkʃən] 명 복제(품), 모조(품)
390 **request** [rikwést]	명 요구 동 요구하다, 간청하다, 원하다 request a permission to go out 외출 허가를 신청하다 ▶ Visitors are requested not to touch the exhibits. 진열품에 손을 대지 않도록 부탁합니다.
391 **rescue** [réskjuː]	동 구하다, 구조하다 명 구조, 구출, 구제
392 **resent** [rizént]	동 분개하다, 불쾌하게 여기다 ▶ I resent his being too arrogant. 나는 그가 너무 오만한 것이 불쾌하다. resentment [rizéntmənt] 명 분개, 분노 resentful [rizéntfəl] 형 화난, 분개한
393 **residence** [rézidəns]	명 주택, 주거, 거주 resident [ǽbsəlùːtli] 명 거주자, 레지던트 형 거주하는, 내재하는 the resident population of the city 시의 현재 거주인구 reside [riːsáid] 동 (장기간) 거주하다, (권리 등이)

222 똑똑한 영한단어 표현

속하다
▶ The power of decision resides in the President.
결정권은 대통령에게 있다.

394 **resist**
[rizíst]

동 저항하다, 억제하다
▶ I cannot resist laughing.
웃지 않고는 배길 수 없다.
resistance [rizístəns] 명 저항, 지하 저항 운동 《물리》저항(력)
resistible [rizístəbəl] 형 저항할 수 있는
↔ irresistible [ìrizístəbəl] 형 저항할 수 없는, 불가항력의

395 **respective**
[rispéktiv]

형 각각의, 개개의
respectively [rispéktivli] 부 각각, 저마다, 제각기
cf.) irrespective [ìrispéktiv] 형 ~에 상관없이(of)

396 **restrict**
[ristríkt]

동 제한하다, 한정하다
▶ The speed is restricted to 50kilometers an hour here.
이곳의 제한 속도는 시속 50km이다.
restriction [ristríkʃən] 명 제한, 구속

397 **resume**
[rizúːm]

동 다시 시작하다 명 이력서
to resume (독립 부정사) 얘기를 계속하자면

398 **retail**
[ríːteil]

명 동 소매(하다) (↔ wholesale 도매)
a retail dealer 소매상인
retailer [ríːteilər] 명 소매상

399 **retire** [ritáiər]	동 은퇴하다, 물러나다 retirement [ritáiərmənt] 명 은퇴, 퇴직, 외딴 곳, 은거하는 곳 go into retirement 은퇴, 은거하다 retiree [ritaiərí:] 명 퇴직자, 은퇴자
400 **retreat** [ri:trí:t]	명 동 철수, 퇴각(하다) a summer retreat 여름 피서지 retreat from the front 전선(戰線)에서 퇴각하다

♣ 재미난 단어 유래

Downtown & Uptown – 윗마을과 아랫마을?

town은 원래 '울타리', '장벽', '성벽'을 뜻하다가 '마을보다 더 큰 주거지', 그리고 '도심지'로 점차 의미가 변해 왔다. 중세 시대에는 농장이나 행정 시설은 평지에 위치하고, 주택은 위쪽으로 짓는 경향이 많았다. 여기서 주택가는 uptown이라 일컫게 되었고, downtown은 도시의 중심가로 번화가라는 뜻을 가지게 되었다.

CHECK UP 12

A. 비슷한 말 혹은 반대말을 찾아 연결하시오. (유의어·반의어 찾기)
1. moist .
2. moment .
3. novel .
4. obedience .
5. optimistic .
6. passive .
7. politician .
8. punishment .

ⓐ fiction(소설, 허구)
ⓑ disobedience(불복종)
ⓒ pessimistic(비관적인)
ⓓ damp(축축한)
ⓔ statesman(정치가)
ⓕ penalty(처벌)
ⓖ active(능동적인)
ⓗ instant(순간)

B. 다음 각 설명에 해당하는 단어를 보기에서 골라 쓰시오. (영문 정의 찾기)

observer / optimist / patriot / peasant / physician / retailer

1. a person who owns and lives on a small piece of land
   _____ _____(농부)

2. a person sho loves his country
   _____(애국자)

3. a person who look at things at the bright side
   _____(낙천가)

4. a person who sells goods to the public
   _____(소매상인)

5. a doctor, especially one who treats diseases with medicines
   _____(의사, 내과 의사)

6. a person who attends meetings or classes to see what happens without taking part in
   _____(옵서버)

C. 이탤릭체로 된 숙어에 유의하여 아래 문장을 해석하시오.

1. Mr. Kim *punished* the students *for* smoking in school
   (punish A for B : B에 대해 A를 처벌하다)

2. The doctor *recommended* Bill *to* stop drinking.
   (recommend A to B : A에게 B를 권하다)

3. The man is not to be *relied upon*.
   (rely upon : 의지하다)

4. Visitors *are requested* not *to* touch the exhibits.
   (be requested to : ~하도록 요청받다)

5. The power of decision *resides in* the President.
   (reside in : 거주하다, 속하다)

6. I cannot *resist* laugh*ing*
   (resist ~ing : ~하지 않고는 배길 수 없다)

[실전문제] 다음 문장을 읽고, 이탤릭체로 된 단어의 뜻을 맞게 설명한 것을 고르시오.

1. Edward took a *circuitous* route to the party after he realized he had left his apartment far too early.
   ⓐ direct   ⓑ not direct

2. At age 101, Hannah's *physical* stamina is somewhat curtailed, but there's been no *diminution* of her mental powers.
   ⓐ decrease   ⓑ increase

   physical 형 육체적인   *curtailed* 형 줄어드는   *mental* 형 지적인

A. 1.ⓓ 2.ⓗ 3.ⓐ 4.ⓑ 5.ⓒ 6.ⓖ 7.ⓔ 8.ⓕ
B. 1. peasant   2. patriot   3. optimist   4. retailer
   5. physician   6. observer
C. 1. 김선생님은 학교에서 흡연을 한 학생들을 처벌하였다.
   2. 그 의사는 빌에게 금주할 것을 권했다.
   3. 그 남자는 의지할 사람이 못 된다.
   4. 방문객들은 전시품들을 만져서는 안된다.
   5. 그 결정 권한은 대통령에게 있다.
   6. 웃지 않고는 배길 수 없다.
[실전문제] 1. ⓑ not direct(돌아가는)   2. ⓐ decrease(감소)

401 revenge
[rivéndʒ]

명 복수(vengeance) 동 복수하다
in revenge of ~의 앙갚음으로
revengeful [rivéndʒəfəl] 형 복수심에 불타는, 앙심 깊은

402 reverse
[rivə́ːrs]

형 반대의, 역의(opposite=contrary)
reversed [rivə́ːrsd] 형 거꾸로 된, 반대의, 취소된
reversely [rivə́ːrsli] 부 거꾸로, 반대로, 이에 반하여

403 revise
[riváiz]

동 바꾸다, 수정하다, 교정·교열하다
revision [rivíʒən] 명 개정, 개정판

404 reward
[riwɔ́ːrd]

명 동 보상, 보답(하다)
in reward for[of] ~에 보답하여
▶ The teacher rewarded Jane for ger honesty.
선생님은 제인에게 정직하다고 상을 주셨다.
rewarding [riwɔ́ːrdiŋ] 형 보답하는, ~할 보람이 있는

405 rigid
[rídʒid]

형 굳은, 고정된, 엄중한
rigor [rígər] 명 엄함 (pl.)호됨, 혹독, 고초
the rigors of a long winter 긴 겨울의 혹독함

406 ritual
[rítʃuəl]

명 (종교적, 공식적인) 의식, 형식
ritually [rítʃuəli] 부 의식에 따라, 격식대로

407 rod
[rad]

명 막대
give the rod 매질하다

408 **rub** [rʌb]	동 문지르다, 닦다 ▶ He rubbed his hands together. 그는 두 손을 마주 비볐다. ▶ She rubbed the desk with wax polish. 그녀는 책상을 광택제로 문질렀다.
409 **rural** [rúərəl]	형 시골의 ↔ urban [ə́:rbən] 형 도시의 rural life 전원생활
410 **rustle** [rʌ́səl]	동 바스락거리다 명 바스락거리는 소리
411 **sacrifice** [sǽkrəfàis]	명 희생, 제물 동 제물로 바치다 make a sacrifice of ~을 희생하다 sacrifice A to B A를 B에게 제물로 바치다
412 **salary** [sǽləri]	명 봉급, 급여
413 **scan** [skæn]	동 조사하다, 훑어보다 명 검사
414 **scarcity** [skɛ́ərsiti]	명 부족, 결핍 scarce [skɛərz] 형 부족한, 모자라는, 드문(rare)
415 **scary** [skɛ́əri]	형 무서운 a scary movie 무서운 영화 scare [skɛər] 동 놀라게 하다 (frighten=alarm) 명 두려움, 공포 scare birds away 새를 겁주어 쫓아버리다

416 **scenery** [síːnəri]	몡 경치, 풍경(view) scenic [síːnik] 혱 풍경의, 경치가 좋은 scene [siːn] 몡 장면, 경치, 무대, 장
417 **select** [silékt]	동 고르다, 선출하다 selected [siléktid] 혱 선택된(choosen), 선발된 (picked out) selection [silékʃən] 몡 고르기, 선택 artificial[social/natural] selection 인공[사회/자연]도태
418 **sequence** [síːkwəns]	몡 연속, 결과, 연속된 화면
419 **sermon** [sə́ːrmən]	몡 설교, 강론 deliver[preach] a sermon 설교하다 sermonize [sə́ːrmənàiz] 동 설교하다, 잔소리(훈계)하다
420 **settle** [sétl]	동 이주하다, (살림이) 틀잡히다, 해결하다 ▶ They settled immigrants in rural areas. 　이민자들을 시골 지역에 정착시키다. settle difficulties 어려운 일을 해결하다. settlement [sétlmənt] 몡 정착, 식민지, 조정, 해결
421 **shake** [ʃeik]	동 흔들다, 동요시키다 몡 흔들기, 떨림
422 **shame** [ʃeim]	몡 부끄러움, 치욕(disgrace) 동 창피를 주다 ▶ Shame on you ! 부끄러운 줄 알아라! shameful [ʃéimfəl] 혱 부끄러운

STEP Ⅲ

423 **shutter** [ʃʌ́tər]	명 덧문, 셔터 동 닫다, 폐점하다
424 **shuttle** [ʃʌ́tl]	명 왕복 열차 동 왕복하다 shuttle service 《교통》근거리 왕복운행 space shuttle 우주 왕복선
425 **significance** [signífikəns]	명 중요함, 중대성 significant [signífikənt] 형 중요한(↔ insignificant) a significant change 현저한 변화 significantly [signífikəntli] 부 의미심장하게, 상당히
426 **skid** [skid]	명 (무거운 물건을 굴릴 때 까는) 굴림대 동 미끄러지다 skid proof 형 미끄럼 방지의 (노면·타이어)
427 **slam** [slæm]	동 쾅 닫다 명 쾅, 쿵, 탕(하는 소리) slam down the lid of the box 상자 뚜껑을 쾅 닫다
428 **slat** [slæt]	명 (지붕을 이는) 널빤지, 얇은 돌
429 **solemn** [sɑ́ləm]	형 엄숙한, 진지한, 근엄한, 장엄한 solemnly [əlémli] 부 장엄하게, 진지하게 solemnity [səlémnəti] 명 엄숙함, 진지함

430 **solid** [sálid]	형 고체의, 단단한, 단결한, 만장일치의 a solid building 견고한 건물 solid vote 만장일치의 투표 solidness [sálidnis] 명 고체, 단단함, 일치단결 solidarity [sàlədǽrəti] 명 연대, 단결
431 **solitary** [sálitèri]	형 혼자의, 외로운, 유일한 solitude [sálitjùːd] 명 고독, 외로움(loneliness), 쓸쓸한 곳 in solitude 혼자서 외롭게
432 **space** [speis]	명 공간, 장소, 우주 spacious [spéiʃəs] 형 넓은, 여유 있는
433 **specialize** [spéʃəlàiz]	동 전문으로 하다, 전공하다, 특수화·전문화하다 specialize in the manufacture of hats 모자 제조를 전문으로 하다 specialization [spèʃəlizéiʃən] 명 특수화, 전문화 specialist [spéʃəlist] 명 전문가 an eye specialist 안과 전문의
434 **specific** [spisífik]	형 명확한, 특정한, 특수한 with no specific aim 이렇다 할 목적도 없이 a style specific to that school of painters 그 화풍의 화가들에게 나타나는 특유한 스타일
435 **spirit** [spírit]	명 혼, 정신, 초자연적 존재, 원기 in spirits 원기 왕성하게 spiritual [spíritʃuəl] 형 정신의, 정신적인, 영적인, 종교상의

436 **splash** [splæʃ]	동 (물, 흙탕 등을) 튀기다 명 튀기기, 튀기는 소리
437 **split** [split]	동 쪼개다, 나누다 split a log into two 통나무를 둘로 쪼개다 split personality 이중(다중) 인격, 정신분열증
438 **spot** [spɑt]	명 얼룩, 오점 동 더럽히다, 욕되게 하다
439 **sprout** [spraut]	명 (새)싹, 젊은이, 청년 동 움트다, 자라기 시작하다
440 **startle** [stάːrtl]	동 깜짝 놀라게 하다 ▶ She startled at the sound. 그녀는 그 소리에 깜짝 놀랐다.
441 **steep** [stiːp]	형 경사가 급한, 험한
442 **stem** [stem]	명 줄기
443 **stimulate** [stímjəlèit]	동 자극하다, 고무하다, 흥분시키다(excite) ▶ Praise stimulates students to work hard. 칭찬은 학생들을 자극하여 열심히 공부하게 한다. stimulation [stìmjəléiʃən] 명 자극, 흥분, 격려
444 **stink** [stíŋk]	동 악취가 나다 명 악취, 고약한 냄새

445 **strict** [strikt]	형 엄격한 strictly [stríktli] 부 엄격하게, 엄밀히 말하자면
446 **stroke** [strouk]	명 타격, 치기, (붓의)한 획 《의학》발작 a finishing stroke 최후의 일격, 끝마무리 ▶ Little strokes fell great oaks. 《속담》열 번 찍어 안 넘어가는 나무 없다.
447 **structure** [strʌ́ktʃər]	명 구조, 구성, 조직
448 **subconscious** [sʌbkánʃəs]	형 잠재의식의
449 **subscribe** [sʌ́bskraib]	동 (신문, 잡지 등을) 구독하다 subscribe to a magazine 잡지를 정기 구독하다 subscription [sʌ́bskrípʃən] 명 정기 구독
450 **substitute** [sʌ́bstitjùːt]	동 대신하다, 바꾸다 substitute A for B B대신에 A를 쓰다 substitute nylon for silk 명주 대신에 나일론을 쓰다 ▶ He substituted for the captain who was in hospital. 그는 병원에 있는 선장 대신 근무를 하였다. substitution [sʌ̀bstətjúːʃən] 명 대리, 대체
451 **subtle** [sʌ́tl]	형 민감한, 미묘한
452 **subtract** [səbtrǽkt]	동 빼다, 떼어 내다 subtraction [səbtrǽkʃən] 명 빼기, 뺄셈

STEP Ⅲ **233**

453 **sufficient** [səfíʃənt]	형 충분한, 넉넉한 ↔ insufficient [ìnsəfíʃənt] 형 부족한 sufficiency [səfíʃənsi] 명 충분, 넉넉함(enough)
454 **supervise** [súːpərvàiz]	동 감독하다, 지휘하다 supervision [sùːpərvíʒən] 명 감독, 관리, 지휘 under the supervision of ~의 감독 하에 supervisor [súːpərvàizər] 명 감독자, 관리자
455 **supplement** [sʌ́plmənt]	명 추가, 부록, 증보 동 추가·보충하다 supplementary [sʌ̀pləméntəri] 형 보충하는, 부록의
456 **surface** [sə́ːrfis]	명 겉, 표면 형 표면의, 외관상의
457 **survey** [səːrvéi]	명 동 조사, 측량(하다) make a survey 검사, 조사, 측량하다
458 **suspect** [səspékt]	동 의심하다 ▶ We have suspected him of murder. 그에게 살인 혐의를 두어 왔다. suspicion [səspíʃən] 명 의심, 혐의 suspicious [səspíʃəs] 형 의심스러운, 수상함
459 **suspend** [səspénd]	동 매달다, 보류하다 suspend judgement 결정(판결)을 보류하다 suspension [səspénʃən] 명 매달기, 보류

460 sustain
[səstéin]

동 떠받치다, (고통, 피해, 압력 등을) 견디다, 겪다

461 sweep
[swi:p]

동 쓸다, 청소하다
▶ She swept the dirt off the floor.
그녀는 마루의 먼지를 깨끗이 쓸어버렸다.
sweeper [swí:pər] 명 청소부《축구》스위퍼

462 swift
[swift]

형 즉석의, 빠른(slow)
be swift of foot 발걸음이 빠르다
swifty [swífti] 부 신속히, 빨리

463 symbol
[símbəl]

명 상징, 기호
▶ The cross is the symbol of Christianity.
십자가는 기독교의 상징이다.
symbolic [simbálik] 형 상징하는, 기호의
symbolize [símbəlàiz] 동 상징하다, 부호(기호)로 나타내다
▶ A lily symbolizes purity.
백합은 순결을 상징하다.

464 sympathy
[símpəθi]

명 동감, 동정
express sympathy for ~을 동정하다
sympathetic [sìmpəθétik] 형 동정적인, 마음에 드는
sympathize [símpəθàiz] 명 동감, 동정하다

STEP Ⅲ

465 **temper** [témpər]	몡 기분, 성향, 화 lose one's temper 화를 내다(get out of temper) temperate [témpərətʃər] 형 절제하는 (moderate), 온화한 temperance [témpərəns] 몡 절제, 금주
466 **temperature** [témpərətʃər]	몡 온도, 열 have a temperature 열이 있다
467 **temporary** [témpərèri]	형 임시의, 일시적인(↔ permanent) temporarily [témpərərili] 부 임시로
468 **tempt** [tempt]	통 유혹하다, 끌다 ▶ The sight tempted him to steal. 그것을 보자 그는 훔치고 싶은 생각이 들었다. temptation [temptéiʃən] 몡 유혹 fall into temptation 유혹에 빠지다
469 **tenant** [ténənt]	몡 소작인, 거주자
470 **tender** [téndər]	형 부드러운, 약한, 상냥한
471 **terrific** [tərífik]	형 굉장한, 무시무시한 a terrific party 아주 신나는 파티
472 **thrift** [θrift]	몡 약 thrifty [θrífti] 형 절약하는 (economical)

473 **thump** [θʌmp]	명 강타 동 세게 때리다, 치다
474 **thunder** [θʌ́ndər]	명 천둥소리 thunders of applause 천둥 같은 박수갈채
475 **tin** [tin]	명 형 주석, 양철(의) 동 주석을 입히다
476 **tolerate** [tálərèit]	동 참다, 견디다, 허용하다 tolerable [tálərəbəl] 형 참을 수 있는(bearable) ↔ intolerable [intálərəbəl] 형 참을 수 없는 (unbearable)
477 **tragedy** [trǽdʒədi]	명 비극 tragic [trǽdʒik] 형 비극의, 비참한
478 **trait** [treit]	명 특성, 특징(feature)
479 **transform** [trænsfɔ́ːrm]	동 변형·변모시키다, 바꾸다 ▶ A caterpillar is transformed into a butterfly. 쐐기 벌레는 나비로 변한다. transformation [trænsfərméiʃən] 명 변형, 변화《과학》변환, 변태
480 **trial** [tráiəl]	명 재판, 시도, 시험 trial and error 시행착오 on trial 시험 삼아, 시험 중

481 **trigger** [trígər]	명 방아쇠 통 방아쇠를 당기다, (일을)일으키다 pull the trigger 방아쇠를 당기다 (사태를)촉발하다
482 **trim** [trim]	통 손질하다, 잘라 내다
483 **triumph** [tráiəmf]	명 승리 통 승리를 거두다, 이기다 triumphantly [traiʌ́mfəntli] 부 의기양양하게
484 **unbearable** [ʌnbέərəbəl]	형 참을 수 없는(intolerable)
485 **upper** [ʌ́pər]	형 위의, 높은 쪽의, 상류층의 have the upper hand of ~보다 우세하다
486 **utmost** [ʌ́tmòust]	형 극도의(extreme), 최고의
487 **ventilate** [véntəlèit]	통 환기하다 ventilation [vèntəléiʃən] 명 통풍, 환기, 여론에 묻기
488 **violence** [váiələns]	명 폭력, 사나움 violent [váiələnt] 형 격렬한, 난폭한 ↔ nonviolent [nanváiələnt] 형 비폭력의 violently [váiələntli] 부 맹렬하게, 폭력적으로, 심하게
489 **visualize** [víʒuəlàiz]	통 눈에 보이게 하다, 시각화하다 visualization [vìʒuəlizéiʃən] 명 구상, 시각화

490 **vital** [váitl]	형 생명의, 활기를 주는, 극히 중요한 a vital wound 치명적인 부상(상처) vitality [vaitǽləti] 명 생명력, 활기
491 **whisper** [hwíspər]	동 속삭이다 명 속삭임 whisper in a person's ear 귀엣말하다 whispering [hwíspəriŋ] 형 속삭이는
492 **whistle** [hwísəl]	동 휘파람을 불다 명 휘파람
493 **whiz(z)** [hwiz]	동 (화살, 총알 등이) 윙, 쉿 하는 소리를 내다 명 윙, 쉿(하는 소리)
494 **worship** [wə́:rʃip]	명 동 숭배, 예찬(하다)
495 **wreck** [rek]	명 난파선, 잔해, 파멸 wreckage [rékidʒ] 명 (집합적)난파 화물, 난파, 파멸
496 **wretched** [rétʃid]	형 가엾은, 불쌍한(miserable)
497 **yield** [ji:ld]	동 양보하다, 항복하다, 산출하다 yield oneself up to temptation 유혹에 지다
498 **youngster** [jʌ́ŋstər]	명 어린이, 젊은이

STEP Ⅲ

499 **zeal** [ziːl]	명 열심, 열의 zealous [zéləs] 형 열심인, 열중한(eager) ▶ He is zealous to please his wife. 그는 아내를 기쁘게 해주려고 열심이다.
500 **zoology** [zouálədʒi]	명 동물학 zoologist [zouálədʒist] 명 동물학자 zoological [zòuəládʒikəl] 형 동물학의

CHECK UP 13

A. 비슷한 말 혹은 반대말을 찾아 연결하시오.(유의어 · 반의어 찾기)
1. rural .
2. scenery .
3. solitude .
4. temporary .
5. thrifty .
6. wretched .
7. zealous .
8. tolerable .

ⓐ economical(절약하는)
ⓑ miserable(불쌍한)
ⓒ urban(도시의)
ⓓ loneliness(외로움)
ⓔ bearable(견딜만한)
ⓕ permanent(영원한)
ⓖ view(풍경)
ⓗ eager(열심인)

B. 다음 각 설명에 해당하는 단어를 보기에서 골라 쓰시오.(영문 정의 찾기)

spacious / specialist / supervisor / symbol / vital / zoologist

1. a person sho has deep knowledge in an area of work
   _____(전문가)
2. a sign or an object which represents something else
   _____(상징)
3. a person sho studies animals
   _____(동물학자)
4. very necessary and important
   _____(중대한)
5. large, so that there is room to move around
   _____(광대한)
6. a person who is in charge of certain work
   _____(관리자)

C. 이탤릭체로 된 숙어에 유의하여 아래 문장을 해석하시오.
1. The teacher *rewarded* Jane *for* her honesty.
   (reward A for B : B에 대해 A에게 보상하다)

2. The company *specializes in* the manufacture of hats.
   (specialize in : ~가 전문이다)

3. He *substituted for* the captain who was in hospital.
   (substituted for : ~을 대신하다)

4. We have *suspected* him *of* murder.
   (suspect A of B : A를 B의 혐의로 의심하다)

5. He *is zealous to* please his wife.
   (be zealous to : ~에 열심이다)

6. A caterpillar *is transformed into* a butterfly.
   (be transformed into : ~로 변하다)

실전문제 다음 문장을 읽고, 이탤릭체로 된 단어의 뜻을 맞게 설명한 것을 고르시오.

1. In some old letters to her mother, my aunt wrote many *cryptic* sentences about "that unfortunate day," but no one in my family seems to know what she meant.
   ⓐ detailed   ⓑ mystic

   unfortunate 형 불행한   *detailed* 형 상세한   *mystic* 형 신비한

2. My roommate claims the best way to *avoid* a nesty cold is to chew garlic.
   ⓐ prevent   ⓑ support

   claim 동 주장하다   *nasty* 형 심한   *chew* 동 씹다   *garlic* 명 마늘

A. 1.ⓒ 2.ⓖ 3.ⓓ 4.ⓕ 5.ⓐ 6.ⓑ 7.ⓗ 8.ⓔ
B. 1. specialist   2. symbol   3. zoologist   4. vital
   5. spacious   6. supervisor
C. 1. 선생님은 제인의 정직함에 대해 보상했다.
   2. 그 회사는 모자 제조가 전문이다.
   3. 그는 병원에 입원한 선장을 대신해 그 자리를 맡았다.
   4. 사람들은 그가 살인을 저질렀다고 의심했다.
   5. 그는 부인을 즐겁게 해주기 위해 열심이다.
   6. 쐐기벌레는 나비로 변한다.
실전문제 1. ⓑ mystic(신비한)   2. ⓐ prevent(피하다)

Vocabulary

1 **abolish** [əbáliʃ]	동 폐지하다(do away with) abolition [æbəlíʃən] 명 폐지 abolitionism [æbəlíʃənizm] 명 (나쁜 제도의)폐지론 abolitionist [æbəlíʃənist] 명 (나쁜 제도의)폐지론자
2 **abound** [əbáund]	동 풍부하다 ▶ This river abounds in fish. 이 강에는 물고기가 많이 있다. abundant [əbʌ́ndənt] 형 풍부한 abundance [əbʌ́ndəns] 명 풍부
3 **abrupt** [əbrʌ́pt]	형 뜻밖의 abruptly [əbrʌ́ptli] 부 갑자기(suddenly) abruption [əbrʌ́pʃən] 명 (갑작스러운) 중단, 분열
4 **access** [ǽkses]	명 접근, 면회, 출입 give access to ~에게 접근을 허락하다 accessible [æksésəbəl] 형 접근하기 쉬운, 이용할 수 있는
5 **accommodate** [əkámədèit]	동 수용하다, 숙박시키다 accommodation [əkàmədéiʃən] 명 수용, 숙박
6 **accomplish** [əkʌ́mpliʃ]	동 이루다, 완성하다, 달성하다 accomplishment [əkʌ́mpliʃmənt] 명 성취, 완성, 성과
7 **accumulate** [əkjúːmjəlèit]	동 모으다, (부·재산을)축적하다 accumulation [əkjùːmjəléiʃən] 명 축적, 누적

8 acknowledge
[æknάlidʒ]

동 인정하다 《법》승인하다, 알리다
acknowledge it to be true=acknowledge that it is true 그것을 진실이라고 인정하다

9 acquaint
[əkwéint]

동 알리다
acquaint him with our plan 그에게 우리들의 계획을 충분히 이해시키다
acquaintance [əkwéintəns] 명 알고 있는 사람, 알고 있음, 숙지
▶ He is not a friend, only an acquaintance.
  그는 친구라기보다는 그저 알고 지내는 사이이다.

10 acute
[əkjúːt]

형 날카로운, 예리한(keen=sharp)

11 adequate
[ǽdikwit]

형 알맞은, 적당한, 충분한(enough)
a salary adequate to support a family 가족을 부양할 만한 급료

12 adhere
[ædhíər]

동 붙다, 집착하다, 고집하다
adhere to a plan 계획을 고수하다
adherence [ædhíərəns] 명 고수, 집착, 충실
adherent [ædhíərənt] 형 점착성의, 부착력 있는

13 adjust
[ədʒΛst]

동 조절하다, 맞추다, 조장하다, (환경에) 순응하다
adjust a telescope to one's eyes 망원경을 눈에 맞추다
adjustment [ədʒΛstmənt] 명 조정, 수정

14 advocate [ǽdvəkit]	명 대변자, 변호사 동 옹호하다, 주정하다 advocacy [ǽdvəkəsi] 명 옹호, 지지, 고취
15 affirm [əfə́ːrm]	동 단언·확언하다 ▶ He affirmed that the news was true. 그는 그 소식이 정말이라고 단언했다. affirmative [əfə́ːrmətiv] 형 긍정의, 확정적인, 단정적인 ↔ negative [négətiv] 형 부정적인
16 alert [ələ́ːrt]	명 형 경계, 조심(하는) 동 주의하다 be alert in ~이 재빠르다 on the alert 빈틈없이 경계하고
17 alter [ɔ́ːltər]	동 바꾸다, 달라지다, 개조하다 alter a house into a store 주택을 상점으로 개조하다 alteration [ɔ̀ːltəréiʃən] 명 변경, 개조, 변화
18 ambiguous [æmbígjuəs]	형 모호한, 분명치 않은(vague) ambiguity [æ̀mbigjúːəti] 명 모호함, 불분명함, 다의성(多義性)
19 ancestor [ǽnsestər]	명 선조, 조상 ↔ descendant [diséndənt] 명 후손, 후예
20 anguish [ǽŋgwiʃ]	명 고민, 고뇌 in anguish 고민하여
21 appoint [əpɔ́int]	동 지명·임명하다, 정하다 appoint a person to a secretary 비서로 임명하다

	appointment [əpɔ́intmənt] 명 지정, 임명, 약속 make an appointment 약속을 하다
22 **apprehend** [æ̀prihénd]	동 깨닫다, 이해하다, 염려하다 ▶ I apprehended that the situation was serious. 사태가 심각함을 깨달았다. apprehensive [æ̀prihénsiv] 형 이해가 빠른, 걱정하는 apprehension [æ̀prihénʃən] 명 이해, 이해력, 불안 have some apprehensions 염려하다
23 **appropriate** [əpróuprièit]	형 적절한, 적당한 appropriate to the occasion 그 경우에 적합한, 어울리는
24 **approximate** [əpráksəmèit]	형 대략의, 근접한 동 접근하다 ▶ The number approximates three thousand. 그 수는 3천에 가깝다. approximately [əpráksəmitli] 부 대략, 거의 (nearly)
25 **arrest** [ərést]	명 동 체포(하다) under arrest 체포되어 arrest A for B A를 B의 죄목으로 체포하다
26 **arrogant** [ǽrəgənt]	형 거만한, 오만한 ↔ humble [hʌ́mbəl] 형 겸손한 arrogance [ǽrəgəns] 명 거만, 불손, 오만

STEP Ⅳ

27 **ascend** [əsénd]	통 오르다, 올라가다 ascendant [əséndənt] 형 상승하는, 떠오르는 명 우세, 상승
28 **assent** [əsént]	통 동의하다, 찬성하다(agree) 명 동의, 찬성 ↔ dissent [disént] 통 의견을 달리하다, 반대하다 by common assent 만장일치로
29 **assert** [əsə́ːrt]	통 단언하다, 주장하다 assert one's rights[claims] 자기의 권리[요구]를 주장하다 assertive [əsə́ːrtiv] 형 단정적인, 독단적인 (dogmatic)
30 **assign** [əsáin]	통 할당하다, 지정하다, 위임하다, 선임하다 ▶ He assigned us the best room of the hotel. 그는 우리들에게 그 호텔의 가장 좋은 방을 배정해 주었다. assignment [əsáinmənt] 명 할당, 할당된 일, 과제, (임명된) 직
31 **associate** [əsóuʃièit]	통 결합·연합시키다 association [əsòusiéiʃən] 명 연합, 협회(society) in association with ~와 공동으로, ~와 관련하여
32 **astonish** [əstániʃ]	통 놀라게 하다 astonishment [əstániʃmənt] 명 놀람, 경악 in astonishment 놀라서 to one's astonishment 놀랍게도
33 **astound** [əstáund]	통 매우 놀라게 하다(surprise) astounded [əstáund] 형 몹시 놀라

▸ We were astounded to hear the news.
우리는 그 소식을 듣고 놀랐다.

34 astray
[əstréi]

형 길을 잃어, 타락하여
go astray 길을 잃다, 타락하다

35 astronomy
[əstrάnəmi]

명 천문학
cf.) astrology [əstrάlədʒi] 명 점성술
astronomer [əstrάnəmər] 명 천문학자
astronaut [ǽstrənɔːt] 명 우주비행사

36 atmosphere
[ǽtməsfìər]

명 대기, 공기, 환경, (예술품이 풍기는)분위기
a tense atmosphere 긴장된 분위기

37 attack
[ətǽk]

명 동 공격(하다)
▸ Attack is the best defense.
공격은 최선의 방어.

38 attain
[ətéin]

동 달성하다, 도달하다, 이르다
attainment [ətéinmənt] 명 달성, 도달 (*pl.*) 학식, 재능

39 attribute
[ətríbjuːt]

동 ~의 탓으로 하다 명 속성, 부속물
▸ He attitude his success to hard work.
그는 자신의 성공을 노력의 덕분이라고 여겼다.

40 award
[əwɔ́ːrd]

동 수여하다, 주다 명 시상
▸ He was awarded a gold medal for his excellent performance.

STEP Ⅳ 249

	그는 훌륭한 연주로 금메달이 수여되었다.
41 awe [ɔː]	몡 두려움, 경외 동 두렵게 하다 be in awe of ~을 두려워하다 awful [ɔ́ːfəl] 형 무서운, 장엄한, 대단한 부 몹시
42 awkward [ɔ́ːkwərd]	형 어색한, 서투른, 거북한 awkwardly [ɔ́ːkwərdli] 부 서투르게, 어설프게, 어색하게
43 bait [beit]	동 유혹하다, 미끼로 꾀다 명 미끼, 유혹물 swallow the bait (물고기가) 미끼를 물다, (사람이) 덫에 걸리다
44 banish [bǽniʃ]	동 추방하다, 내쫓다(expel) banish a person for treason ~을 반역죄로 추방하다 banishment [bǽniʃmənt] 명 추방, 유배(exile)
45 barometer [bərámitər]	명 기압계, (여론 등의)지표, 징후
46 barren [bǽrən]	형 불모의, 불임의, 빈약한(sterile) 명 불모지 ↔ fertile [fə́ːrtl] 형 기름진, 다산의(多産의)
47 basic [béisik]	형 기본의, 기초의 the basics of sewing 바느질의 기초 basis [béisis] 명 기본, 기초, 근거, 원리 (pl.)bases [béisiz] on the basis of ~을 기초로 하여

250 똑똑한 영한단어 표현

48 **befall** [bifɔ́:l]	동 (나쁜 일이) 일어나다, 생기다, 닥치다
49 **beguile** [bigáil]	동 속이다, 기만하다, 현혹시키다 ▶ He beguiled her of her property 그는 그녀의 재산을 속여서 빼앗았다.
50 **behalf** [biháef]	명 이익, 지지 in be half of ~을 위하여 on behalf of ~을 대신하여
51 **benefactor** [bénəfæktər]	명 후원자, 기부자, 보호자
52 **betray** [bitréi]	동 배반하다, (비밀을) 누설하다 betrayal [bitréiəl] 명 배신, 밀고 betrayer [bitréiər] 명 매국노(traitor), 배신자
53 **beware** [biwɛ́ər]	동 조심하다, 경계하다(of) ▶ Beware of pick pocket! 소매치기 조심!
54 **bewilder** [biwíldər]	동 당황하게 하다(perplex), 어리둥절하게 하다 (confuse)
55 **biography** [baiágrəfi]	명 전기, 일대기 biographer [baiágrəfər] 명 전기 작가
56 **bless** [bles]	동 축복하다, 은혜를 베풀다 bless one's child 자식의 행복을 빌다 blessed [blésid] 형 축복 받은, 신성한

57 block [blɑk]

명 덩어리, 토막 통 막다, 방해하다
blockade [blɑkéit] 명 봉쇄, 방해
break a blockade 봉쇄를 돌파하다

58 blood [blʌd]

명 피, 혈통, 혈기
bloody [blʌ́di] 형 피의, 피투성이의, 피비린내 나는, 잔인한
a bloody liar 새빨간 거짓말쟁이
bleed [bli:d] 통 피를 흘리다
bleed for one's country 조국을 위해 피를 흘리다

59 bloom [blu:m]

명 꽃
통 꽃이 피다, 번영하다

60 boast [boust]

통 자랑하다, 큰소리치다 명 자랑거리, 허풍
▶ She boasts that she can swim well.
그녀는 수영을 잘한다고 큰 소리 친다.
make a boast of ~을 과장되게 이야기하다(허풍 떨다)

61 bold [bould]

형 대담한, 과감한, 용감한, 뻔뻔한
boldly [bóuldli] 부 대담하게, 뻔뻔스럽게
boldness [bóuldnis] 명 대담, 뱃심, 배짱

62 bond [bɑnd]

명 묶는 것, 잇는 것 (pl.)속박, 구속
bondage [bɑ́ndidʒ] 명 농노의 신세, 속박, 굴종
in bondage 감금되어, 노예가 되어

63 **bone** [boun]	몡 뼈, 유골 skin and bones 가죽과 뼈만 남은 사람(야윈 사람)
64 **boom** [bu:m]	몡 울리는 소리, 벼락, 경기 동 폭등하다
65 **bribe** [braib]	몡 뇌물 동 매수하다 accept[offer] a bride 뇌물을 받다[주다]
66 **broad** [brɔ:d]	형 넓은(↔ narrow), 충만한, 관대한 in a broad sense 넓은 의미에서
67 **broadcast** [brɔ́:dkæst]	동 방송하다, 제공하다 broadcasting [brɔ́:dkæstiŋ] 명 방송, 방영 a broadcasting station 방송국
68 **calculate** [kǽlkjəlèit]	동 계산하다, 산정하다, 추정하다 calculate the speed of light 빛의 속도를 계산하다 calculation [kæ̀lkjəléiʃən] 명 계산, 추정 calculator [kǽlkjəlèitər] 명 계산하는 사람, 계산기
69 **calendar** [kǽləndər]	명 달력, 연중 행사표
70 **canal** [kənǽl]	명 운하, 수로 the Suez Canal 수에즈 운하
71 **caprice** [kəprí:s]	명 변덕(whim) capricious [kəpríʃəs] 형 변덕스러운(fickle)

72 **capture** [kǽptʃər]	동 사로잡다, 포획하다 명 포획, 포착
73 **carve** [kɑːrv]	동 새기다, 조각하다, 베다 ▶ The boy carved his name on the tree. 그 소년은 나무에 자신의 이름을 새겼다.
74 **casual** [kǽʒuəl]	형 우연의, 격의 없는(informal), 평상시의 casual wear 평상복
75 **caution** [kɔ́ːʃən]	명 주의, 경고(warning), 조심 동 주의를 주다, 경고하다 ▶ The policeman cautioned the driver. 그 경찰은 운전자에게 주의 주었다. cautious [kɔ́ːʃəs] 형 조심성 있는(careful), 신중한
76 **celebrate** [séləbrèit]	동 축하하다, 찬양하다, 기념하다 ▶ The victory was celebrated in many poems. 그 승리는 많은 시로 찬양되었다. celebration [sèləbréiʃən] 명 축하, 찬양 in celebration of ~을 축하하여
77 **censure** [sénʃər]	명 동 비난, 책망, 혹평(하다) censure one's irresponsible remarks 무책임한 발언을 비난하다
78 **channel** [tʃǽnl]	명 수로, 해협, 경로, 채널 the (English) Channel (영국과 프랑스 사이의) 영국 해협

79 chaos
[kéiɑs]

명 혼돈, 무질서(confusion)
chaotic [keiátik] 형 혼란한, 무질서한

80 cherish
[tʃériʃ]

동 소중히 하다, 품다, 간직하다

81 cling
[kliŋ]

동 달라붙다, 매달리다(to)

82 coincide
[kòuinsáid]

동 동시에 일어나다, 일치하다(with)
▶ His occupation coincide with his specialty.
그의 직업은 그의 전공과 일치한다.
coincidence [kouínsədəns] 명 일치, 우연의 일치, 동시에 일어남
coincidently [kòuinsáidəntii] 부 (~와)일치되는, 동시에 일어나는

83 collapse
[kəlǽps]

동 무너지다, 좌절하다, 폭락하다

84 collect
[kəlékt]

동 모으다, 수집하다, 징수하다
collection [kəlékʃən] 명 수집, 수집품, 기부금
make a collection of stamps 우표를 수집하다

85 colony
[káləni]

명 식민지, 집단 거주지
colonial [kəlóuniəl] 형 식민지의, 식민지 시대의, 식민지 풍의
colonize [kálənàiz] 동 식민지화하다, 이주시키다

86 compact
[kəmpǽkt]

형 치밀한, 꽉 찬, 간결한, 아담한, 소형의
compact car 소형 자동차

87 **compassion** [kəmpǽʃən]	몡 동정, 동정심, 연민(pity) have[take] compassion on ~을 측은히 여기다 compassionate [kəmpǽʃənit] 혱 인정 많은 동정적인(sympathetic)
88 **compatible** [kəmpǽtəbəl]	혱 양립할 수 있는, 모순이 없는 compatible computer 호환이 되는 컴퓨터 compatibility [kəmpæ̀təbíləti] 몡 적합성, 양립성, 호환성
89 **compel** [kəmpél]	통 강요하다(force), 억지로 시키다 ▶ I was compelled to confess. 나는 지배를 강요당했다. compelling [kəmpéliŋ] 혱 강제적인, 어쩔 수 없는(irresistible) compulsory [kəmpʌ́lsəri] 혱 필수의, 의무의, 강제적인 compulsory education 의무 교육 compulsory service 강제 징병
90 **complicate** [kámpləkèit]	통 복잡하게 하다, 어렵게 만들다 complicate matters 일을 복잡하게 만들다 complicated [kámpləkèitid] 혱 복잡한, 풀기 어려운(complex) complication [kàmplikéiʃən] 몡 복잡화, 복잡한 상태

91 compromise
[kάmprəmàiz]

명 타협, 화해, 양보 동 타협하다, 화해하다
compromise a dispute with a person ~와 타협하여 분쟁을 해결하다

92 compute
[kəmpjúːt]

동 계산·평가하다
compute the distance at 10 miles 거리를 10마일로 추정하다

93 concede
[kənsíːd]

동 인정하다, 부여하다, 양보하다
concede to a person 어떤 사람에게 양보하다
▶ We must concede that we lost.
  우리는 우리가 패배했다는 것을 인정해야 한다.

94 conceit
[kənsíːt]

명 자만, 독단, 호의 동 우쭐대다
be full of conceit 자부심이 강하다

95 conceive
[kənsíːv]

동 상상하다, 생각하다, 이해하다, 임신하다
concept [kάnsept] 명 개념, 관념
conception [kənsépʃən] 명 개념, 생각, 구상, 고안, 임신
have no conception 전혀 모르다(개념이 없다)
conceptional [kənsépʃənəl] 형 개념의, 개념적인

96 condemn
[kəndém]

동 비난하다(blame), 선고하다, 운명 지우다
condemn a person for one's error ~의 잘못을

책망하다
▶ He was condemned to imprisonment.
그는 금고형을 선고 받았다.
condemnation [kàndemnéiʃən] 몡 비난, 유죄판결
condemnable [kəndémnəbəl] 혱 비난할 만한, 책망할 만한

97 confess
[kənfés]

통 고백하다, 참회하다, 시인하다(acknowledge)
confess one's crime 죄를 자백하다
confession [kənféʃən] 몡 자백, 고백, 참회
go to confession (신부에게)고해하러 가다

98 confidential
[kànfidénʃəl]

혱 신뢰할 수 있는(trustworthy), 기밀의
confidential papers 기밀 서류

99 confront
[kənfrʌ́nt]

통 직면하다, 맞서다, 대결하다
▶ His house confronts mine.
그의 집은 우리 집과 마주 서 있다.
be confronted by (어려움 등에) 직면하다
confrontation [kànfrəntéiʃən] 몡 직면, (법정에서의) 대결

100 conscience
[kánʃəns]

몡 양심, 도의심
a matter of conscience 양심의 문제
have no conscience 양심이라고는 없다
conscientious [kànʃiénʃəs]
몡 양심적인, 세심한, 신중한

♣ 재미난 단어 유래

Chink – 왜 중국인을 이렇게 빗대어 부르나요?

Chink는 중국인을 가리키는 멸시적인 표현이다. Chink란 본래 '갈라진 틈'이라는 뜻인데, 중국인들의 눈초리가 올라간 눈(slant eyes)을 빗대어서 부르게 되었다. 참고로 미국에서 쓰이는 이런 멸시적인 표현의 예를 들면, 중국인을 칭하는 Chinks 외에 일본인을 Japs, 멕시코인을 Chicanos, 한국인을 Gooks라고 부르는 등이 있다. 흑인들을 niggers라고 부르는 것도 상당한 경멸의 표현이다. 반면 어떤 대학에서는 외국인 학생을 foreign(낯선, 부적합한)이라는 말이 주는 부정적인 느낌을 피하기 위해서이다.

Dutch – 영국의 질투에서 유래된 단어

Dutch는 '네덜란드어의, 네덜란드 사람의, 네덜란드풍의'라는 뜻이다. 17세기는 네덜란드가 한창 융성하던 시기였는데, 영국인들은 이를 시기하여 Dutch라는 말에 부정적인 의미를 덧붙였다. 그 중 go Dutch는 '인색하다'는 뜻이 부각되어 '같이 어울리긴 해도 비용은 각자 부담 한다'는 말이며, Dutch uncle은 '어른이나 손윗사람처럼 행세하여 가차 없이 엄격하게 꾸짖는 사람', In Dutch는 in trouble(난처한 입장에 있는), in disfavor(미움 받고 있는)의 뜻이다. Dutch pay는 go Dutch와 비슷하게 '각자 부담'이라는 의미로 우리나라에서 많이 쓰이지만 미국인들은 Dutch treat라고 말한다. 그밖에 Dutch comfort(별로 고맙지 않은 위로), Dutch courage(술 취해서 나오는 용기), do the Dutch(자살하다)등이 있다.

CHECK UP 14

A. 비슷한 말 혹은 반대말을 찾아 연결하시오.(유의어·반의어 찾기)
  1. suddenly .   ⓐ proper(적절한)
  2. adequate .   ⓑ abruptly(갑자기)
  3. ambiguous .   ⓒ informal(비형식적인)
  4. barren .   ⓓ warning(경고)
  5. patriot .   ⓔ vague(희미한)
  6. casual .   ⓕ irresistible(강요하는)
  7. caution .   ⓖ fertile(기름진)
  8. compelling .   ⓗ traitor(매국노)

B. 다음 각 설명에 해당하는 단어를 보기에서 골라 쓰시오.(영문 정의 찾기)

acute / advocate / ancestor / astronomer / astronaut / complicated

1. a lawyer or a person who supports an idea or way of life
   _____(변호사, 대변인)

2. one from whom a person is descended and who is usually more remote in the lined of descent than a grandparent, forefather
   _____(선조)

3. sharp and intense
   _____(날카로운)

4. a person who travels in a spacecraft
   _____(우주 비행사)

5. very difficult to understand or deal with
   _____(복잡한)

6. a person who do scientific study of the sun, moon, and stars
   _____(천문학자)

C. 이탤릭체로 된 숙어에 유의하여 아래 문장을 해석하시오.

1. This river *abounds in* fish.
   (abound in : ~가 풍부하다)

2. He *attributed* his success *to* hard work.
   (attribute A to B : A를 B의 탓으로 여기다)

3. His occupation *coincide with* his specialty.
   (coincide with : ~와 일치하다)

4. They *censure his irresponsible remarks*
   (censure one's remarks : ~의 발언을 비난하다)

5. The king *made a boast of* his victory
   (make a boast of : ~을 허풍 떨다)

실전문제 다음 문장을 읽고, 이탤릭체로 된 단어의 뜻을 맞게 설명한 것을 고르시오.

1. The shoppers' voices grew louder as they argued over the last Cool Sally doll, and for a moment I feared that a *melee* might happen.
   ⓐ accident   ⓑ fight among several people

   argue 동 다투다   *fear* 동 두려워하다

2. A local cartoonist *lampooned* the mayor, portraying him as a bumpkin.
   ⓐ ridicule   ⓑ describe

   cartoonist 명 만화가   *portray* 동 묘사하다   *bumpkin* 명 시골뜨기

A. 1.ⓑ 2.ⓐ 3.ⓔ 4.ⓖ 5.ⓗ 6.ⓒ 7.ⓓ 8.ⓕ
B. 1. advocate   2. ancestor   3. acute   4. astronaut
   5. complicated   6. astronomer
C. 1. 이 강에는 물고기가 많다.
   2. 그는 성공을 꾸준한 노력 탓으로 돌렸다.
   3. 그의 직업은 그의 특기와 일치한다.
   4. 그들은 그의 무책임한 발언을 비난한다.
   5. 그 왕은 승리를 부풀려 말했다.
실전문제 1. ⓑ fight among several people(난투)   2. ⓐ ridicule(비웃다)

| 101 conservative [kənsə́ːrvətiv] | 형 보수적인, (옷차림이) 수수한 명 방부제
↔ progressive [prəgrésiv] 형 진보적인 |

| 102 consistent [kənsístənt] | 형 일관된, 모순이 없는, 언행이 일치하는
be consistent in one's follies 하는 것이 시종 어리석다
consistency [kənsístənsi] 명 일관성, 언행일치 |

| 103 conspiracy [kənspírəsi] | 명 음모, 모의(plot)
conspiracy theory 음모 이론
in conspiracy 공모하여, 작당하여
conspire [kənspáiər] 동 음모를 꾸미다, 공모하다 |

| 104 contemplate [kántəmplèit] | 동 심사숙고하다, 응시하다
contemplation [kàntəmpléiʃən] 명 묵상, 숙고 (meditation)
contemplator [kántəmplèitər] 명 명상하는 사람, 깊이 생각하는 사람 |

| 105 contempt [kəntémpt] | 명 경멸, 모욕(scorn), 수치(disgrace)
have a contempt for 경멸하다
contemptible [kəntémptəbəl] 형 경멸할 만한, 비열한 |

| 106 continent [kántənənt] | 명 대륙
continental [kàntənéntl] 형 대륙의 |

107 contradict
[kàntrədíkt]

동 부정하다(deny), 반박하다, 모순되다
contradiction [kàntrədíkʃən] 명 부정, 반박, 모순
in contradiction to ~와 정반대로
contradictory [kàntrədíktəri] 형 모순된, 반대의, 부정적인
be contradictor to each other 서로 모순되다

108 controversy
[kántrəvə̀ːrsi]

명 논쟁, 논의
beyond controversy 논쟁의 여지가 없는
controversial [kàntrəvə́ːrʃəl]
형 논쟁의, 논의의 여지가 있는

109 convention
[kənvénʃən]

명 집회, 관습
conventional [kənvénʃənəl] 형 전통(인습)적인, 진부한, 재래식 무기의
conventional morality 인습도덕

110 convey
[kənvéi]

동 나르다, 운반하다(transport), 전하다, 알리다
convey the meaning exactly 정확하게 뜻을 전달하다
conveyance [kənvéiəns] 명 운반, 전달

111 cope
[koup]

동 겨루다, 대처하다(with)
cope with difficulties
곤란을 극복하다(대처하다)

112 cord
[kɔːrd]

명 끈, 가는 줄 (pl.)구속, 속박

113 **cordial** [kɔ́ːrdʒəl]	혱 진심의, 따뜻한 몡 기운을 돋우는 것 cordially [kɔ́ːrdʒəli] 뵈 진심으로, 정성껏 (heartily), 성의를 다해서 cordiality [kɔ̀ːrdʒiǽləti] 몡 진심, 성의
114 **correspond** [kɔ̀ːrəspánd]	동 편지를 교환하다, 일치하다, 부합하다 ▶ She is corresponding with an American. 그녀는 한 미국인과 서신 왕래가 있다. correspondence [kɔ̀ːrəspándəns] 몡 일치 correspondent [kɔ̀ːrəspándənt] 몡 통신자, 특파원, 기고가, 일치하는 것
115 **corrupt** [kərʌ́pt]	혱 타락한, 부정한 동 타락하다, 부패하다 corruption [kərʌ́pʃən] 몡 타락, 부패
116 **coward** [káuərd]	몡 겁쟁이, 비겁자 혱 겁 많은, 소심한, 비겁한 cowardly [káuərdli] 뵈 비겁하게 cowardice [káuərdis] 몡 겁, 비겁
117 **criminal** [krímənəl]	몡 범인, 범죄자 혱 범죄의, 형사상의 ↔ civil [sívəl] 혱 민사의 crime [kraim] 몡 죄, 범죄 commit a crime 죄를 범하다
118 **cruel** [krúːəl]	혱 잔인한(merciless), 지독한 be cruel to children 아이들을 학대하다 cruelty [krúːəlti] 몡 잔인, 잔혹, 무자비

119 cultivate
[kʌ́ltəvèit]

동 경작하다, 재배하다, 양성하다
cultivation [kʌ̀ltəvéiʃən] 명 경작, 재배

120 curse
[kə:rs]

명 동 저주, 욕(하다)
cursed [kə́:rsid] 형 저주받은, 가증스러운

121 curve
[kə:rv]

명 곡선, 굴곡 동 굽히다, 곡선을 그리다
▶ The road curves round the gas station.
도로가 그 주유소 주위를 돌아 나 있다.

122 data
[déitə]

명 데이터, 자료, 지식, 정보

123 dawn
[dɔ:n]

명 새벽, 여명(daybreak) 동 날이 새다, 밝다
from dawn till dusk 황혼에서 새벽까지

124 debate
[dibéit]

명 동 토론, 논쟁(하다)
debate on a matter 어떤 문제에 대해 토론하다
debater [dibéitər] 명 토론자, 토의자

125 decay
[dikéi]

명 동 부패, 부식, 쇠퇴(하다)
be in decay 썩어 있다, 부패하다
decayed tooth 충치
decadence [dékədəns] 명 타락 《문학》퇴폐주의

126 deceive
[disí:v]

동 속이다, 기만하다(cheat), 현혹하다(allure)
deception [disépʃən] 명 속임(fraud, trickery)
deceptive [diséptiv] 형 속이는, 현혹시키는
deceit [disí:t] 명 사기, 기만
deceitful [disí:tfəl] 형 기만적인, 허위의(false)

127 **declare** [diklɛ́ər]

동 선언·포고하다(proclaim)
declare a state of emergency 비상사태를 선포하다
declaration [dèkləréiʃən] 명 선언, 발표, 포고
the Declaration of Human Rights 세계 인권 선언
(1948년 12월 유엔에서 채택)

128 **degrade** [digréid]

동 지위를 낮추다 《생물》퇴화시키다
degrading [digréidiŋ] 형 품위(자존심)를 떨어뜨리는, 치사한, 창피한

129 **deliberate** [dilíbərèit]

형 신중한, 침착한, 고의의 동 숙고하다, 심의하다
deliberate on a problem 문제를 심사숙고하다
deliberately [dilíbəritli] 부 신중히, 고의로, 찬찬히
deliberation [dilíbəréiʃən] 명 숙고, 신중함
under deliberation 숙고(협의)중

130 **demonstrate** [démənstrèit]

동 증명·논증하다(prove), 시위하다
▶ He demonstrated that the earth is round.
  그는 지구가 둥글다는 것을 증명했다.
demonstrate against racial prejudice 인종 차별에 대해 시위를 벌이다
demonstration [dèmənstéiʃən] 명 논증, 증명, 시위
demonstrator [démənstrèitər]
명 논증자, 증명자, 선전용 모델, 시위 참가자

131 **deplore** [diplɔ́ːr]

동 탄식·비탄하다(lament)
deplorable [diplɔ́ːrəbl] 형 슬픈(lamentable), 비참한(miserable)

132 **deposit** [dipázit]	통 맡기다, 놓다 명 예금 (*pl*.)증거금, 적립금 deposit money in a bank 돈을 은행에 예금하다
133 **deserve** [dizə́:rv]	통 가치가 있다, ~할 만하다 deserving of admiration 칭찬을 받을 만한
134 **despise** [dispáiz]	통 싫어하다, 경멸하다, 멸시하다(scorn)
135 **destitute** [déstətjù:t]	형 결핍한(in want), 가난한(poor), 궁핍한 destitution [dèstətjú:ʃən] 명 결핍, 극빈
136 **detach** [ditǽtʃ]	통 분리하다, 떼어 내다 detach a locomotive from a train 열차에서 기관차를 분리하다 detachment [ditǽtʃmənt] 명 분리, 이탈
137 **devoid** [divɔ́id]	형 결여된 ~이 없는(of)
138 **dialect** [dáiəlèkt]	명 방언, 사투리
139 **diffuse** [difjú:z]	통 퍼뜨리다, 발산하다, 흩어지다 diffusion [difjú:ʒən] 명 발산, 보급 《물리》확산
140 **dignity** [dígnəti]	명 존엄, 위엄, 품위 with dignity 위엄 있게
141 **dilemma** [dilémə]	명 딜레마, 진퇴양난 be in a dilemma 진퇴양난이 되다, 궁지에 빠져 있다

142 **diplomacy** [diplóuməsi]	몡 외교, 외교 수완 diplomat [dípləmæt] 몡 외교관, 외교가 diplomatic [dìpləmætik] 혱 외교의, 외교상의
143 **dirt** [dəːrt]	몡 먼지(dust), 하찮은 것, 더러운 것 dirty [dəːrti] 혱 더러운, 불결한
144 **discern** [disə́ːrn]	동 알아보다, 분간하다, 식별하다 discern between honesty and dishonesty 정직과 부정직을 식별하다
145 **discriminate** [diskrímənèit]	동 구별하다, 분간하다, 차별하다 discrimination [diskrìmənéiʃən] 몡 구별, 식별, 차별(대우) racial discrimination 인종 차별
146 **disdain** [disdéin]	동 경멸하다(despise=look down on), 무시하다 disdainful [disdéinfəl] 혱 거드름 부리는 (haughty), 경멸적인
147 **disguise** [disgáiz]	동 변장하다, 위장하다, 속이다 몡 변장, 위장, 가면 disguise oneself as a beggar 거지로 변장하다
148 **disgust** [disgʌ́st]	동 메스껍게 하다 몡 혐오, 싫어함 be disgusted at[by] ~에 넌더리나다 disgusting [disgʌ́stiŋ] 혱 메스꺼운, 넌더리나다 a disgusting smell 메스꺼운 냄새
149 **dismal** [dízməl]	혱 어두운, 음침한, 우울한 be in the dismals 울적하다, 저기압이다

150 **disorder** [disɔ́:rdər]	명 무질서, 혼란(confusion), 질병(disease) fall[throw] into disorder 혼란에 빠지다
151 **dispense** [dispéns]	동 분배하다, 조제하다 dispense food and clothing to the poor 빈민에게 식량과 의복을 나누어주다 dispenser [dispénsər] 명 약제사, 분배자, 자동판매기
152 **dispute** [dispjú:t]	동 논쟁하다, 토의하다 명 논쟁, 언쟁 a border dispute 국경(경제) 분쟁 disputable [dispjú:təbəl] 형 논쟁의 여지가 있는
153 **divine** [diváin]	형 신의, 신성한(holy) a divine power 신통력 divine beauty 성스러운 아름다움
154 **doctrine** [dáktrin]	명 교리, 교의
155 **dormitory** [dɔ́:rmətɔ̀:ri]	명 기숙사
156 **draft** [dræft]	명 도안, 초고, 징병 《스포츠》신인 선수 선택 제도 make out a draft of ~의 초안을 잡다
157 **dread** [dred]	동 두려워하다, 겁먹다, 걱정하다 명 공포(rear) ▶ A burnt child dreads the fire. 《속담》불에 덴 아이는 불을 무서워한다. dreadful [drédfəl] 형 무서운, 몹시 불쾌한, 따분한

STEP Ⅳ **269**

158 **dreary** [dríəri]	형 쓸쓸한, 적막한, 우울한(gloomy)
159 **drill** [dril]	명 드릴, 송곳, 반복 연습 동 구멍을 뚫다, 반복 연습하다
160 **dumb** [dʌm]	형 벙어리의(mute), 말 없는, 말문이 막힌 strike a person dumb 어떤 사람을 말문이 막히게 하다
161 **ebb** [eb]	명 썰물(↔ flow 밀물) the ebb and flow 조수의 간만, (사업, 인생의)성쇠
162 **eccentric** [ikséntrik]	형 이상한, 별난(strange) an eccentric person 기인(별난 사람) eccentricity [iksontrísiti] 명 남다름, 기행
163 **ecstasy** [ékstəsi]	명 무아의 경지, 환희의 절정
164 **egoist** [í:gouist]	명 이기주의자 ↔ altruist [ǽltru:st] 명 이타주의자 egoistic [i:gouístik] 형 이기주의의, 제멋대로의 ego [í:gou] 명 《심리학》자아(自我)
165 **elegy** [élədʒi]	명 《문학》비가, 만가, 애가 elegiac [èlədʒáiək] 형 슬픈, 가락의 《문학》애수적인

270 똑똑한 영한단어 표현

166 eloquence
[éləkwəns]

명 웅변, 능변, 수사법
eloquent [éləkwənt] 형 웅변의, 능변인, 표정이 풍부한
an eloquent speech 설득력 있는 연설
▸ Eyes are more eloquent than lips.
눈은 입 이상으로 말을 잘 한다.

167 emancipate
[imǽnsəpèit]

동 해방하다, 석방하다, 자유로워지다
emancipation [imæ̀nsəpéiʃən] 명 (노예)해방

168 embark
[embá:rk]

동 태우다, 적재하다, 착수하다
embark at New York 뉴욕에서 승선하다
embark on a business 사업에 착수하다

169 embody
[embádi]

동 형태를 만들다, 구체화하다, 구현하다
embody democratic ideas in the speech
민주주의 사상을 연설에서 구체적으로 나타내다
embodiment [embádimənt] 명 구체화, 구현, 화신(化身)

170 embrace
[embréis]

동 껴안다(hug), 포옹하다, 받아들이다
embracement [embréismənt] 명 포옹, 기꺼이 받아들임

171 emerge
[imə́:rdʒ]

동 나타나다(appear), 드러나다
▸ The full moon will soon emerge from behind the clouds.
보름달이 곧 구름 뒤에서 나타날 것이다.

172 emergency
[imə́:rdʒənsi]

명 비상사태, 위급 형 위급한, 긴급한
in case of emergency 비상(위급)시에는

	emergent [imə́:rdʒənt] 형 나타나는, 불시의, 긴급한(urgent)
173 **emigrant** [éməgrənt]	명 이민, 이주자 형 (국외로)이주하는 ↔ immigrant [ímigrənt] 명 이민, 이주자 형 (외국에서)이주해 오는 emigration [èməgréiʃən] 명 (외국으로의)이주 ↔ immigration [ìməgréiʃən] 명 (외국으로부터의)이주
174 **eminent** [émənənt]	형 저명한(famous), 뛰어난(outstanding) eminence [émənəns] 명 고위, 고귀함(loftiness), 저명(celebrity)
175 **emphatic** [imfǽtik]	형 강조된, 단호한 emphatically [imfǽtikəli] 부 단호히, 전혀, 단연코 ▶ It is emphatically not true. 그것은 단연코 사실이 아니다.
176 **enchant** [entʃǽnt]	동 매혹하다, 마법을 걸다(charm) be enchanted with[by] ~로 황홀해지다, ~에 매혹되다
177 **end** [end]	명 끝, 최후, 결과, 목적 동 끝나다 in the end 결국, 마침내 gain[attain] one's ends 목적을 달성하다 bring[come] to an end 끝마치다 make ends meet 수입과 지출의 균형을 맞추다

178 endeavor
[endévər]

명 노력(try) 동 노력하다, 시도하다
endeavor to do one's duty 의무를 다하려고 노력하다

179 endure
[endjúər]

동 참다(tolerate, stand), 견디다, 인내하다
enduring [indjúəriŋ] 형 참을 수 있는, 영구적인 (lasting)
an enduring fame 불후의 명성
endurable [indjúərəbəl] 형 참을 수 있는, 견딜 수 있는
endurance [indjúərəns] 명 지구력, 내구성, 인내, 참음(patience)
an endurance test 내구력 테스트

180 enterprise
[éntərpràiz]

명 기획, 사업, 기업, 기업체

181 enthusiasm
[enθú:ziæzəm]

명 열광, 열의, 의욕
enthusiastic [enθú:ziæstik] 형 열렬한, 열광적인
enthusiastically [enθú:ziæstikəli] 부 열광적으로, 매우 열심히

182 entitle
[entáitl]

동 표제를 붙이다, 자격을 부여하다
▶ I am entitled to a pension.
나는 연금을 받을 자격이 있다.

183 epidemic
[èpədémik]

형 유행하고 있는, 전염성의

184 epoch
[épək]

명 신기원, 시대, 중요한 사건
make[mark/form] an epoch 하나의 새로운 기원을 이루다

185 estate [istéit]	명 재산, 소유지 buy an estate 땅을 사다
186 esteem [istí:m]	동 존경·존중하다, ~라고 생각하다
187 evident [évidənt]	형 분명한(plain), 명백한 evidently [évidəntli] 부 분명히, 명백히 ▶ Evidently you made a mistake. 　네가 실수한 것은 명백하다. evidence [évidəns] 명 증거, 물증, 명백
188 exaggerate [igzǽdʒərèit]	동 과장하다(overstate), 지나치게 강조하다 exaggeration [igzædʒəréiʃən] 명 과장 exaggerative [igzǽdʒərèitiv] 형 과장하는
189 exceed [iksí:d]	동 초과하다, 넘다, 능가하다 exceed one's authority 월권행위를 하다 exceed in 도를 넘다, 지나치다
190 excel [iksél]	동 능가하다, 뛰어나다(be superior to) excellence [éksələns] 명 우수, 탁월 excellent [éksələnt] 형 우수한(very good)
191 excess [iksés]	명 과다, 과잉, 초과, 지나침 in excess of ~을 초과하여 excessive [iksésiv] 형 과도한, 지나친, 엄청난
192 exclude [iksklú:d]	동 차단하다, 제외하다, 배제하다 ↔ include [inklú:d] 동 포함하다

	exclude a person out of 어떤 사람을 ~에서 추방(제명, 배제)하다 exclusion [iksklú:ʒən] 명 제외, 배제 exclusive [iksklúsiv] 형 배타적인, 독점적인, 독특한, 고급의(stylish) exclusive of ~을 제외하고
193 **exhaust** [igzɔ́:st]	동 다 써 버리다(use up), 소진하다(consume) exhausted [igzɔ́:stid] 형 다 써 버린, 지친
194 **exotic** [igzátik]	형 이국적인, 외래의
195 **expedition** [èkspədíʃən]	명 원정, 여행 go on a expedition 탐험(원정)을 떠나다
196 **exploit** [éksplɔit]	동 개척하다, 개발하다, 이용하다, 착취하다 exploit a mine 광산을 개척(개발)하다 exploitation [èksplɔitéiʃən] 명 개척, 개발, (노동력의)착취
197 **exquisite** [ikskwízit]	형 절묘한, 훌륭한, 매우 아름다운
198 **extent** [ikstént]	명 넓이, 크기(size), 범위(scope) to some extent 어느 정도까지는, 다소 extend [iksténd] 동 넓히다, 늘이다, 뻗다 extend a road to the next city 다음 도시까지 도로를 연장하다

199 **extract** [ikstrǽkt]	동 뽑다, 추출하다, 발췌하다 명 추출물, 발췌, 인용 extract a principle form a collection of facts 수집된 사실에서 법칙을 끌어내다 extract a adequate sentence from a book 책에서 적절한 문장을 발췌하다
200 **extravagant** [ikstrǽvəgənt]	형 낭비하는, 사치스러운

CHECK UP 15

A. 비슷한 말 혹은 반대말을 찾아 연결하시오.(유의어·반의어 찾기)
  1. conservative .   ⓐ plot(음모)
  2. conspiracy .   ⓑ merciless(잔인한)
  3. contempt   ⓒ prove(증명하다)
  4. cruel .   ⓓ mute(벙어리의)
  5. dawn .   ⓔ look down upon(경멸하다)
  6. demonstrate .   ⓕ progressive(진보적인)
  7. despise .   ⓖ daybreak(새벽)
  8. dumb .   ⓗ disgrace(불명예)

B. 다음 각 설명에 해당하는 단어를 보기에서 골라 쓰시오.(영문 정의 찾기)

> corrupt / coward / dialect / diplomat / eccentric / exhausted

1. a person who is not brave
   _____(겁쟁이)

2. unusual and rather strange
   _____(이상한)

3. very tired
   _____(지친)

4. a person employed by their government to represent their country in another country
   _____(외교관)

5. immoral, bad or prepared to receive money to do things that are wrong
   _____(부패한)

6. a variety of a language spoken in one part of a country
   _____(사투리)

C. 이탤릭체로 된 숙어에 유의하여 아래 문장을 해석하시오.

1. She is *corresponding with* an American schoolboy.
   (correspond with : 편지를 교환하다)

2. The mayor declared *a state of emergency*.
   (a state of emergency : 비상사태)

3. The full moon will soon *emerge from* behind the clouds.
   (emerge from : 나타나다)

4. They *excluded* the student *out of* the club.
   (exclude A out of B : A를 B에서 제외하다)

5. I *am entitled to* a pension.
   (be entitled to : ~할 자격이 있다)

실전문제 다음 문장을 읽고, 이탤릭체로 된 단어의 뜻을 맞게 설명한 것을 고르시오.

1. Susan refused to *jeopardize* her children by doing anything the least bit risky with them by her side.
   ⓐ help   ⓑ rescue   ⓒ endanger

   rescue 통 구조하다   *endanger* 통 위험에 빠뜨리다

2. The revolt of the *fractious* crew in the 1932 novel-Mutiny on the Bounty-is based on an actual mutiny in 1789 against the cruel Captain William Bligh.
   ⓐ unruly   ⓑ obedient   ⓒ angry

   revolt 명 폭동   *crew* 명 승무원   *mutiny* 명 반란   *unruly* 형 다루기 힘든

A. 1.ⓕ 2.ⓐ 3.ⓗ 4.ⓑ 5.ⓖ 6.ⓒ 7.ⓔ 8.ⓓ
B. 1. coward   2. eccentric   3. exhausted   4. diplomat
   5. corrupt   6. dialect
C. 1. 그녀는 미국인 학생과 편지를 교환하고 있다.
   2. 시장은 비상사태를 선포했다.
   3. 보름달이 곧 구름 뒤에서 떠오를 것이다.
   4. 그들은 그 학생들을 클럽에서 제명시켰다.
   5. 나는 연금을 받을 자격이 있다.
실전문제 1. ⓒ endanger(위험에 처하게 하다)   2. ⓐ unruly(다루기 힘든)

201 **faculty** [fǽkəlti]	몡 능력, 기능, 학부 (집합적)교직원 the faculty of law 법학부 a faculty meeting 교수회, 직원회의
202 **fair** [fɛər]	휑 공정한, 올바른, 살결이 흰, 금발의
203 **faith** [feiθ]	몡 믿음, 신뢰(trust, confidence), 신앙(belief) have faith in ~을 믿다, ~을 신뢰하다 faithful [féiθfəl] 휑 헌신적인, 충실한 ↔ unfaithful [ʌnféiθfəl] 휑 성실하지 않은, 정숙하지 못한
204 **fascinate** [fǽsənèit]	동 매혹하다, 황홀하게 하다 fascinating [fǽsənèitiŋ] 휑 매혹적인, 황홀한 fascination [fæ̀sənéiʃən] 몡 매혹, 마음이 홀린 상태
205 **fate** [feit]	몡 운명, 숙명, 죽음 the master of one's fate 자기 운명을 스스로 개척하는 사람 fatal [féitl] 휑 운명의, 숙명의, 치명적인(mortal) a fatal disease 불치의 병 fatalism [féitəlìzəm] 몡 《철학》숙명론, 숙명관 fatalist [féitəlist] 몡 운명(숙명)론자
206 **fatigue** [fətíːg]	몡 피로, 피곤 동 피곤하게 하다 be fatigued with ~으로 지치다
207 **favor** [féivər]	몡 호의, 친절 동 호의를 보이다, 베풀다, 편들다 in favor of ~을 편들어, ~의 이익이 되도록

STEP Ⅳ

▶ May I ask a favor of you?
부탁을 드려도 될까요?
favorable [féivərəbəl] 형 호의를 보이는, 찬성하는(approving)
▶ They are favorable to our plan.
그들은 우리의 계획에 호의적이다.

208 **fence**
[fens]

명 울타리 동 울타리를 치다, 막다

209 **fertile**
[fə́:rtl]

형 풍부한, 기름진, 비옥한(↔ sterile)
↔ infertile [infə́:rtəl] 형 메마른, 불모의, 불임의
fertilize [fə́:rtəlàiz] 동 비옥(풍부)하게 하다《생물》수정 시키다
fertilizer [fə́:rtəlàizər] 명 비료, (벌, 나비 등의)수정 매개물

210 **fever**
[fí:vər]

명 열, 열병, 발열 동 열병에 걸리다, 흥분하다
have[run] a fever 열이 있다
in a fever 열이 올라, 열광하여
feverish [fí:vəriʃ] 형 열이 있는, 열광적인

211 **flatter**
[flǽtər]

동 아첨하다, 우쭐하다
flattery [flǽtəri] 명 아첨
flattering [flǽtəriŋ] 형 아첨하는, 알랑거리는

212 **flavor** [fléivər]	몡 맛, 풍미(savor) 동 맛을 내다 lemon-flavored cake 레몬 향기가 나는 케이크
213 **flesh** [fleʃ]	몡 살, 육체 one's pound of flesh 지독한 요구 (셰익스피어의 「베니스의 상인」에서 유래)
214 **flourish** [fləˊːriʃ]	동 번창하다, 융성하다(thrive)
215 **fluid** [flúːid]	형 유동성의, 유동적인 몡 유동체, 유체
216 **foam** [foum]	몡 동 거품(이 일다)
217 **frame** [freim]	몡 틀, 액자, 구조 동 틀을 잡다, 틀에 끼우다
218 **fright** [frait]	몡 공포, 놀람, 경악 frighten [fráitn] 동 놀라게 하다 frightened [fráitnd] 형 겁먹은, 무서워하는 be frightened to death 까무러칠 만큼 놀라다
219 **fundamental** [fÀndəméntl]	형 기본적인, 기초의, 주요한 몡 기본, 기초, 원리 fundamental human rights 기본적 인권 fundamentalism [fÀndəméntəlìzəm] 몡 《종교》 원리주의, 근본주의
220 **furious** [fjúəriəs]	형 격렬한, 맹렬한, 격심한(fierce)

221 furnish
[fə́ːrniʃ]

⑧ 공급하다(supply), 설치하다, 갖추다
▶ That building is well furnished.
저 건물은 설비가 잘 갖추어져 있다.

222 fury
[fjúəri]

⑱ 격노, 격분, 분노
in a fury 격노하여

223 futility
[fjuːtíləti]

⑱ 무용, 무의, 공허
futile [fjúːtl] ⑲ 효과 없는, 무익한

224 garage
[gərɑ́ːʒ]

⑱ 차고, 격납고

225 gene
[dʒiːn]

⑱ 유전자
genetic [dʒinétik] ⑲ 《생물》유전학적인, 유전자의
genetic engineering 유전자 공학
geneticist [dʒinétəsist] ⑱ 유전학자

226 genius
[dʒíːnjəs]

⑱ 천재, 재능
an infant genius 신동
have a genius for ~에 재주가 있다

$E=mc^2$

227 globe
[gloub]

⑱ 구, 공, 지구
global [glóubəl] ⑲ 구형의, 세계적인, 포괄적인
globalize [glóubəlàiz] ⑧ 전 세계에 퍼지게 하다

228 glove
[glʌv]

⑱ 장갑, 글러브

229 **gorgeous**
[gɔ́:rdʒəs]

형 화려한, 훌륭한, 멋진

230 **gravity**
[grǽvəti]

명 중력, 인력, 중대함, 진지함

231 **grief**
[gri:f]

명 슬픔(sadness=sorrow) 비탄
grieve [gri:v] 동 몹시 슬퍼하다, 가슴 아파하다

232 **habit**
[hǽbit]

명 습관
make a habit of ~하는 습관이 있다
▶ Habit is a second nature.
《속담》습관은 제2의 천성.
habitual [həbítʃuəl] 형 습관적인, 평소의, 상습적인
habitually [həbítʃuəli] 부 습관적으로

233 **handicap**
[hǽndikæ̀p]

명 장애, 불리한 조건
handicapped [hǽndikæ̀pt] 형 장애가 있는

234 **harvest**
[há:rvist]

명 수확, 추수   동 수확하다, 거두어들이다

235 **haste**
[heist]

명 급함, 서두름, 성급
▶ More haste, less speed.
《속담》급할수록 천천히.

236 **hazard**
[hǽzərd]

명 위험(danger), 운
동 위험을 무릅쓰고 하다, 운에 맡기고 하다

STEP IV **283**

	at all hazards 갖은 고난을 무릅쓰고, 기어이 run the hazard 운에 맡기다 hazardous [hǽzərdəs] 형 모험적인, 위험한, 운에 맡기는
237 **heaven** [hévən]	명 하늘, 천국(↔ hell) heavenly [hévənli] 형 하늘의, 천국과 같은, 절묘한 a heavenly voice 절묘한 목소리
238 **heir** [ɛər]	명 상속인, 후계자 for heir to ~의 상속인이 되다, ~을 상속하다 heiress [ɛ́əris] 명 여자 상속인
239 **heredity** [hirédəti]	명 유전, 상속, 세습 hereditary [hirédətèri] 형 유전적인(↔ acquired), 세습의 hereditary characters 유전 형질 hereditary property 조상으로부터 물려받은 재산
240 **hero** [híːrou]	명 영웅, 주인공 heroine [hérouin] 명 여장부, 여주인공
241 **holy** [hóuli]	형 신성한, 성스러운, 경건한 holiness [hóulinis] 명 신성함

242 hospitality
[hɑ̀spitǽləti]

명 환대, 후대
give a person hospitality ~을 후대하다
hospitable [hɑ́spitəbəl] 형 공손한, 극진한, 손님 접대를 잘하는

243 hostile
[hɑ́stil]

형 적대하는, 불리한, (기후, 환경 등이)부적당한
a man hostile to reform 개혁의 반대자
hostility [hɑstíləti] 명 적의(enmity), 적개심, 적대행위

244 humiliate
[hjuːmílièit]

동 창피를 주다, 모욕하다(despise=disdain)
humiliation [hjuːmìliéiʃən] 명 굴욕 (dishonor=disgrace), 창피

245 hypocrisy
[hipɑ́krəsi]

명 위선
hypocritical [hìpəkrítikəl] 형 위선의, 위선적인
hypocrite [hípəkrìt] 명 위선자, 위선을 부림

246 hypothesis
[haipɑ́θəsis]

명 가설, 가정, 전제
hypothetical [hàipəθétikəl] 형 가설의, 가정의

247 ideal
[aidíːəl]

명 이상, 가공 형 이상의, 이상적인, 관념적인
idealistic [aidìːəlístik] 형 관념론적인, 이상주의적인
idealism [aidíːəlìzəm] 명 이상주의《철학》관념론, 유심론
idealist [aidíːəlist] 명 이상주의자, 공상가, 몽상가

248 illegal
[ilíːgəl]

형 불법의, 위법의, 비합법적인(unlawful)
↔ legal [líːgəl] 형 적법한, 합법적인, 법률의
an illegal sale 밀매

249 **illumination** [ilú:mənéiʃən]	몡 조명, 계몽 illuminate [ilú:mənèit] 동 조명하다, 계몽하다, 밝아지다
250 **illustrate** [íləstrèit]	동 설명하다, 예증하다, 삽화를 넣다 ▶ The census figures illustrate how the nation has grown. 그 인구 조사의 수치는 그 나라가 어떻게 성장했는가를 보여주고 있다. illustrated [íləstrèitid] 형 삽화를 넣은 illustration [ìləstréiʃən] 명 실례, 예증, 삽화, 도판 by way of illustration 실례로서
251 **imitate** [ímitèit]	동 모방하다, 흉내 내다(mimic) imitative [ímətèitiv] 형 흉내 내기 좋아하는, 모방의, 모조품의 imitation [ìmitéiʃən] 명 모방, 모조, 모조품
252 **immense** [iméns]	형 거대한(huge), 막대한, 무한한, 멋진
253 **immoral** [imɔ́(:)rəl]	형 부도덕한, 음란한(↔ moral) immorality [ìmərǽləti] 명 부도덕, 음란, 추행
254 **immortal** [imɔ́:rtl]	형 불멸의(undying), 불후의, 영구적인 ↔ mortal [mɔ́:rtl] 형 죽어야 할 운명의, 치명적인(fatal) immortality [ìmɔ:rtǽləti] 명 불멸, 불사, 불후의 명성 ↔ mortality [mɔ:rtǽləti] 명 죽음을 피할 수 없는 운명

255 implement
[ímpləmənt]

명 도구, 기구(instrument), 수단(means)
동 이행하다, 충족시키다

256 implore
[implɔ́ːr]

동 간청하다, 애원하다
implore a person to do ~에게 ~해 달라고 간청하다

257 imprison
[imprízən]

동 감옥에 넣다, 가두다, 수감하다
imprisonment [imprízənmənt] 명 투옥, 구금, 유폐

258 incline
[inkláin]

동 기울다, (마음이) 내키게 하다
inclined [inkláind] 형 ~하고 싶어 하는, 경향을 나타내는(to)
▶ I am inclined to go for a walk.
산책을 하고 싶다.

259 induce
[indjúːs]

동 야기하다, 유도하다, 귀납하다
↔ deduce [didjúːs] 동 연역하다, 추론하다(infer)
induce a person to an action ~에게 어떤 행동을 하게 하다
inducement [indjúːsmənt] 명 유도, 유인, 동기(motive)
▶ She had no inducement to regenerate herself.
그녀에게는 갱생의 의욕을 자극하는 것이 아무 것도 없었다.

260 indulge
[indʌ́ldʒ]

동 빠지다, 탐닉하다
▶ He indulged himself in gambling.
=He was indulged in gambling.

	그는 노름에 빠졌다(탐닉했다). indulgence [indʌ́ldʒəns] 명 방종, 탐닉
261 **inevitable** [inévitəbəl]	형 피할 수 없는(unavoidable), 부득이한, 필연적인
262 **infect** [infékt]	동 오염시키다, 전염시키다 ▶ She is infected with malaria. 그녀는 말라리아에 걸려 있다. infection [infékʃən] 명 오염, (contamination), 전염
263 **inferior** [infíəriər]	형 하위의, 열등한, 하급의 명 아랫사람 ↔ superior [səpíəriər] 형 뛰어난, 우수한, 초월한 명 윗사람 inferior to ~보다 열등한, ~보다 못한 inferiority [infìərió(:)rəti] 명 하위, 열등, 하급 ↔ superiority [səpìərió(:)rəti] 명 우월, 탁월, 우세
264 **informal** [infɔ́:rməl]	형 비공식의, 규정을 따르지 않는, 회화체(구어체)의 ↔ formal [fɔ́:rməl] 형 공식적인, 형식적인 an informal visit[talk] 비공식 방문[회의]
265 **ingenious** [indʒí:njəs]	형 영리한, 재치 있는, 교묘한 ingenuity [ìndʒənjú:əti] 명 독창력, 발명의 재주, 정교함

266 **inherit** [inhérit]	동 상속하다, 물려받다, 유전하다 ▶ He inherited a large fortune from his father. 그는 아버지로부터 많은 재산을 상속받았다. inherent [inhíərənt] 형 타고난, 고유의, 본래부터의	
267 **initial** [iníʃəl]	형 처음의, 최초의 명 머리글자	Kafka
268 **initiative** [iníʃiətiv]	명 시작, 주도, 독창력 take the initiative 주도권을 잡다, 솔선해서 하다 initiate [iníʃièit] 동 시작하다, 일으키다	
269 **inquiry** [inkwáiəri]	명 조사, 질문, 문의, 연구 inquire [inkwáiər] 동 묻다, 조사하다 inquire after 안부를 묻다, 문병하다, ~에 관하여 묻다 inquire into ~을 조사하다 inquisition [ìnkwəzíʃən] 명 (엄격한)조사《종교》재판	
270 **insane** [inséin]	형 제정신이 아닌, 미친(mad) ↔ sane [sein] 형 제정신의, 온전한 insanity [insǽnəti] 명 정신 이상(착란), 정신병, 광기	
271 **inspect** [inspékt]	동 살피다, 검사하다, 점검하다 inspection [inspékʃən] 명 정밀 검사, 점검, 검열 Inspection declined 열람 사절	

STEP Ⅳ

272 **inspire** [inspáiər]	동 고무하다, 불어넣다, 격려하다 ▶ He inspired us to work much harder. 선생님은 우리에게 더 열심히 공부하라고 격려해주셨다. inspiration [ìnspəréiʃən] 명 영감, 착상, 고취
273 **instant** [ínstənt]	명 순간, 찰나 형 즉각의, 긴급한, 즉석의 the instant (that) he saw me (그가) 나를 보자마자 in an instant 눈 깜짝할 사이에, 금세 instantly [ínstəntli] 부 즉시로, 즉석에서 be instantly killed 즉사하다
274 **institution** [ìnstətjú:ʃən]	명 설립, 학회, 단체, 공공시설, 제도 a charitable institution 자선 단체
275 **insurance** [inʃúərəns]	명 보험(계약), 보호 insurance for life 종신 보험
276 **intense** [inténs]	형 강한, 격렬한 intensify [inténsəfài] 동 강하게 하다, 격렬해지다
277 **interpret** [intə́:rprit]	동 해석하다, 설명하다, 통역하다 ▶ I interpreted his silence as refusal. 나는 그의 침묵을 거절의 뜻으로 이해했다. interpretation [intə̀:rprətèiʃən] 명 해석, 설명, (꿈 등의)해몽, 통역 interpreter [intə́:rprətər] 명 해석자, 설명자, 통역자 《전산》해석 프로그램

278 intersection
[ìntərsékʃən]

명 교차(지점)

279 interval
[íntərvəl]

명 간격, 틈, 막간
at intervals 때때로, 이따금

280 intimate
[íntəmit]

형 친밀한(close), 깊은, 개인적인(personal)
intimacy [íntəməsi] 명 친밀, 친교

281 intoxicate
[intáksikèit]

동 취하게 하다, 흥분시키다
intoxicated [intáksikèitid] 형 술 취한, 흥분한, 도취한
be intoxicated with victory 승리에 도취하다

282 intrude
[intrúːd]

동 침입하다, 참견하다, 강요하다
▶ Don't intrude your opinion upon others.
  당신의 의견을 남들에게 강요하지 마세요.
intrude into ~에 끼어들다
intrusion [intrúːʒən] 명 강요, 침입
intruder [intrúːdər] 명 침입자, 방해자

283 intuition
[ìntjuíʃən]

명 직관, 직감, 육감
by intuition 직감적으로

284 invade
[invéid]

동 침략하다
invader [invéidər] 명 침략자(군), 침입자
invasion [invéiʒən] 명 침입, 침략, 침해
invasion of privacy 사생활의 침해

STEP Ⅳ **291**

285 **invalid** [ínvəlid]	형 무효의 ↔ valid [vǽlid] 형 유효한
286 **invest** [invést]	동 투자하다 invest one's money in 돈을 ~에 투자하다 investment [invéstmənt] 명 투자, 출자
287 **investigate** [invéstəgèit]	동 조사하다, 연구하다 investigation [invèstəgéiʃən] 명 조사, 연구 under investigation 조사 중
288 **involuntary** [inváləntèri]	형 본의 아닌, 무의식중의 an involuntary movement (놀랐을 때 등의) 무의식적(반사적) 동작
289 **irony** [áirəni]	명 풍자, 반어 life's ironies 인생의 아이러니 Socratic irony 소크라테스식 반어법 (무지를 가장하고 질문하여 상대방의 무지를 폭로 시키는 변론법) ironic [airánik] 형 풍자의, 반어적인, 비꼬는 ironically [airánikəli] 부 (문장 전체를 수식하여)얄궂게도
290 **irritate** [irətèit]	동 화나게 하다, 자극하다 irritating [irətèitiŋ] 형 짜증나게 하는, 흥분 시키는 irritation [ìrətéiʃən] 명 짜증, 격앙

291 **jealousy** [dʒéləsi]	몡 질투, 시샘 jealous [dʒéləs] 혱 질투하는, 부러워하는(envious) be jealous of ~을 부러워하다(샘내다)
292 **keen** [kiːn]	혱 열심인, 날카로운, 예민한 keen on ~에 매우 열중하여, ~에 여념이 없는
293 **labor** [léibər]	몡 노동, 근로, 수고 동 노동하다, 애쓰다 laborious [ləbɔ́ːriəs] 혱 힘든, 어려운, 근면한
294 **lament** [ləmént]	동 슬퍼하다, 비탄하다, 애도하다 몡 비탄, 애도 lamentable [lǽməntəbəl] 혱 슬픔, 유감스러운, 한탄스러운(deplorable) lamentation [lǽməntéiʃən] 몡 슬퍼함, 비탄, 한탄
295 **latitude** [lǽtətjùːd]	몡 위도 (pl.)지방, 지역 cold[warm] latitudes 한대[열대] 지방 *cf.*) altitude [ǽltətjùːd] 몡 높이, 고도(height)
296 **launch** [lɔːntʃ]	동 (기업, 계획 등에) 착수하다, (로켓을) 발사하다 몡 (배 등의) 진수, (로켓, 비행기의) 발진 launch into politics 정계에 진출하다 launch out on a voyage 항해에 나서다 launch complex (인공위성·우주선 등의) 발사 시설 launcher [lɔ́ːntʃər] 몡 발사대
297 **lean** [liːn]	동 기대다, 기울다, 의지하다 lean on a person's arm ~의 팔에 기대다 lean toward socialism 사회주의로 기울다

STEP Ⅳ **293**

298 **legend** [lédʒənd]	명 전설 legendary [lédʒəndèri] 형 전설적인, 전설의, 믿기 어려운(fictitious) legendary [lédʒəndèri] 명 설화집, (집합적) 전설류
299 **legislation** [lèdʒisléiʃən]	명 입법, 법률 제정 legislate [lédʒislèit] 동 법률로 제정하다
300 **legitimate** [lidʒítəmit]	형 합법적인, 정당한(lawful), 합리적인 동 합법화하다, 인정하다 legitimation [lidʒítiméiʃən] 명 합법화, 정당화

♣ 재미난 유래 단어

D.E.A – F.B.I 못지않은 D.E.A

D.E.A Drug Enforcement Administration의 머리글자로서 '미연방 마약 퇴치 전담반'을 뜻한다. 'Traffic'이라는 영화에서 보듯이 마약(drug)은 어쩌면 세계 조강대국 미국을 무너뜨릴 수도 있는 미국 사회 최대의 적이다. 세계의 경찰로 큰소리치는 미국이 국내의 마약 문제에는 영 맥을 못 주는 것이 아이러니이다. 그 밖의 연방 수사 기관으로는 F.B.I(Federal Bureau of Investigation, 미 연방 수사국), C.I.A(Central Intelligence Agency, 미 중앙 정보국) S.W.A.T(Special Weapons and Tactics, 특수 기동대)등이 있다.

Lynch – 서부 영화에서 심심찮게 볼 수 있는 린치?

lynch는 '정당한 법적인 절차 없이 처벌하다'라는 뜻으로, 이는 lynch law에서 유래한다. lynch law란 재판 절차 없이 범죄자로 의심받는 사람을 처벌하여 끝내는 사형에까지 이르게 하는 법을 말한다. lynch law의 출처는 정확하게 전해지지는 않지만, 가장 그럴 듯한 설로는 서부 개척시절 Virginia주의 치안 판사에게서 유래되었다고 한다.

Mayday – Help me!

Mayday란 선박이나 항공기 등의 운행 중 비상사태가 발생했을 경우, 구조를 요청하는 '조난 신호'이다 이는 help me(나를 도와 달라)라는 뜻을 갖는 불어 m'aides(메이데)에서 유래했다. 한 가지 주의할 것은 Mayday를 붙여서 써야 '조난신호'가 되지, day를 대문자로 써서 May Day라고 하면 '5월 1일에 거행하는 봄 축제 또는 노동절(Labor Day)'이 된다.

A. 비슷한 말 혹은 반대말을 찾아 연결하시오. (유의어·반의어 찾기)
   1. faith .   ⓐ barren(불모의, 농작물이 자라지 않는)
   2. fatal .   ⓑ mad(미친)
   3. fertile .   ⓒ mortal(치명적인)
   4. imitate .   ⓓ close(가까운)
   5. inevitable .   ⓔ unavoidable(피할 수 없는)
   6. insane .   ⓕ invalid(무효의)
   7. intimate .   ⓖ trust(신뢰)
   8. valid .   ⓗ mimic(흉내 내다)

B. 다음 각 설명에 해당하는 단어를 보기에서 골라 쓰시오. (영문 정의 찾기)

   faithful / garage / hypocrisy / imitation / irony / jealous

1. loyal to someone
   _____ (충실한)

2. pretending to be or believe something different from and usually better than what you really are or really believe
   _____ (위선)

3. feeling unhappy and angry toward someone because they have something that you want
   _____ (질투하는)

4. a building in which cars and other vehicles can be kept
   _____ (차고)

5. the amusing use of words which are clearly opposite to your meaning
   _____ (반어)

6. a copy in appearance or behaviour
   _____ (모방)

C. 이탤릭체로 된 숙어에 유의하여 아래 문장을 해석하시오.

1. He *was indulged in* gambling.
   (be indulged in : ~에 탐닉하다)

2. She *is infected with* malaria.
   (be infected with : ~에 감염되다)

3. He *inspire*d us *to* work much harder.
   (inspire A to B : A에게 B하라고 고무하다)

4. I *interpreted* his silence as refusal.
   (interpreted A as B : A를 B로 해석하다)

5. Don't *intrude* your opinion *upon* others.
   (intrude A upon B : A를 B에게 강요하다)

실전문제 다음 문장을 읽고, 이탤릭체로 된 단어의 뜻을 맞게 설명한 것을 고르시오.

1. The weather forecast called for wind and rain, but Susan decided to continue with her plans *regardless*.
   ⓐ despite everything   ⓑ besides   ⓒ in the end

2. When the blizzard stopped most forms of travel along the entire East Coast, JFK airport turned into a *maelstrom* of ticket holders desperately trying to reach their destinations.
   ⓐ severe storm   ⓑ disturbance   ⓒ strong wind

blizzard 명 눈보라 *ticket holder* : 티켓을 가진 사람 *desperately* 부 필사적으로

A. 1.ⓖ 2.ⓒ 3.ⓐ 4.ⓗ 5.ⓔ 6.ⓑ 7.ⓓ 8.ⓕ
B. 1. faithful   2. hypocrisy   3. jealous   4. garage
   5. irony   6. imitation
C. 1. 그는 도박에 빠졌다.
   2. 그녀는 말라리아에 감염되었다.
   3. 그는 더 열심히 일하라고 우리를 고무시켰다.
   4. 나는 그의 침묵을 거절로 해석했다.
   5. 남에게 의견을 강요하지 마시오.
실전문제 1. ⓐ despite everything(그럼에도 불구하고)   2. ⓑ obedient(소동)

301 **lessen** [lésn]	통 줄이다(diminish), 소홀히 여기다, 경시하다 lesser [lésər] 형 더욱 작은, 더 못한 ▶ Choose the lesser of two evils. 두 해악 중에서 덜한 쪽을 고르시오.
302 **liberal** [líbərəl]	형 자유주의의, 관대한(generous), 많은 a liberal view 편견 없는 견해 liberalist [líbərəlist] 명 자유주의자 liberty [líbərti] 명 자유(freedom), 멋대로 함 take liberties with 버릇없이 굴다
303 **liking** [láikiŋ]	명 좋아하기, 취향 have a liking for ~하는 경향이 있다
304 **lofty** [lɔ́:fti]	형 매우 높은, 우뚝 솟은, 고상한, 거만한
305 **logic** [ládʒik]	명 논리학, 논리, 논법 logical [ládʒikəl] 형 논리적인, 필연적인 logically [ládʒikəli] 부 논리적으로, 필연적으로
306 **loose** [luːs]	형 느슨한, 헐거운
307 **lung** [lʌŋ]	명 폐, 허파
308 **lure** [luər]	명 매혹, 매력 통 유혹하다

309 magnificent
[mægnífəsənt]

형 장엄한(grand), 훌륭한(excellent), 멋진
magnificence [mægnífəsns] 명 장엄, 훌륭함

310 malice
[mǽlis]

명 악의, 원한, 적의
malicious [məlíʃəs] 형 악의 있는, 심술궂은, 고의의

311 manifest
[mǽnəfèst]

형 명백한(plain), 분명한(clear, evident)
동 명백하게 하다, (의견을)나타내다, 공표하다

312 manuscript
[mǽnjəskrìpt]

명 원고 형 원고의, 손으로 쓴
in manuscript 원고의 형태로, 인쇄되지 않고

313 marvel
[máːrvəl]

명 놀라운 일, 경이 동 놀라다, 이상하게 여기다
marvellous [máːrvələs] 형 놀라운, 신기한

314 maximum
[mǽksəməm]

명 형 최대(의)
↔ minimum [mínəməm] 명 형 최소(의)

315 medieval
[mìːdiíːvəl]

형 중세(풍)의, 오래된
medievalist [mìːdiíːvəlist] 명 중세 연구가, 중세 사학자
the Middle Ages 중세기

316 meditate
[médətèit]

동 명상하다, 숙고하다
mediation [mìːdiéiʃən] 명 명상, 숙고
(pl.)명상록
mediator [míːdièitər] 명 명상가, 묵상하는 사람

317 **menace** [ménəs]	몡 협박, 위협 통 협박하다, 위협하다(threaten) menacing [ménəsiŋ] 혱 위협하는, 협박하는, 공갈의
318 **merchandise** [mə́:rtʃəndàiz]	몡 상품, 제품 통 거래하다, 매매하다 merchandiser [mə́:rtʃəndàizə] 몡 상인 merchant [mə́:rtʃənt] 몡 상인
319 **mercy** [mə́:rsi]	몡 자비, 용서, 인정 without mercy 무자비하게
320 **mingle** [míŋgəl]	통 혼합하다(mix), 섞이다 mingle wine and soda 술에 소다수를 섞다 mingled feelings 기쁨과 슬픔이 뒤섞인 감정
321 **miracle** [mírəkəl]	몡 기적, 경이 miraculous [mirǽkjələs] 혱 기적적인
322 **misery** [mízəri]	몡 고통, 괴로움, 불행 miserable [mízərəbəl] 혱 불쌍한, 가엾은(pitiable) miserable sinners 불쌍한 죄인들 lead a miserable life 비참한 생활을 보내다 miserably [mízərəbli] 튀 비참하게
323 **misfortune** [misfɔ́:rtʃən]	몡 불행, 불운, 재난 ↔ fortune [fɔ́:rtʃən] 몡 운, 행운, 재산 ▶ Misfortunes never come singly. 《속담》엎친 데 덮친 격(설상가상).
324 **miss** [mis]	통 놓치다, 피하다, 아쉬워하다 몡 실수, 실패

325 **mock** [mɑk]	동 놀라다, 흉내 내다 명 조롱, 모조품 make a mock of ~을 비웃다
326 **mold** [mould]	명 틀, 거푸집 동 본뜨다 mold a face out of clay 점토로 사람 얼굴을 만들다
327 **monopoly** [mənápəli]	명 전매, 독점 make a monopoly of ~의 독점권을 가지다 monopolize [mənápəlàiz] 동 독점하다
328 **monotonous** [mənátənəs]	형 단조로운, 지루한(boring) monotone [mánətòun] 명 형 단조(로움) monotony [mənátəni] 명 반복되어 지루함, 단조로움 《음악》단음
329 **mourn** [mɔːrn]	동 슬퍼하다, 한탄하다, 애도하다 mourner [mɔ́ːrnər] 명 애도자, (장례식의) 조객
330 **multitude** [mʌ́ltitjùːd]	명 다수, 군중 a multitude of 다수의, 수많은
331 **mutter** [mʌ́tər]	동 중얼거리다, 불평하다 명 중얼거림, 불평 mutter against a person ~에 대해 불평을 말하다 mutter threats at a person ~에게 협박의 말을 중얼거리다
332 **myth** [miθ]	명 신화 the Greek myths 그리스 신화

	mythical [míθikəl] 형 신화의, 상상의(imaginary) mythology [miθálədʒi] 명 신화, 신화집 mythologist [miθálədʒist] 명 신화학자(작가)
333 **nationality** [næ̀ʃənǽləti]	명 국민성, 국적, 민족, 국가
334 **naughty** [nɔ́:ti]	형 버릇없는, 나쁜, 못된
335 **navigate** [nǽvəgèit]	동 조종하다, 운전하다, 항해하다 navigation [næ̀vəgéiʃən] 명 항해, 항공, 항법 navigator [nǽvəgèitər] 명 항법사, 자동 조정 장치
336 **negotiate** [nigóuʃièit]	동 협상하다 negotiate with a person for a matter 어떤 문제로 ~와 교섭하다 negotiation [nigòuʃiéiʃən] 명 협상, 교섭 negotiator [nigóuʃièitər] 명 교섭자, 협상자
337 **noble** [nóubəl]	형 고귀한, 귀족의 명 귀족 nobility [noubíləti] 명 고결함, 귀족(사회) *cf.*) Duke(공작), Marquis(후작), Earl(백작), Viscount(자작), Baron(남작)

338 **notable** [nóutəbəl]	형 주목할 만한, 뛰어난, 유명한
339 **notice** [nóutis]	명 통지, 주의, 고시 동 알아채다, 인지하다 put a notice in the papers 신문에 광고 내다 ▶ Take notice that your manuscript shall be sent to us un three days. 3일 안에 원고를 보낼 수 있도록 유념하여 주세요.
340 **notion** [nóuʃən]	명 관념, 개념
341 **nourish** [nə́:riʃ]	동 기르다, 양분을 주다 nourishment [nə́:riʃmənt] 명 자양물, 음식
342 **nuisance** [njúːsəns]	명 귀찮은 것, 성가신 사람 《법》방해
343 **numerous** [njúːmərəs]	형 다수의, 수많은 numeral [njúːmərəl] 명 숫자 (pl.)졸업 연도의 숫자 형 수의, 수를 나타내는 the Roman numerals 로마 숫자
344 **oath** [ouθ]	명 맹세, 서약, 선서 make an oath 맹세하다, 선서하다
345 **obligation** [àbləgéiʃən]	명 의무, 책무, 은혜 be under obligation to ~해야 할 의무가 있다 oblige [əbláidʒ] 동 의무를 지우다, 은혜를 베풀다

346 **obscure** [əbskjúər]	휑 모호한, 흐린 obscurity [əbskjúərəti] 몡 불분명, 모호, 어둠 sink into obscurity 세상에서 잊히다, 초야에서 묻히다
347 **official** [əfíʃəl]	몡 공무원 휑 공무상의, 공식의, 공적인
348 **opinion** [əpínjən]	몡 판단, 의견 (pl.)소신, 지론
349 **opponent** [əpóunənt]	몡 상대, 반대자 휑 반대의, 반대하는, 대립하는 oppose [əpóuz] 동 반대하다, 대항하다
350 **orbit** [ɔ́ːrbit]	몡 궤도 동 선회하다(circle) in orbit 궤도를 타고, 궤도 위에
351 **ornament** [ɔ́ːrnəmənt]	몡 장식, 장신구, 훈장 동 장식하다, 꾸미다 personal ornaments 장신구 ornament[decorate] a room with flowers 꽃으로 방을 장식하다
352 **outcome** [áutkʌm]	몡 결과, 성과(result)
353 **outlook** [áutlùk]	몡 전망, 견해 a dark outlook on life 어두운 인생관 the business outlook for next year 내년의 사업 전망

354 owe
[ou]

동 빚지다, 은혜를 입다
owe A to B B에게 A를 빚지다
▶ I owed five dollars to the shop.
  나는 그 상점에 5달러를 빚졌다.
▶ I owe much to you.
  나는 당신에게 많은 신세를 졌습니다.

355 partial
[pɑ́:rʃəl]

형 불공평한, 일부분의
↔ impartial [impɑ́:rʃəl]
형 공정한(fair)
↔ total [tóutl] 형 전체의, 완전한

356 passage
[pǽsidʒ]

명 통행, 통과, 이행
the passage from barbarism to civilization
야만에서 문명으로의 이행

357 pathetic
[pəθétik]

형 감성적인, 애처로운, 정서적인(emotional)
pathos [péiθɑs] 명 (예술 작품 등의)비애감, 애수

358 peculiar
[pikjú:ljər]

형 독특한, 특별한, 기묘한
▶ Language is peculiar to mankind.
  언어는 인간 특유의 것이다.
peculiarly [pikjú:ljərli] 부 특히, 괴이하게, 색다르게
peculiarity [pikjù:liǽrəti] 명 특유, 독특

359 peer
[piər]

명 동료 동 필적하다, 응시하다
without a peer 비길 데 없는
peer into a dark carve 어두운 동굴 안을 응시하다

STEP Ⅳ

360 perceive
[pərsíːv]

동 지각하다, 인지하다, 이해하다
perceive a faint sound 희미한 소리를 감지하다
perception [pərsépʃən] 명 지각, 인지(認知)

361 peril
[pérəl]

명 위험, 모험
at one's peril 위험을 각오하고
perilous [pérələs] 형 위험한(dangerous)

362 perplex
[pərpléks]

동 당황케 하다, 혼란하게 하다
perplexed [pərplékst] 형 난처한, 당황한
▶ I am perplexed at the result.
그 결과에 어찌할 바를 모르겠다.

363 persist
[pəːrsíst]

동 고집하다, 주장하다, 지속하다
persist in one's opinion 자기 고집을 고집하다
persistence [pəːrsístəns] 명 고집, 끈기, 존속, 인내력
persistent [pəːrsístənt] 형 고집 센, 영속적인 (permanent)

364 perspective
[pəːrspéktiv]

명 원근법, 원경, 전망
in perspective 전체적인 시야로

365 persuade
[pəːrswéid]

동 설득하다, 확신시키다
▶ I persuaded him to forgive her.
나는 그가 그녀를 용서하도록 설득했다.
persuasion [pərswéiʒən] 명 설득, 설득력, 확신

366 pet
[pet]

명 애완동물
동 귀여워하다

367 **phase** [feiz]	명 현상, 국면 enter upon a new phase 새로운 국면에 들어가다
368 **phenomenon** [finámənàn]	명 현상, (초자연적인)일(사람) (*pl.*) phenomena [finámənə]
369 **pierce** [piərs]	동 찌르다, 관통하다 pierce a hole on the box 상자에 구멍을 뚫다 ▶ My heart was pierced with grief. 나의 가슴은 슬픔으로 찢어지는 것 같았다. piercing [píərsiŋ] 형 꿰뚫는, 날카로운
370 **plague** [pleig]	명 전염병, 페스트, 저주(curse), 성가신 사람 동 괴롭히다 avoid like the plague 전염병처럼 기피하다
371 **ponder** [pándər]	동 생각하다, 숙고하다
372 **portrait** [pɔ́ːrtrit]	명 초상화 portray [pɔːrtréi] 동 (인물, 풍경을) 그리다, 묘사하다
373 **postpone** [poustpóun]	동 연기하다(delay=put off) be postponed until the following day 다음 날까지 미루다
374 **pray** [prei]	동 빌다, 기원하다 prayer [prɛər] 명 기도, 탄원

STEP Ⅳ

375 **precaution** [prikɔ́:ʃən]	몡 조심, 예방 ▶ We should take special precautions to prevent fire. 우리는 화재 예방에 특별히 조심하여야 한다. precautious [prikɔ́:ʃəs] 혱 조심하는, 신중한
376 **precede** [pri:sí:d]	동 (일, 사건 등이) 앞서다, 앞장서다 ↔ follow [fɑ́lou] 동 따라가다
377 **pretend** [priténd]	동 가장하다, ~인 체하다 ▶ He pretended to be indifferent. 그는 무관심한 체했다. pretense [priténs] 몡 핑계, 겉치레, 허위 make a pretense of ~인 체하다
378 **privilege** [prívəlidʒ]	몡 특권 동 특권을 주다, 면제하다
379 **procedure** [prəsí:dʒər]	몡 진행, 경과, 절차
380 **proficient** [prəfíʃənt]	혱 익숙한, 숙달한 몡 숙련자, 대가(expert) proficiency [prəfíʃənsi] 몡 진보, 숙달, 능란(skill) a test of proficiency in English 영어 실력 테스트
381 **prominent** [prɑ́mənənt]	혱 두드러진, 현저한, 유명한(notable) a prominent writer 유명한 저술가 prominence [prɑ́mənəns] 몡 탁월, 두드러짐
382 **prone** [proun]	혱 경향이 있는, ~하기 쉬운(liable) be prone to ~하는 경향이 있다.

> Man is prone to err.
> 인간은 과오를 범하기 쉽다.

383 prophecy
[práfəsi]

명 예언
prophesy [práfəsài] 동 예언하다
prophet [práfit] 명 예언자
prophetic [prəfétik] 형 예언의

384 provoke
[prəvóuk]

동 자극하다, 화나게 하다, 야기하다
provoke a person to fury 어떤 사람을 격분시키다
provoke indignation[a laugh] 분노[웃음]을 자아내다

385 psychologist
[saikálədʒist]

명 심리학자
psychological [sàikəládʒikəl] 형 심리학의, 심리적인
psychology [saikálədʒi] 명 심리학
psycho [sáikou] 명 정신병자

386 punctual
[pʌ́ŋktʃuəl]

형 시간을 지키는, 꼼꼼한
punctually [pʌ́ŋktʃuəli] 부 시간을 엄수하여, 아주 꼼꼼하게
punctuality [pʌ̀ŋktʃuǽləti] 명 시간엄수, 꼼꼼함

387 pursue
[pərsúː]

동 쫓다, 추구하다
pursue a fugitive 도망자를 쫓다
pursuit [pərsúːt] 명 추적, 추구, 수행
in pursuit of ~을 추구하여

STEP Ⅳ

388 **quarrel** [kwɔ́:rəl]	명 싸움 동 싸우다 ▶ A bad workman quarrels with his tools. 서투른 목수가 연장 탓한다. quarrelsome [kwɔ́:rəlsəm] 형 싸우기 좋아하는
389 **rage** [reidʒ]	명 분노(fury) 동 격노하다 in a rage 화를 벌컥 내어
390 **rational** [rǽʃənl]	형 이성의, 이성적인 ↔ irrational [irǽʃənəl] 형 불합리한(illogical), 분별이 없는 rationalism [rǽʃənlìzəm] 명 합리주의, 이성주의
391 **raw** [rɔː]	형 날것인, 경험이 없는, 미숙한
392 **rear** [riər]	명 뒤 형 후방의 동 기르다 rear mirror 백미러
393 **rebel** [rébəl]	명 반역자 형 반역의 동 반란을 일으키다, 반항하다 rebellious [ribéljəs] 형 반항하는, 반란을 일으킨 rebellion [ribéljən] 명 (대게 실패로 끝난) 모반, 반란, 폭동
394 **rebuke** [ribjúːk]	동 비난하다, 꾸짖다 명 비난, 힐책 give[receive] a rebuke 견책하다[견책당하다]
395 **recede** [riːsíːd]	동 물러가다, 거두다 recession [riséʃən] 명 후퇴, 후미진 곳, (일시적) 경기 후퇴

396 **receive** [risíːv]	동 받다 receipt [risíːt] 명 영수(증)
397 **reckless** [réklis]	형 무모한 reckless driving 무모한 운전
398 **reckon** [rékən]	동 세다, 계산하다, 간주하다
399 **reconcile** [rékənsàil]	동 화해시키다, 조정하다 reconcile a person with another 어떤 사람을 다른 사람과 화해시키다 reconciliation [rèkənsìliéiʃən] 명 화해, 조정, 일치
400 **recycle** [riːsáikəl]	동 재활용하다, 재순환시키다 recycling [riːsáikliŋ] 명 재활용

♣ 재미난 단어 유래

BYOB - 자기 몫은 자기가 준비하는 파티

BYOB는 Bring Your Own Bottle 또는 Bring Your Own Booze의 약어로 각자가 마실 술을 각자가 가져오는 파티를 두고 일컫는 말이다. 이 BYOB는 경우에 따라 Bring Your Own Boy의 약자를 뜻하기도 하며, 이 경우라면 여자에게 파트너를 동반하라는 의미가 된다. 한편 Potluck Party는 파티를 주최하는 측에서는 식기 정도만 준비하고 나머지 음식물이나 그 밖의 파티 용품은 참석하는 손님들이 각자 조금씩 준비해 오는 것을 의미한다.

Corporation/Company - corporation과 company의 차이?

company(co.)는 회사의 규모, 출자 형태, 내용에 상관없이 회사를 가리키는 가장 일반적인 용어이다. corporation은 법인으로서 인정받고 있는 '유한 회사' 또는 '주식회사'를 일컫는 말이다. 회사는 한 사람의 개인이 소유하느냐, 혹은 두 사람 이상이 공동으로 소유하느냐, 아니면 투자자와 회사가 분리되어 운영되느냐에 따라 각각 sole proprietorship, partnership, corporation으로 구분된다. 미국 회사의 21%가 이 corporation의 형태를 띠고 있으며, 나라마다 그 명칭이 각기 다르다. 미국은 Incorporated 또는 Inc. 영국이나 캐나다는 Limited 또는 Ltd를 사용한다.

A. 비슷한 말 혹은 반대말을 찾아 연결하시오. (유의어·반의어 찾기)
1. magnificent .
2. menace .
3. miserable .
4. monotonous .
5. mythical .
6. postpone .
7. prominent .
8. perplex .

ⓐ threaten(위협하다)
ⓑ pitiable(불쌍한)
ⓒ imaginary(상상의)
ⓓ delay(연기하다)
ⓔ notable(유명한)
ⓕ embarrass(당황하게 하다)
ⓖ grand(장엄한)
ⓗ boring(지루한)

B. 다음 각 설명에 해당하는 단어를 보기에서 골라 쓰시오. (영문 정의 찾기)

liberal / merchant / meditator / monopoly / negotiator / prophet

1. willing to respect the ideas of others, generous
   _____ (관대한)

2. a person who thinks seriously and deeply
   _____ (명상가)

3. a person who says what will happen in the future
   _____ (예언자)

4. a person who tries to get people with different views in business or politics to agree
   _____ (교섭자)

5. a person who buys and sells goods usually in large amounts
   _____ (상인)

6. the right or power, shared with no one else, to provide a service or to produce something
   _____ (독점)

C. 이탤릭체로 된 숙어에 유의하여 아래 문장을 해석하시오.

1. The company *made a monopoly of* producing cigar.
   (make a monopoly of : 독점권을 가지다)

2. The police *negotiated with* the criminal for that matter.
   (negotiate with : ~와 협상하다)

3. *Take notice that* your manuscript shall be sent to us in three days.
   (take notice that : ~을 유념하다)

4. I *owed* five dollars *to* the shop.
   (owe A to B : A를 B에게 빚지다)

5. He *pretended* to be indifferent.
   (pretend to : ~인 체하다)

[실전문제] 다음 문장을 읽고, 이탤릭체로 된 단어의 뜻을 맞게 설명한 것을 고르시오.

1. Once Hank had mastered carpentry, he quit his sales job, and he now works day-to-day as a *journeyman*.
   ⓐ traveller ⓑ travel agent ⓒ an experienced reliable worker

   master 동 통달하다   *carpentry* 명 목수일   *quit* 동 그만두다

2. Barbara loves studying maps and wants to pursue a career as a *cartographer*.
   ⓐ writer ⓑ geologist ⓒ one that makes maps

   geologist 명 지질학자

A. 1.ⓖ 2.ⓐ 3.ⓑ 4.ⓗ 5.ⓒ 6.ⓓ 7.ⓔ 8.ⓕ
B. 1. liberal   2. meditator   3. prophet   4. negotiator
   5. merchant 6. monopoly
C. 1. 그 회사는 시가를 제조하는 독점권을 가졌다.
   2. 경찰은 범인과 협상을 벌였다.
   3. 3일 안에 원고를 보내야 한다는 점을 유념하세요.
   4. 나는 그 상점에 5달러를 빚졌다.
   5. 그는 무관심한 척했다.

[실전문제] 1. ⓒ an experienced reliable worker(경험이 있는 믿을 만한 일꾼)
         2. ⓒ one that makes maps(지도 만드는 사람)

401 refuge
[réfju:dʒ]

명 피난, 피난처
refugee [rèfjudʒíː] 명 피난민, 망명자

402 region
[ríːdʒən]

명 지역(area), 지방, 구역
regional [ríːdʒənəl] 형 지역의, (특색) 지방의, 지방적인

403 reign
[rein]

명 통치, 지배 동 통치하다, 군림하다
during five successive reigns 5대에 거려
under the reign of ~의 왕대(치세)에

404 release
[rilíːs]

동 풀어놓다, 해체하다, 방출하다
명 석방, 방출
release a person from slavery 어떤 사람을 노예 신분에서 해방하다

405 reluctant
[rilʌ́ktənt]

형 마음이 내키지 않는
be reluctant to ~할 마음이 내키지 않다
reluctance [rilʌ́ktəns] 명 꺼림, 싫음

406 remedy
[rémədi]

명 치료, 구제책
동 치료하다, 고치다(heal)

407 renounce
[rináuns]

동 포기하다, 기권하다, 관계를 끊다
renounce friendship 절교하다

408 republic
[ripʌ́blik]

명 공화국
republican [ripʌ́blikən] 형 공화국의, 공화주의의

409 **resolute** [rézəlùːt]
형 단호한, 결심한(determined)
resolution [rèzəlúːʃən] 명 결단, 결의안, 결의문

410 **restore** [ristɔ́ːr]
동 복구하다, 되돌려 주다, 반환하다, 복직시키다
restoration [rèstəréiʃən] 명 회복, 반환, 복직

411 **restrain** [riːstréin]
동 저지하다, 방해하다, 억누르다, 속박하다
restrain a child from doing mischief 아이가 장난을 못하게 하다
restrained [riːstréind] 형 삼가는, 절도 있는, 자제된
restraint [riːstréint] 명 억제, 제지, 구속, 속박

412 **restricted** [ristríktid]
형 제한된, 한정된(limited)
↔ unrestricted [ʌ̀nristríktid] 형 제한이 없는

413 **reveal** [rivíːl]
동 드러내다, (비밀 등을) 누설하다, 나타내다
reveal oneself 이름을 밝히다
revelation [rèvəléiʃən] 명 폭로, 누설 《종교》계시, 묵시

414 **ride** [raid]
동 (말, 자전거 등을) 타다, 타고 가다
명 (차 등에) 태움, (유원지의)탈 것
rider [ráidər] 명 기수, 운전자

415 **ridiculous** [ridíkjələs]
형 웃기는, 터무니없는(absurd)
ridicule [rídikjùːl] 동 비웃다, 조롱하다 명 비웃음, 조롱

416 **routine** [ruːtíːn]	명 정해진 일, 일과, 관례 형 일상의, 정기적인, 틀에 박힌
417 **row** [rou]	명 줄, 열, (극장, 교실 등의) 좌석 줄 동 노를 젓다. in a row 한 줄로, 연속적으로 in rows 여러 줄로 서서, 열을 지어서
418 **satellite** [sǽtəlàit]	명 형 위성(의) artificial satellite 인공위성 satellite broadcasting 위성 방송 satellite town (대도시 근교의) 위성도시
419 **satire** [sǽtaiər]	명 풍자, 야유, 풍자문학
420 **scatter** [skǽtər]	동 뿌리다, 흩어지다, 사라지다 scatter seeds over the fields 밭에 씨를 뿌리다 scattered [skǽtərd] 형 드문드문 있는, 산발적인, 산만한
421 **scheme** [skiːm]	명 계획, 설계, 개요 동 계획하다, 음모를 꾸미다 ▶ Their scheme of building the road gas failed. 도로 건설 계획은 실패로 끝났다.
422 **sculpture** [skʌ́lptʃər]	명 동 조각(하다)

STEP Ⅳ **317**

423 **seclude** [siklú:d]	동 떼어놓다, 격리시키다 seclude a person from 어떤 사람을 ~에게서 떼어놓다 seclude oneself 은둔생활을 하다, 틀어박히다(in) secluded [siklú:did] 형 (장소가) 외딴, 은둔한, 격리된 seclusion [siklú:ʒən] 명 격리, 은둔
424 **secure** [sikjúər]	형 안전한, 튼튼한, 확실한 동 안전하게 하다 security [sikjúəriti] 명 안전, 안심, 보증
425 **seize** [si:z]	동 붙잡다, 파악하다, 이해하다 seize a person by the hand ~의 손을 붙잡다 seizure [sí:ʒər] 명 붙잡음, 체포
426 **selfish** [sélfiʃ]	형 이기적인(egoistic), 제멋대로 하는
427 **shelter** [ʃéltər]	명 피난처, 은신처, 대피소 동 보호하다
428 **shrewd** [ʃru:d]	형 영리한, 날카로운, 빈틈없는
429 **shy** [ʃai]	형 수줍은, 부끄러운
430 **silly** [síli]	형 어리석은, 바보 같은 ▶ Don't be silly. 바보 같은 소리(짓)마라

431 simultaneous
[sàiməltéiniəs]

형 동시에 일어나는, 동시의
simultaneous interpretation 동시통역
simultaneously [sàiməltéiniəsli] 부 동시에

432 slave
[sleiv]

명 형 노예(의)
동 노예처럼 (뼈 빠지게)일하다
▶ I had to slave for a living.
나는 먹고 살기 위해 노예처럼 일했다.
slavery [sléivəri] 명 노예 제도, 예속

433 slender
[sléndər]

형 가는, 날씬한(slim), 빈약한

434 sober
[sóubər]

형 술 취하지 않은, 냉정한
↔ drunken [drʌ́ŋkən] 형 술 취한, 취중의
soberly [sóubərli] 부 술기운 없이, 진지하게, 냉정히

435 sooner
[súːnər]

부 곧
sooner or later 언젠가, 조만간, 머지않아

436 soothe
[suːð]

동 달래다, 위로하다(console), 진정시키다
▶ I tried to soothe her nerves[anger].
나는 그녀의 신경[화]를 가라앉혀 보려고 했다.

437 spoil
[spɔil]

동 망치다, 못쓰게 하다, 버리다
▶ The heavy rain spoiled the crops.
큰비가 농작물을 망쳐 버렸다

438 **spontaneous** [spɑntéiniəs]	형 자발적인, 임의의 spontaneously [spɑntéiniəsli] 부 자발적으로, 자연히
439 **stable** [stéibl]	형 안정된, 착실한 명 마구간 stability [stəbíləti] 명 안정, 착실 stabilize [stéibəlàiz] 동 안정시키다, (배·항공기 등에) 안전 장치를 하다
440 **standard** [stǽndərd]	명 표준, 기준, 규격 the standard of living 생활수준 standardization [stændərdizéiʃən] 명 표준화, 규격화
441 **stare** [stɛər]	동 응시하다, 빤히 쳐다보다 stare at ~을 응시하다 staring [stɛ́əriŋ] 형 노려보는
442 **starve** [stɑːrv]	동 굶주리다, 굶어 죽다, 갈망하다 starve a person to death 굶겨 죽이다 starvation [stɑːrvéiʃən] 명 아사, 기아, 궁핍
443 **statue** [stǽtʃuː]	명 상, 조각상 the Statue of Liberty 자유의 여신상
444 **stern** [stə́ːrn]	형 엄격한(strict), 단호한, 가혹한(harsh)

445 **stiff** [stif]	〔형〕뻣뻣한, 딱딱한, 굳은 stiffen [stífən] 〔동〕딱딱해지다, 뻣뻣해지다, 굳어지게 하다
446 **stubborn** [stʌ́bərn]	〔형〕완고한, 고집 센
447 **stupid** [stjúːpid]	〔형〕머리가 나쁜, 어리석은(foolish) stupidity [stjuːpídəti] 〔명〕어리석음, 우둔
448 **subdue** [səbdjúː]	〔동〕정복하다, 진압하다, 완화하다 subdued [səbdjúːd] 〔형〕조용한, 가라앉은, 부드러운 subdued light 부드러운 빛
449 **submit** [səbmít]	〔동〕복종시키다, 제출하다 submit to one's fate 운명에 복종하다 ▶ Students are required to submit a term paper. 학생들은 리포트를 제출해야 한다. submission [səbmíʃən] 〔명〕복종, 순종, (의견의) 개진
450 **summon** [sʌ́mən]	〔동〕소환·호흡·소집하다
451 **superficial** [sùːpərfíʃəl]	〔형〕표현(상)의, 외면의, 피상적인
452 **superstition** [sùːpərstíʃən]	〔명〕미신 superstitious [sùːpərstíʃəs] 〔형〕미신의, 미신적

STEP Ⅳ

인, 미신에 사로잡힌

453 **supreme** [səprí:m]	형 최고의, 대단한 명 최고, 절정 Supreme Court 《美》대법원
454 **surrender** [səréndər]	동 항복하다, 넘겨주다 명 인도, 항복 surrender to the enemy 적에게 항복하다 an unconditioned surrender 무조건적인 항복
455 **swear** [swɛər]	동 맹세하다, 선서하다, 욕하다 swear on heave[the Bible] 하늘[성서]에 대고 맹세하다
456 **tact** [tækt]	명 재치, 재주, 요령 tactful [tǽktfəl] 형 재치 있는 tactless [tǽktlis] 형 재치 없는
457 **tame** [teim]	형 길들인, 온순한 동 길들이다(domesticate) ↔ untamed [ʌntéimd] 형 길들이지 않은, 야성의(wild)
458 **tax** [tæks]	명 동 세금(을 매기다, 거두다) lay on tax on ~에 과세하다 free of tax 세금이 붙지 않는 taxation [tækséiʃən] 명 과세, 징서 a taxation office 세무서

459 **tedious** [tíːdiəs]	형 지루한, 지겨운(boring)
460 **territory** [térətɔ̀ːri]	명 영토, 지방, 영역, 분야 territorial [tèrətɔ́ːriəl] 형 영토의, 지방의 territorial principle 속지주의
461 **theory** [θíəri]	명 이론, 학설 the theory of evolution 진화론 theoretical [θìːərétikəl] 형 이론상의(↔ practical), 이론적인
462 **thermometer** [θərmámitər]	명 온도계
463 **thirst** [θəːrst]	명 동 갈증(이 나다), 갈망(하다) thirst for fame 명성을 갈망하다 thirsty [θə́ːrsti] 형 목마른, 건조한, 열망하는
464 **thrive** [θraiv]	동 번영하다, 번성하다 thrift [θrift] 명 절약, 번성 thrifty [θrífti] 형 절약하는, 아끼는 (economical), 번성한
465 **thumb** [θʌm]	명 엄지손가락 all thumbs 서투른, 손재주가 없는 bite one's thumbs 초조하여 엄지손가락을 깨물다 by rule of thumb 어림으로, 경험으로

466 **tidy** [táidi]	형 단정한(neat), 정돈된
467 **timid** [tímid]	형 겁 많은, 소심한, 수줍어하는(shy) as timid as rabbit 매우 겁이 많은 timidity [timídəti] 명 겁, 소심
468 **traitor** [tréitər]	명 반역자, 배신자(betrayer) traitorous [tréitərəs] 형 반역자의, 불충한 (disloyal)
469 **transient** [trǽnʃənt]	형 덧없는, 순간의, 일시적인(momentary) transience [trǽnʃəns] 명 일시적임, 덧없음, 무상
470 **transit** [trǽnsit]	명 통과, 변화 transition [trænzíʃən] 명 변화, 이행, 과도기, 변환기 a sudden transition from autocracy to democracy 독재 정치에서 민주 정치로의 급격한 이행
471 **transmit** [trænsmít]	동 부치다, 전하다 transmit a letter by radio 무선으로 편지를 보내다 transmission [trænsmíʃən] 명 전달, 송신 the transmission of electric power 전력의 송달 an automatic[a manual] transmission 자동[수동] 변속 장치
472 **trifle** [tráifəl]	명 하찮은 것, 사소한 것 trifling [tráifliŋ] 형 경박한, 하찮은 a trifling error 사소한 오류

473 **triple** [trípəl]	형 3중의, 3배의 triply [trípli] 부 3배로
474 **tryout** [tráiàut]	명 예선, 시험, 시험적 사용
475 **undergo** [ʌ̀ndərgóu]	동 받다, 겪다, 경험하다, 견디다 undergo changes 여러 변화를 겪다
476 **undertake** [ʌ̀ndərtéik]	동 맡다, 떠맡다, 책임을 지다, 착수하다
477 **uphold** [ʌphóuld]	동 받치다, 지탱하다, 유지하다, 지지하다
478 **utility** [ju:tíləti]	명 유용, 효용, 공익사업, 설비 utilize [jú:təlàiz] 동 이용하다(make use of)
479 **vacant** [véikənt]	형 빈(empty), 공허한, 한가한 vacancy [véikənsi] 명 공허, 틈, 빈자리, 빈방
480 **vacuum** [vǽkjuəm]	명 형 진공, 공허, 공백(의) 동 진공청소기로 청소하다
481 **vast** [væst]	형 광대한, 막대한(huge, enormous) spend a vast sum of money 거액의 돈을 쓰다
482 **vein** [vein]	명 정맥, 맥, 혈관
483 **vertical** [və́:rtikəl]	형 수직의, 세로의 명 수직선 ↔ horizontal [hɔ́:rəzántl] 형 수평의 명 수평선

STEP IV **325**

484 **vile** [vail]	형 비열한, 미천한, 비참한
485 **virtue** [və́:rtʃuː]	명 덕, 선행, 장점 ↔ vice [vais] 명 악덕, 결함 by virtue of ~의 힘으로, (의 효력에) 의해서 ▶ Virtue is its own reward. 《속담》덕행은 그 자체가 보수이다
486 **vivid** [vívid]	형 생생한, 발랄한 vividly [vívidli] 부 생생하게, 선명하게, 발랄하게
487 **volume** [válju:m]	명 책, 대량, 용량, 음량
488 **vote** [vout]	명 동 투표(하다) cast a vote 한 표를 던지다 voter [vóutər] 명 투표자, 유권자 casting vote 결정투표
489 **vow** [vau]	명 동 맹세, 서약(하다) take a vows 맹세하다
490 **vulgar** [vʌ́lgər]	형 대중의, 통속적인 vulgarity [vʌlgǽrəti] 명 천박, 상스러움
491 **wage** [weidʒ]	명 (pl.)임금, 급료

492 warrant
[wɔ́(:)rənt]

명 근거, 보증 《법》영장, 소환장
동 정당화하다, 보증하다
search warrant 가택 수색 영장

493 weary
[wíəri]

형 피곤한(tired), 지친, 지루한(boring)
동 지치다, 싫증내다
▶ She will soon weary of the task.
그녀는 곧 그 일에 싫증이 날 것이다.

494 welfare
[wélfɛ̀ər]

명 복지(사업), 번영, 행복
public welfare 공공복지

495 wire
[waiər]

명 철사, 전선, 줄

496 withdraw
[wiðdrɔ́ː]

동 빼다, 끌다, 철회하다, 물러나다
withdraw one's son from school
아이를 학교에서 자퇴시키다
withdrawal [wiðdrɔ́ːəl] 명 물러남, 취소, 철수, (예금의) 인출

497 wither
[wíðər]

동 시들다, 약해지다
▶ The flowers withered up.
꽃이 시들었다.

498 withhold
[wiðhóuld]

동 보류하다, 억누르다, 억제하다

499 witty
[wíti]

형 재치 있는, 기지 있는

500 yearn
[jəːrn]

동 동경하다, 사모하다, 그리워하다
yearn for[after] home 고향을 그리워하다

A. 비슷한 말 혹은 반대말을 찾아 연결하시오.(유의어·반의어 찾기)
1. restricted .   ⓐ egoistic(이기적인)
2. ridiculous .   ⓑ at the same time(동시에)
3. selfish .   ⓒ economical(절약하는)
4. simultaneously .   ⓓ empty(비어있는)
5. stupid .   ⓔ shy(겁 많은)
6. thrifty .   ⓕ limited(제한된)
7. timid .   ⓖ foolish(바보 같은)
8. vacant .   ⓗ absurd(우스꽝스러운)

B. 다음 각 설명에 해당하는 단어를 보기에서 골라 쓰시오.(영문 정의 찾기)

renounce / routine / satire / superficial / superstition / thirst

1. a style especially of writing which attempts to show the foolishness of something by making you laugh at it
   _____(풍자)

2. a belief which is not based on reason
   _____(미신)

3. regular and usual
   _____(일상적인)

4. feeling the need to drink something
   _____(목이 마른)

5. to give up a claim or a right to something in a formal way
   _____(포기하다)

6. showing no deep understanding or serious thought
   _____(피상적인)

C. 이탤릭체로 된 숙어에 유의하여 아래 문장을 해석하시오.

1. I *was reluctant to* apply for the job.
   (be reluctant to : ~할 마음이 내키지 않다)

2. Students *are required to* submit a term paper.
   (be required to : ~해야 할 필요가 있다)

3. She will soon *weary of* the task.
   (weary of : ~에 싫증내다)

4. The flowers *withered up*.
   (wither up : 시들다)

5. The president *released* the black people *from* slavery.
   (release A from B : A를 B의 상태에서 놓아주다)

실전문제 다음 문장을 읽고, 이탤릭체로 된 단어의 뜻을 맞게 설명한 것을 고르시오.

1. Even when he was in Little League, it was clear that Dave gad all the *hallmarks* of a great baseball player.
   ⓐ features   ⓑ defects   ⓒ appearance

   feature 명 특징   *defect* 명 결점   *appearance* 명 외모

2. O.E. Rolvaag, sho *emigrated* from Norway to the U.S. in 1896, wrote 'Giants in the Earth' and other books about Norwegian settlers sho left their homeland for the American prairies.
   ⓐ leave one's place of residence or country to live elsewhere
   ⓑ betray

   settler 명 거주자   *homeland* 명 고향   *prairies* 명 대초원   *betray* 동 배반하다

A. 1.ⓕ 2.ⓗ 3.ⓐ 4.ⓑ 5.ⓖ 6.ⓒ 7.ⓔ 8.ⓓ
B. 1. satire   2. superstition   3. routine   4. thirsty
   5. renounce   6. superficial
C. 1. 그 자리에 지원하는 것이 내키지 않았다.
   2. 학생들은 학기 과제물을 제출하여야 한다.
   3. 그녀는 곧 그 일에 싫증을 낼 것이다.
   4. 그 꽃들은 시들었다.
   5. 대통령은 흑인들을 노예 상태에서 해방시켰다.

실전문제 1. ⓐ features(특징)
         2. ⓐ leave one's place of residence or country to live elsewhere
            (타지로 이주하다)

STEP Ⅳ 329

접속부사

게다가	in addition=besides=furthermore=moreover
반대로	on the contrary=in contrast=on the opposite=on the other hand
그럼에도 불구하고	nevertheless=nonetheless
~에도 불구하고	though=although=in spite of=regardless of=despite
~때문에	because of=on account of=due to=thanks to
~에 따르면	according to
~대신에	instead of
~에 관하여	as regards = in regard to = with regard to = when it comes to
말할 것도 없이	not to mention=to say nothing of=let alone
우선, 무엇보다도	above all=first of all=in the first place=to begin with
결과적으로	as a result[consequence]=in result[conclusion, consequence]
마지막으로	last of all
마침내	finally=after all=at last=in the end=in the long run
요컨대	in brief=in short=in a word=In summary = to sum up

부록

Vocabulary

1. 접두사(PREFIX)

1 a-
강조(very)

arise[əráiz]
⑧ 생겨나다, 일어나다
a+rise (오르다, 일어서다)
Accidents arise from carelessness.
사고는 부주의에서 일어난다.

2 ab-
떨어져(away from)

absent[ǽbsənt]
⑱ 부재의, 결석한(↔ present)
ab(away from)+(s)ent(being) ◐ 떨어져 있는 상태인
be absent from home[school] 집을 비우고[결석하고] 있다

3 ad-
향하여(to) (a-, af-, ag-, ap-, ar-, at-)

adapt[ədǽpt]
⑧ 적응시키다
ad(to)+apt(fit) ◐ 맞추다
adapt oneself to circumstances 환경에 순응하다, 융통성 있게 행동하다

4 an-
부정(not)

anarchy[ǽnərki]
⑲ 무정부(주의), 무질서(chaos)
an(not)+archy(정부)

anarchism[ǽnərkìzəm]
⑲ 무정부주의

5 anti-
반대의(against)

antipathy[æntípəθi]
⑲ 반감, 혐오(↔ sympathy)
anti(against)+pathy(suffer) ◐ 적대감을 느끼는
have an antipathy against ~을 혐오하다

6 be-
만들다(make)

becalm[biká:m]
동 진정시키다
be(make)+calm(조용한) ◐ 조용하게 만들다

7 bene-
좋은(good)

benefit[bénəfit]
명 유리, 이익(advantage)
bene(good)+fit(do) ◐ 좋은 일을 하다

beneficial[bènəfíʃəl]
형 유익한, 이로운(to)

8 com-
함께(together) (co-, con-, cor-, coun-)

combine[kəmbáin]
동 결합하다, 짜 맞추다, 겸비하다
com(together)+bine(twofold 두 배의)
a movie which combines education and recreation 교육과 오락을 겸비한 영화

9 contra-
반대의(against)

contrast[kάntræst]
명 대조, 정반대 동 대조하다
contra(against)+st(stand)
in contrast with[to] ~와 대조를 이루어

10 de-
강조(very)

declare[diklɛ́ər]
동 선언하다, 단언하다
de(very)+clare(clear)

declaration
[dèkləréiʃən]
명 선언, 발표, 포고(announcement)

11 de-
아래로(down)

decrease[dí:kri:s]
동 줄다, 감소하다(↔ increase)
de(down)+crease(grow)
be on the decrease 점차로 줄다

부록 **333**

12 dis- — 부정(not)

dishonest[disánist]
- 형 부정직한, 부정한
- dis(not)+honest(정직한)

dishonor[disánər]
- 명 불명예, 치욕(shame)
- dis(not)+honor(명예)

13 dis- — 퍼뜨리다, 떨어져(apart)

disease[dizí:z]
- 명 질병, 질환(illness)
- dis(apart)+ease(편안)
- hereditary disease 유전병

14 em- — 안으로(in)

embrace[embréis]
- 동 안다, 껴안다, 받아들이다
- em(in)+brace(arms)

15 equi- — 같은(equal)

equivalent [ikwívələnt]
- 형 동등한, 대등한
- equi(equal)+val(worth)+ent(형용사 어미)

equivalence [ikwívələns]
- 명 (가치, 힘, 양 등이) 같음, 등가

16 ex- — 강조(very)

exaggerate [igzǽdʒərèit]
- 동 과장하다
- ex(very)+agger(heap, 덩어리)+ate(동사 어미)

17 extra- — 이상의(beyond)

extraordinary [ikstrɔ́:rdənèri]
- 형 특별한, 비상한, 이상한
- extra(beyond)+ordinary(보통의)

18 hemi- — 반(half)

hemicycle [hémisàikəl]
명 반원형, 반원형의 건물
hemi(half)+cycle(원)

hemisphere [hémisfìər]
명 반구(체)
hemi(half)+sphere(구체)

19 in- — 부정(not) (i–, ig–, il–, im–, ir–)

inability [ìnəbíləti]
명 무능, 할 수 없음
in(not)+ability(능력)

incapable [inkéipəbəl]
형 할 수 없는
in(not)+capable(능력 있는)

inconvenient [ìnkənví:njənt]
형 불편한, 폐가 되는
in(not)+convenient(편한)

20 in- — 안으로(in)

indicate [índikèit]
동 가리키다, 나타내다, 표시하다
in(in)+dicate(appoint)
The graph indicates that auto accidents are on the decrease. 그 도표는 자동차 사고가 줄어들고 있음을 나타내고 있다.

21 inter — 사이(between)

intersection [ìntərsékʃən]
명 교차, 교차로
inter(between)+section(부분)

interval [íntərvəl]
명 간격, 사이
inter(between)+val(wall) ○ 두 벽 사이의 공간

22 mal- — 나쁜(bad)

malice [mǽlis]
- 명 악의, 적의
- mal(bad)+ice(명사형 어미) ○ badness
- bear malice against[to/toward] a person
  어떤 사람에게 앙심(원한)을 품다

23 mis- — 나쁜(bad)

misbehave [mìsbihéiv]
- 동 못된 짓을 하다, 방탕하다
- mis(bad)+behave(행동하다)

misfortune [misfɔ́:rtʃən]
- 명 불행, 불운, 역경
- mis(bad)+fortune(luck)
- Misfortunes never come singly
  《속담》 불행은 겹쳐 온다.

24 mono- — 하나의(single)

monologue [mɑ́nəlɔ̀:g]
- 명 1인극, 독백
- mono(single)+logue(말하기)

monopoly [mənɑ́pəli]
- 명 독점, 전매
- mono(single)+poly(sell)

25 multi- — 많은(many)

multiple [mʌ́ltəpəl]
- 형 다양한, 복합의
- multi(many)+ple(fold, 접다)

multiplechoice [mʌ́ltəpəltʃɔis]
- 형 (시험 문제가) 다지 선택식의
- multiple(many)+choice(선택)

26 omni- — 모든(all)

omnipotent [ɑmnípətənt]
- 형 전지전능한(almighty) 명 전능자
- omni(all)+potent(강력한)

omnipotence [ɑmnípətəns]
- 명 전능, 무한한 힘

27 pan- 모든(all)

panorama [pæ̀nərǽmə]
명 전경, 파노라마
pan(all)+orama(view)

28 per- 완전히(completely)

perfect[pə́:rfikt]
형 완전한(complete), 완벽한
per(completely)+fect(do)

perfection[pərfékʃən]
명 완전, 완벽, (the~)극치, 전형
be the perfection of ~의 극치이다

29 poly- 많은(many)

polygamy[pəlígəmi]
명 일부다처제
poly(many)+gamy(marriage)

polygon[pálígàn]
명 다각형
poly(many)+gon(-각형)

30 post- 후(after)

postpone[poustpóun]
동 미루다, 연기하다
post(after)+pone(put)

postscript [póustskrìpt]
명 (편지의) 추신, (책의) 후기
post(after)+script(writing)

31 pre- 전(before)

predict[pridíkt]
동 예언하다, 예보하다(foretell)
pre(before)+dict(say)

premature [prì:mətjúər]
형 조숙한, 너무 이른
pre(before)+mature(ripe)

prepare[pripɛ́ər]
동 준비하다, 각오하다
pre(before)+pare(make ready)

32 re- — 다시(again)

rebuild[riːbíld]
- 통 재건하다, 개축하다
- re(again)+build(짓다)

repeat[ripíːt]
- 통 반복하다, 되풀이하다
- re(again)+peat(seek, 구하다)

33 se- — 분리(apart)

separate[sépərèit]
- 통 가르다, 나누다, 헤어지게 하다
- se(part)+par(make ready)+ate(동사 어미)
- separate church and state 종교와 정치를 분리하다

34 semi- — 반(half)

semicircle[sémisə̀ːrkəl]
- 명 반원, 반원형
- semi(half)+circle(원)

semifinal[sèmifáinəl]
- 명 형 준결승(의)
- semi(half)+final(결승)

35 sub- — 아래(under)

submarine[sʌ́blmərìːn]
- 명 잠수함
- sub(under)+marine(바다의)

subway[sʌ́bwèi]
- 명 지하철, 지하도
- sub(under)+way(길)

36 sur- — 위(above)

surface[sə́ːrfis]
- 명 표면
- sur(above)+face(얼굴, 면)

surpass[sərpǽs]
- 통 ~보다 낫다, ~을 능가하다
- sur(above)+pass(나아가다)

37 sym- 함께(together)

sympathy [símpəθi] 　명 동정, 찬성
sym(together)+pathy(suffer)

symphony [símfəni] 　명 교향곡, 조화(harmony)
sym(together)+phony(sound)

38 tele- 먼(far)

telescope [téləskòup] 　명 망원경
tele(far)+scope(behold, 보다)

telegraph [téləgræf] 　명 전신, 전보 　통 전보를 치다, 전신으로 알리다
tele(far)+graph(~을 쓰는)

39 trans- 가로질러(across)

transfer [trænsfə́:r] 　통 옮기다, 나르다, 갈아타다
trans(across)+fer(bear, 가져가다)
Her husband has been transferred to another branch in Boston.
그녀의 남편은 보스턴의 다른 지점으로 전근되었다.

40 ultra- 넘어서는(beyond)

ultraviolet [ʌ̀ltrəváiəlit] 　명 형 자외선(의)
ultra(beyond)+violet

ultrasonic [ʌ̀ltrəsánik] 　형 초음파의
ultra(beyond)+sonic

41 un- 부정(not)

uncommon [ʌ̀nkámən] 　형 드문, 진기한(unusual)
un(not)+common(usual, 보통의)

unconcern [ʌ̀nkənsə́:rn] 　명 무관심, 태연, 냉담
un(not)+concern(관심)

42 uni- — 하나의(single)

uniform[jú:nəfɔ:rm]
- 형 일정한 명 제복
- uni(single)+form(형태)

unify[jú:nəfài]
- 동 하나로 하다, 통합하다, 통일하다
- uni(single)+fy(동사화 접미사)

unification [jù:nəfikéiʃən]
- 명 통일, 단일화

43 bi- — 2

bilingual[bailíŋgwəl]
- 형 이중 언어의
- bi(2)+lingu(tongue)+al(형용사 어미)

44 di- — 2

dilemma[dilémə]
- 명 딜레마, 진퇴양난
- di(2)+lemma(assumption, 전제조건)

45 tri- — 3

triple[trípəl]
- 형 3배의, 3중의
- tri(3)+ple(fold)

46 tetra- — 4

tetragon[tétrəgàn]
- 명 사각형
- tetra(4)+gon(-각형)

47 penta- — 5

pentagon[péntəgàn]
- 명 오각형, 미 국방부, 펜타곤
- penta(5)+gon(-각형)

48 hexa- — 6

hexagon[héksəgàn] 명 6각형
hexa(6)+gon(-각형)

49 hepta- — 7

heptagon[héptəgàn] 명 7각형
hepta(7)+gon(-각형)

50 sept- — 7

September [septémbər] 명 9월(로마력 7월)
septem(7) = +ber

51 oct(o)- — 8

octopus[áktəpəs] 명 문어
octo(8)+pus(foot)

52 dec(a)- — 10

decade[dékeid] 명 10년 간, 10단위
deca(10)+de

53 deci- — 1/10

deciliter[désilì:tər] 명 데시리터, 1/10 l (약)d l
deci(1/10)+liter

54 centi- — 1/100

centimeter [séntəmì:tər] 명 센티미터, 1/100m (약)cm
centi(1/100)+meter

55 milli- 1/1000

milligram[míligræ̀m]   명 밀리그램, 1/1000kg (약)mg
milli(1/1000)+gram

56 kilo- 1,000

kilowatt[kíləwɑ̀t]   명 킬로와트, 1,000watts (약)kW
kilo(1,000)+watt

2. 접미사(SUFFIX)

1) 명사 접미사

1 -acy
성질(quality)

adequacy[ǽdikwəsi]
명 타당성
adequate(적당한)+acy(quality)

2 -ade
성질(quality)

barricade[bǽrəkèid]
명 장애물, 바리케이드
barric(bar,막대)+ade(quality)

3 -age
성질(quality)

bondage[bándidʒ]
명 속박, 노예의 신분
bond(속박)+age(quality)

4 -age
장소(place)

village[vílidʒ]
명 마을
villa(farmhouse)+age(place)

5 -al-
상태(state)

refusal[rifjúːzəl]
명 거절
refuse(거절하다)+al(state)

6 -an
사람(person)

veteran[vétərən]
명 베테랑, 고참병, 노병
veter(old)+an(person)

7 -ant
사람(person)

assistant[əsístənt]
명 협력자, 조수 형 보조의, 보좌하는
assist(돕다)+ant(person)

8 -ance
상태(state)

perseverance
[pə̀:rsiví:rəns]
명 인내, 인내력, 악착스러움
persevere(견디다)+ance(state)

9 -ar
사람(person)

liar[láiər]
명 거짓말쟁이
lie(거짓말하다)+ar(person)

10 -ard
사람(person)

drunkard[dráŋkərd]
명 술주정뱅이, 술고래
drunk(술 취한)+ard(person)

11 -ary
장소(place)

library[láibrèri]
명 도서관, 장서
libr(book)+ary(place)

12 -at
사람(person)

democrat
[déməkræt]
명 민주주의자
democracy(민주주의)+at(person)

13 -ate
사람(person)

graduate[grǽdʒuèit]
명 졸업생, 학사 동 졸업하다, 학위를 수여하다
gradu(degree, 학위)+ate(person)

14 -cle
particle[pá:*r*tikl]

작은(little)

명 분자, 소량
part(부분)+cle(little)

15 -dom
freedom[frí:dəm]

상태(state)

명 자유
free(자유로운)+dom(state)

16 -ee
employee[emplɔ́ii:]

사람(person)

명 종업원, 피고용자
employ(고용하다)+ee(person)

17 -eer
volunteer[váləntíə*r*]

사람(person)

명 지원자
voluntary(자발적인)+eer(person)

18 -en
kitten[kítn]

작은(little)

명 새끼 고양이
kit(cat)+en(little)

19 -en
citizen[sítəzən]

사람(person)

명 시민, 국민
city(도시)+en(person)

20 -ent
student[st*j*ú:dənt]

사람(person)

명 학생
study(공부하다)+ent(person)

21 -er
사람(person)

employer[emplɔ́iər]

명 고용주, 주인
employ(고용하다)+er(person)

22 -ery
장소(place)

bakery[béikəri]

명 제과점
bake(굽다)+ry(place)

23 -ess
사람(person)

actress[ǽktris]

명 여배우, 여우
actor(배우)+ess(person)

24 -ette
작은(little)

cigarette[sìgərét]

명 궐련
cigar(여송연)+ette(little)

25 -ety
성질(quality)

variety[vəráiəti]

명 변화, 다양
vary(change)+ety(quality)

26 -herd
사람(person)

shepherd[ʃépərd]

명 양치기
shep(sheep)+herd(person)

27 -hood
성질(quality)

falsehood[fɔ́:lshùd]

명 거짓말, 허위 ↔ truth [truθ] 명 진실
false(틀린)+hood(quality)

28 -ian
사람(person)

historian[histɔ́ːriən] 명 사학자, 역사가
history(역사)+ian(person)

29 -ice
성질(quality)

justice[dʒʌ́stis] 명 정의, 공정
just(정당한)+ice(quality)

30 -ie
작은(little)

birdie[bə́ːrdi] 명 작은 새
bird(새)+ie(little)

31 -ine
사람(person)

heroine[hérouin] 명 여주인공, 여장부
hero(주인공)+ine(person)

32 -ion
성질(quality)

relation[riléiʃən] 명 관계
relate(관계하다)+ion(quality)

33 -ism
상태(state)

barbarism [báːrbərìzəm] 명 미개함, 야만(적인 상태)
barbar(foreign)+ism(state)

34 -ist
사람(person)

novelist[návəlist] 명 소설가, 작가
novel(소설)+ist(person)

35 -itude — 상태(state)

solitude[sálitʃùːd]
명 고독
sol(alone)+itude(state)

36 -ity — 성질(quality)

curiosity [kjùəriásəti]
명 호기심
curious(호기심이 많은)+ity(quality)

37 -let — 작은(little)

booklet[búklit]
명 소책자, 팸플릿(pamphlet)
book(책)+let(little)

38 -ling — 작은(little)

duckling[dʌ́kliŋ]
명 새끼 오리
duck(오리)+ling(little)

39 -man — 사람(person)

businessman [bíznismæ̀n]
명 실업가, 경영자
business(사업)+man(person)

40 -ment — 상태(state)

agreement [əgríːmənt]
명 동의
agree(동의하다)+itude(state)

41 -nd — 사람(person)

friend[frend]
명 친구
frie(love)+nd(person)

42 -ness
성질(quality)
goodness[gúdnis]

명 좋음, 친절(kindness)
good(좋은)+ness(quality)

43 -or
사람(person)
editor[édətər]

명 편집자
edit(편집하다)+or(person)

44 -o(u)r
성질(quality)
labor[léibər]

명 노동
labos(toil, 노고)+or(quality)

45 -ory
장소(place)
dormitory [dɔ́ːrmətɔ̀ːri]

명 기숙사
dormit(sleep)+ory(place)

46 -red
상태(state)
hatred[héitrid]

명 증오
hate(증오하다)+red(state)

47 -ry
집합적(collective)
machinery[məʃíːnəri]

명 기계류
machine(기계)+ry(collective)

48 -ship
상태(state)
hardship[háːrdʃìp]

명 고난
hard(어려운)+ship(state)

49 -ster

사람(person)

youngster[jʌ́ŋstər]

명 젊은이, 청년
young(젊은)+ster(person)

50 -th

성질(quality)

health[helθ]

명 건강
heal(치료하다)+th(quality)

51 -ty

성질(quality)

cruelty[krúːəlti]

명 잔혹 (pl.)잔인한 행위
cruel(잔인한)+ly(quality)

52 -ure

상태(state)

exposure[ikspóuʒər]

명 폭로, 노출
expose(폭로하다)+ure(state)

53 -wife

사람(person)

midwife[mídwàif]

명 산파, 조산원 (일의 성립을 위해 애쓰는)사람
mid(함께)+wipe(person)

54 -wright

사람(person)

playwright[pléiràit]

명 극작가, 각본가
play(극본)+wright(person)

55 -y

작은(little)

pussy[púsi]

명 고양이, 야옹이
puss(고양이)+y(little)

2) 형용사 접미사

1 -able
가능성(ability)

eatable[íːtəbəl]
형 먹을 수 있는(edible)
eat(먹다)+able(할 수 있는)

2 -al
성질(quality)

vital[váitl]
형 생명의, 극히 중요한, 치명적인
vit(life)+al(quality)

3 -an
성질(quality)

urban[ə́ːrbən]
형 도시의(↔ rural)
urb(city)+an(quality)

4 -aneous
성질(quality)

simultaneous [sàiməltéiniəs]
형 동시의
simult(together)+aneous(quality)

5 -ant
성질(quality)

distant[dístənt]
형 먼, 원격의(far-off)
di(apart)+st(stand)+ant(quality)

6 -ar
성질(quality)

popular[pápjələr]
형 인기가 있는, 대중적인, 민중의
popul(people 대중)+ar(quality)

7 -ary
성질(quality)

contrary[kántreri]
형 반대의(opposite)
contr(against)+ary(quality)

8 -ate —의(of)

fortunate [fɔ́ːrtʃənit]
형 행운의(lucky)
fortun(fortune, 행운)+ate(of)

9 -ble 배수(times)

double [dʌ́bəl]
형 2배의, 이중의
dou(two)+ble(times)

10 -ed —을 가진(having)

quick-tempered [kwíktémpərd]
형 성급한(hot-tempered)
quick(빠른)+temper(성질)+ed(having)

11 -en —으로 만들어진(made of)

wooden [wúdn]
형 목조의
wood(나무)+en(made of)

12 -ent 성질(quality)

fluent [flúːənt]
형 유창한
flu(flow)+ent(quality)

13 -em 방향(direction)

western [wéstərn]
형 서쪽의, 서구의
west(서쪽)+ern(direction)

14 -esque 경향(tend)

grotesque [groutésk]
형 그로테스크풍의, 기괴한, 괴상한
grot(grott, 작은 동굴)+esque(tend)

15 -ete

−의(of)

complete[kəmplíːt]

[형] 완전한(perfect, entire)
com(together)+pl(fill)+ete(of)

16 -fic

성질(quality)

specific[spisífik]

[형] 특정의(↔ general)
speci(kind)+fic(quality)

17 -fold

배수(times)

tenfold[ténfòuld]

[형] 10배의
ten(10)+fold(times)

18 -ful

성질(quality)

careful[kɛ́ərfəl]

[형] 주의 깊은
care(주의하다)+ful(quality)

19 -ial

성질(quality)

superficial [sùːpərfíʃəl]

[형] 표면의, 피상적인
super(above) + fic(face, 면) + ial(quality)

20 -ic

성질(quality)

comic[kámik]

[형] 희극의(↔ tragic) [명] 만화책
com(banquet, 잔치)+ic(quality)

21 -il

성질(quality)

civil[sívəl]

[형] 시민의, 민간인의
civ(city)+il(quality)

22 -ile
성질(quality)

fertile[fə́:rtl]
형 비옥한(↔ sterile), 창의력이 풍부한
fert(bear, 낳다)+lie(quality)

23 -ine
성질(quality)

feminine[fémənin]
형 여성의(↔ masculine)
femin(woman)+ine(quality)

feminism [fémənìzəm]
명 여성주의

24 -ique
성질(quality)

unique[ju:ní:k]
형 유일한, 독특한(peculiar)
un(one)+ique(quality)

25 -ish
유사(like)

childish[tʃáildiʃ]
형 어린애 같은, 유치한
child(어린이) + ish(like)

26 -ite
-의(of)

opposite[ápəzit]
형 반대의
op(against)+pos(put)+ite(of)
on the opposite side 반대쪽의
The result was opposite to what we expected.
그 결과는 우리가 예상했던 것과 정반대였다.

27 -ive
성질(quality)

active[ǽktiv]
형 활동적인, 활기 있는(lively), 활발한(busy)
act(행하다)+ive(quality)

28 -lent

violent[váiələnt]

성질(quality)

[형] 격렬한, 난폭한, 폭력적인
vio(violate, 과격하다)+lent(quality)

29 -less

hopeless[hóuplis]

결핍(lack)

[형] 절망의(desperate)
hope(희망)+less(lack)
a hopeless case 절망적인 경우

30 -like

childlike[tʃaíldlàik]

유사(like)

[형] 어린애다운, 순진한
child(어린이)+like(like)

31 -ly

friendly[fréndli]

성질(quality)

[형] 친한, 호의적인
friend(친구)+ly(quality)

32 -ory

compulsory
[kəmpʌ́lsəri]

성질(quality)

[형] 강제적인, 의무적인(↔ voluntary)
compuls(compel, 강요하다)+ory(quality)

33 -ous

courageous
[kəréidʒəs]

성질(quality)

[형] 용기 있는(brave)
courageous(용기)+ous(quality)

34 -some

tiresome[táiərsəm]

경향(tend)

[형] 지루한(boring, weary)
tire(지루하게 하다)+some(tend)

35 -ual — 성질(quality)

gradual[grǽdʒuəl]
형 점차적인
grad(grade)+ual(quality)

36 -wards — 방향(direction)

upwards[ʌ́pwərd]
형 위쪽의
up(위의)+wards(direction)

37 -y — 성질(quality)

worthy[wə́:rði]
형 가치 있는
worth(가치)+y(quality)
worthy to be considered 고려할 가치가 있는

3) 부사 접미사

1 -ly — 양식(manner)

carefully[kɛ́ərfəli]
부 주의 깊게
careful(주의 깊은)+ly(manner)

2 -wards — 방향(direction)

upwards[ʌ́pwərd]
부 위쪽으로
up(위의)+wards(direction)

3 -way — 양식(manner)

anyway[éniwèi]
부 아무튼
any(어느 것이든)+way(manner)

4 -wise — 양식(manner)

likewise[láikwàiz]
부 마찬가지로
like(처럼)+wise(manner)

4) 동사 접미사

1 -ate
necessitate
[nisésətèit]

– (화)하다(cause to be)

통 필요로 하다
necessary(필요한) ○ necessitate

2 -e
breathe[bri:ð]

– (화)하다(cause to be)

통 숨쉬다, 휴식하다(rest)
breathe(숨) ○ breathe(숨쉬다)

3 -en
darken[dá:rkən]

– (화)하다(cause to be)

통 어둡게 하다
dark(어두운) ○ darken

4 -ify
classify[klǽsəfài]

–(화)하다(cause to be)

통 분류하다, (정보, 문서 등을)기밀 취급하다
class(rank, 등급) ○ classify

5 -ize(-ise)
realize[rí:əlàiz]

– (화)하다(cause to be)

통 실감하다, 깨닫다, 실현하다
real ○ realize
She realized that no one loved her as much as her parents did.
그녀는 부모님만큼 자기를 사랑하는 사람은 없다는 것을 깨달았다.

3. 어근(ROOT)

1 act/ag
행하다(do, drive)

actual[ǽktʃuəl]
형 현실의, 실제의
act(do)+ual(형용사 어미)

agitate[ǽdʒətèit]
통 흔들다, 선동하다, (마음을)교란하다
ag(drive)+it(go)+ate(동사 어미)
agitate oneself 안절부절 못하다

2 aer
공기(air)

aerial[ɛ́əriəl]
형 공중의, 공기의
aer(air)+ial(형용사 어미)

3 agr
밭(field)

agriculture[ǽgrikʌ̀ltʃər]
명 농업
agri(field)+culture(cultivation, 경작)

4 al
다른(other)

alter[ɔ́:ltər]
통 고치다, 변경하다(change)
alter(other)

5 alt
높은(high)

altitude[ǽltətjù:d]
명 높이, 고도(height)
alt(high)+itude(명사 어미)
at an altitude of ~의 고도로

6 am
사랑(love)

amiable[éimiəbəl]
형 상냥한, 귀여운
ami(love)+able(형용사 어미)

7 ang — 질식시키다(choke)

anguish[ǽŋgwiʃ]
명 고뇌, 괴로움
angu(choke)+ish(명사 어미)

8 anim — 생명, 마음(life, mind)

animate[ǽnəmèit]
동 활기를 주다
anim(life)+ate(동사 어미)

unanimous [juːnǽnəməs]
형 만장일치의
un(one)+anim(mind)+ous(형용사 어미)
with unanimous applause 만장일치의 박수로

9 ann — 해(year)

annual[ǽnjuəl]
형 매년의(yearly)
ann(year)+ual(형용사 어미)
an annual report 연보, 연감

10 antrop — 사람(human)

anthropology [æ̀nθrəpάlədʒ]
명 인류학
antrop(human)+ology(학문)

11 apt — 적당한(fit)

adapt[ədǽpt]
형 적당한 동 적응시키다, 각색하다
ad(to)+apt(fit)

adapted[ədǽptid]
형 개조된, 각색된, 적당한(for)
The story was adapted for movies.
그 이야기는 영화로 각색되었다.

12 arch — 지도자(chief)

monarch[mάnərk]
명 독재, 군주, 국왕
mon(alone)+arch(chief)

13 arm
무기(arms)

army [ɑ́ːrmi]
명 육군
arm(arms)+y(명사 어미)

14 astro
별(star)

astrology [əstrɑ́lədʒi]
명 점성술
astro(star)+logy(학문)

15 aud
듣다(hear)

audible [ɔ́ːdəbl]
형 들을 수 있는
aud(hear)+ible(able)

16 auto
자신(self)

autograph [ɔ́ːtəgræf]
명 자필 서명, 사인
auto(self)+graph(write)

17 bal
춤추다(dance)

ballad [bǽləd]
명 발라드, 민요
ball(dance)+ad(어미)

18 bat
치다(beat)

battle [bǽtl]
명 전투, 싸움 batt(beat)+le(어미)

19 bel
싸움(fight)

rebel [rébəl]
동 반역하다, 반발하다 명 반역자
re(again)+bel(war)

rebellion [ribéljən]
명 반란, 폭동

20 bell — 아름다운(beauty)

embellish[imbéliʃ]
통 장식하다, 미화하다
em(in)+bel(fair)+ish(동사 어미)

21 bene — 선함(well)

benefit[bénəfit]
명 이익, 은혜
bene(well)+fit(do)

22 bibli — 책(book)

bibliography [bìbliágrəfi]
명 문헌 목록, 관계 서적 목록
biblio(book)+graphy(writing)

23 bio — 생명(life)

biology[baiálədʒi]
명 생물학
bio(life)+logy(학문)

24 brev — 짧은(short)

abbreviate[əbríːvièit]
통 생략하다, 간략하게 하다
ab(from)+brev(short)+iate(동사 어미)
'United Nations' is commonly abbreviated to. 'UN.' 국제연합은 보통 UN으로 줄여 표기한다.

abbreviation [əbrìːviéiʃən]
명 약어, 생략

25 cad — 떨어지다(fall)

decadence [dékədəns]
명 퇴폐, 데카당스
de(down)+cad(fall)+ence(명사 어미)

26 cap — 머리(head)

capital[kǽpitl]
명 수도, 자본   형 주요한, 대문자의
cap(head)+al(명사 어미)

27 cap — 잡다(take)

capacity[kəpǽsəti] 명 수용 능력, 능력, 재능
cap(take)+acity(명사 어미)

28 car — 차(car)

career[kəríər] 명 직업, 직업상의 경력
car(vehicle)+eer(ary, 명사 어미)

29 caus — 이유(reason)

because[bikɔ́ːz] 전 왜냐하면
be+cause(reason)

30 cav — 구멍(hollow)

excavate [ékskəvèit] 동 구멍을 파다, 발굴하다(dig out)
ex(out)+cav(hollow)+ate(동사 어미)

31 cede/ceed — 가다(go)

recede[risíːd] 동 물러가다, 철회하다, 감소하다, (인상이) 희미해지다
re(back)+cede(go)
The event receded into the dim past.
그 사건은 희미한 과거 속으로 잊혀져 갔다.

proceed[prousíːd] 동 계속하다, 나아가다
pro(forward)+ceed(go)

32 ceive — (take)

conceive[kənsíːv] 동 마음에 품다, 생각하다
con(com=together)+ceive(take)

33 cent — 중심(center)

concentrate [kánsəntrèit]
동 집중하다, 전념하다
con(com=together)+centr(center)+ate(동사 어미)
I can't concentrate my thoughts on my work.
나는 내 일에 생각을 집중할 수가 없다.

34 cern/cre — 체로 치다(sift)

concern [kənsə́:rn]
동 걱정하다, 관계하다
con(com=together)+cern(sift)

secret [sí:krit]
명 형 비밀(의)
se(apart)+cret(sift)

35 cert — 확실한(sure)

certificate [sərtífəkit]
명 증명서, 면허
certi(sure)+fic(make)+ate(명사 어미)
certicate of origin 원산지 증명서

36 chron — 시간(time)

chronicle [kránikl]
명 연대기
chron(time)+ic(형용사 어미)+le(명사 어미)

37 cide/cise — 자르다(cut)

suicide [sú:əsàid]
명 자살
sui(oneself)+cide(cut)

concise [kənsáis]
형 간명한, 간결한
con(강조) + cise(cut)

38 circ — 원(ring)

circulate[sə́:rkjəlèit]
동 순환하다, 순회하다
circul(ring)+ate(동사 어미)

circulation [sə̀:rkjəléiʃən]
명 운행, 순환

39 cit — 부르다(call)

excite[iksáit]
동 자극하다, 흥분시키다
ex(out)+cite(call)

40 clam — 소리치다(call, cry)

exclaim[ikskléim]
동 외치다(cry)
ex(out)+claim(cry)

41 clar — 분명한(clear)

clarify[klǽrəfài]
동 깨끗하게 하다, 명백하게 하다
clar(clear)+ify(동사 어미)

clarity[klǽrəti]
명 명쾌한, 명석함

42 clin — 기울다(lean)

decline[dikláin]
동 기울다, 기울이다, 거절하다(reject)
de(from)+cline(lean)
decline with thanks 좋은 말로 거절하다

43 clud — 닫다(shut)

conclude[kənklú:d]
동 완결하다, 끝내다, 결론을 내리다
con(com=together)+clude(shut)

conclusion [kənklú:ʒən]
명 결말, 결론

44 cord — 마음(heart)

accord[əkɔ́ːrd]

동 일치하다
ac(to)+cord(heart)
accord in the opinions 의견이 일치하다

45 corp — 몸(body)

corporal[kɔ́ːrpərəl]

형 신체의
corpor(body)+al(형용사 어미)

46 cracy — 지배, 정치(rule)

democracy [dimákrəsi]

명 민주주의
demo(people)+cracy(rule)

47 cre — 만들다(make)

create[kriːéit]

동 창조하다
cre(make)+te(동사 어미)

48 cred — 믿다(believe)

credit[krédit]

명 신용(trust), 명예
cred(believe)+it(어미)

49 cult — 경작하다(till)

cultivate[kʌ́ltəvèit]

동 경작하다, 기르다, 양성하다(develop)
cult(till)+iv+ate(동사 어미)

50 cure — 주의, 걱정(care)

secure[sikjúər]

형 안전한, 안정된
se(apart)+cure(care)

51 curr
흐르다, 달리다(flow, run)

current[kə́:rənt]
형 현재의 명 흐름
curr(run)+ent(형용사 어미)
swim with the current 세상 풍조를 따르다

currency[kə́:rənsi]
명 통화, 유통

52 damn
비난하다, 손해(blame, loss)

damage[dǽmidʒ]
명 동 손해(를 입히다)
dam(loss)+age(명사 어미)

53 deb
신세지다(owe)

debt[det]
명 빚, 부채
debt(owe)
in debt 빚을 진

54 dem
대중(people)

epidemic [èpədémik]
명 전염병, 유행병
epi(among)+dem(people)+ic(형용사 어미)

55 di
날(day)

diary[dáiəri]
명 일기
di(day)+ary(명사 어미)

56 dic
말하다(say)

predict[pridíkt]
동 예보, 예언하다(foretell)
pre(before)+dict(say)

57 divid — 분리하다(separate)

divide[diváid]
동 나누다, 분리하다
diveide(separate)

individual [ìndəvídʒuəl]
명 형 개인(의), 독특한
in(not)+divid(separate)+ual(형용사 어미)

58 doc — 가르치다(teach)

doctor[dáktər]
명 의사
doc(teach)+or(명사 어미)

59 dom — 집(house)

domestic [douméstik]
형 가정의, 국내의, 길든
dom(house)+(est)ic(형용사 어미)

60 don — 주다(give)

donate[dóuneit]
동 기증하다
don(give)+ate(동사 어미)
donate blood 헌혈하다

61 dorm — 자다(sleep)

dormitory [dɔ́ːrmətɔ̀ːri]
명 기숙사
dormit(sleep)+or(명사 어미)+y(명사 어미)

62 dox — 학설(opinion)

paradox[pǽrədɑ̀ks]
명 역설, 자가당착, 모순
para(contrary)+dox(opinion)

63 du — 2(two)

duplicate[djúːpləkit]
명 복제, 사본 형 사본의 동 복사하다
du(two)+plic(fold)+ate(동사 어미)

64 duc

이끌다(lead)

conduct[kándʌkt]

명 행위 동 인도하다, 지휘하다
con(com=together)+duct(lead)
conduct a person to a seat
어떤 사람을 좌석에 안내하다

65 dur

계속되다(last)

durable[djúərəbəl]

형 내구력이 있는, 영속하는
dur(last)+able(형용사 어미)

66 ego

자기(self)

egoism[í:gouìzəm]

명 이기주의(selfishness)
ego(self)+ism(명사어미)

67 equa

동등한(even)

equal[í:kwəl]

형 동등한 equal(even, 고른)

68 es

존재하다(be)

present[prézənt]

형 출석하고 있는, 현재의
pre(before)+s(es=be)+ent(형용사 어미)

69 fac/fec

만들다(make)

benefaction [bènəfǽkʃən]

명 선행, 자선
bene(well)+fac(make)+tion(명사 어미)

70 fam

이야기하다(speak)

infamous[ínfəməs]

형 평판이 나쁜(notorious)
in(not)+fam(speak → fame, 명성)+ous(형용사 어미)

71 fare — 가다(go)

farewell[fɛ̀ərwél]

명 안녕, 작별
fare(go)+well

72 fend — 치다(strike)

offend[əfénd]

동 공격하다, 화나게 하다
of(ob=against)+fend(strike)
I was offended by his rude speech.
나는 그의 무례한 연설에 기분이 상했다.

73 fer — 옮기다(bring)

defer[difə́:r]

동 연기하다(postpone)
dif(apart)+fer(bring)
defer making a decision 결심을 늦추다

74 fess — 말하다(say)

confess[kənfés]

동 고백하다, 자백하다
con(com=fully)+fess(say)
The boy confessed that he had broken the vase.
그 소년은 자신이 꽃병을 깼다고 고백했다.

75 fid — 믿다(trust)

confide[kənfáid]

동 털어놓다, 신용하다
con(com=fully)+fide(trust)

76 fig — 만들다(make)

fiction[fíkʃən]

명 픽션, 허구
fic(make)+tion(명사 어미)

77 fin — 끝(end)

finish [fíniʃ]
⑧ 끝내다
fin(end)+ish(동사 어미)

78 firm — 강한(strong)

affirm [əfə́ːrm]
⑧ 단언하다, 주장하다
af(ad=to)+firm(strong)

79 flect — 구부리다(bend)

flexible [fléksəbəl]
⑲ 유연한, 부드러운
flex(bend)+ible(able)

80 flict — 치다(strike)

conflict [kánflikt]
 [kənflikt]
⑲ 싸움, 투쟁
⑧ 충돌하다, 모순되다
con(com=together)+flict(strike)

81 flo(u)r — 꽃(flower)

flourish [flə́ːriʃ]
⑧ 번창하다, 융성하다(thrive)
flour(flower)+ish(동사 어미)

82 flu — 흐르다(flow)

fluent [flúːənt]
⑲ 유창한
flu(flow)+ent(형용사 어미)

fluency [flúːənsi]
⑲ 유창(함)
with fluency 유창하게, 거침없이

83 form — 형상(shape)

reform [riːfɔ́ːrm]
⑲ ⑧ 개량, 개혁(하다)
re(again)+form(shape)

84 fort
강한(strong)

effort[éfərt]

명 노력
ef(ex=out)+fort(strong)

85 fort
기회, 행운(chance, fortune)

misfortune [misfɔ́:rtʃən]

명 불운
mis(bad)+fortune(행운)

86 front
이마(forehead)

confront[kənfrʌ́nt]

동 직면하다, 대결하다
con(com=together)+front(forehead)

87 fund
바닥(bottom)

fundamental [fʌ̀ndəméntl]

형 기본적인, 필수의
fund(a)(bottom)+ment(명사 어미)+al(형용사 어미)

88 fuse
따르다(pour)

infuse[infjú:z]

동 주입하다
in(into)+fuse(pour)
infuse new hope into a person
~의 마음에 새 희망을 불어넣다

89 gen
생기다(birth)

generate[dʒénərèit]

동 발생시키다, 일으키다
gener(birth+ate(동사 어미)

90 geo
땅(earth)

geography[dʒi:ágrəfi]

명 지리학
geo(earth)+grphy(writing)

91 gest

gesture [dʒéstʃər]

운반하다(carry)

명 동 몸짓(을 하다)
gest(carry)+ure(명사 어미)

92 gnos

diagnose [dáiəgnòus]

알다(knwo)

동 진단하다
dia(through)+gnose(know)
The doctor diagnosed her case as cancer.
의사는 그녀의 병을 암이라고 진단했다.

93 gon

diagonal [daiǽgənəl]

각(angle)

명 형 대각선(의)
dia(through)+gon(angle)+al(형용사 어미)

94 grad

gradual [grǽdʒuəl]

걸음(step)

형 점진적인
grad(step)+ual(형용사 어미)

95 gram

telegram [téləgræ̀m]

쓰다(write)

명 전보
tele(far off)+gram(write)

96 graph

photograph [fóutəgræ̀f]

쓰다, 그리다(write, draw)

명 사진
photo(light)+graph(write)

97 grat

gratitude [grǽtətjùːd]

감사하다(thank)

명 감사
grati(thankful)+tude(명사 어미)
in token of one's gratitude 감사의 표시로

372 똑똑한 영한단어 표현

98 grav
grave[greiv]

무거운(heavy)

형 중대한, 진지한 무덤
grave(heavy)

99 greg
aggregate[ǽɡrigèit]
[ǽɡrigət]

모이다(flock)

동 모으다, 합계가 되다
형 집합한, 총계의(total)
The money collected aggregated $ 2,000.
모아진 돈은 총 이천 달러에 달했다.

100 gress
aggression[əɡréʃən]

전진하다(go, progress)

명 공격, 침략
ag(to)+gress(go)+ion(명사 어미)

101 hab
habit[hǽbit]

가지다(have)

명 버릇, 습관
habit(haver) ○ 계속 가지고 있는 것

102 hap
happen[hǽpən]

우연(chance)

동 일어나다, 우연히 하다
happ(chance)+en(동사 어미)

103 her
adhere[ædhíər]

부착하다(stick)

동 들러붙다, 고집하다
ad(to)+here(stick)
adhere to ~을 고수(신봉)하다

104 her
heritage[héritidʒ]

상속(heir)

명 유산 herit(heir)+age(명사 어미)

105 hom/hum — 사람(human)

homicide[hámǝsàid] 명 살인(행위)
homi(human)+cide(slay, 죽이다)

human[hjú:mǝn] 명 형 인간(의)
hum(human)+an(형용사 어미)

106 hor — 공포(terror)

abhor[æbhɔ́:r] 동 혐오하다
ab(from)+hor(terror)

107 host — 손님, 주인(guest, host)

hospital[háspitl] 명 병원
hospital(guest)+al(명사 어미)

108 hum — 땅(earth)

humble[hʌ́mbǝl] 형 겸손한(modest), 비천한
hum(earth)+ble(형용사 어미)

109 hydro — 물(water)

hydrogen[háidrǝdʒǝn] 명 수소
hydro(water)+gen(produce) ◐ 물을 만드는 것

110 insul — 섬(island)

insular[ínsǝlǝr] 형 섬의, 섬나라 근성의, 고립한
insul(island)+ar(형용사 어미)

111 is/it — 가다(go)

perish[périʃ] 동 죽다, 멸망하다
per(completely)+ish(go)

transit[trǽnsit] 명 통과, 수송, 운반
trans(across)+it(go)

112 jec
던지다(throw)

inject[indʒékt]
동 주사하다
in(in)+ject(throw)

113 journ
날(day)

journal[dʒə́ːrnəl]
명 신문, 잡지, 정간물
journ(day)+al(명사 어미)

114 jud
판결(judge)

prejudice[prédʒədis]
명 선입관, 편견
pre(before)+jud(judge)+ice(명사 어미)

115 junc
연결(joint)

conjunct[kəndʒʌ́ŋkt]
형 결합한, 연결한
con(com=together)+junct(joint)

116 jus
정의(justice)

justify[dʒʌ́stəfài]
동 정당화하다
just(justice)+ify(동사 어미)
Nothing can justify him in doing that.
그가 그렇게 한 것은 어떠한 사유로도 정당화될 수 없다.

117 labor
노동(work)

elaborate[ilǽbərit]
　　　　　[ilǽbərèit]
형 정교한, 공들인
동 정교하게 만들다
e(ex=out)+labor(work)+ate(접미사)

118 laps
미끄러지다, 떨어지다(slip, fall)

collapse[kəlǽps]
명 동 붕괴(하다)
col(com=together)=lapse(slip)

부록 **375**

119 lat
운반하다(bear)

translate[trænsléit]
통 번역하다, 설명하다
trans(across)+late(bear)

120 laun, lav
씻다(wash)

launder[lɔ́:ndər]
통 세탁하다
laund(wash)+er(동사 어미)

121 lect
모으다(gather)

select[silékt]
통 고르다
se(apart)+lect(gather)

122 leg
법률(law)

illegal[ilí:gəl]
형 비합법의, 불법의(unlawful)
il(not)+leg(law)+al(형용사 어미)

123 leg
보내다(send)

legacy[légəsi]
명 유산, 유물
leg(send)+acy(명사 어미)

124 lev
올리다(raise)

elevate[éləvèit]
통 올리다, (사람을) 승진시키다
e(ex=from)+lev(raise)+ate(동사 어미)

elevator[éləvèitər]
명 엘리베이터, 승강기

125 lex/lec
말(word)

lexicon[léksəkən]
명 사전, (특정 언어의) 어휘집
lex(word)+icon(ic, 어미)

lecture[léktʃər]
명 통 강의(하다)
lec(word)+ture(어미)

126 liber
자유로운(free)

liberal[líbərəl]
형 후한(generous), 자유로운
liber(free)+al(형용사 어미)

127 liqu
액체(moist)

liquid[líkwid]
명 형 액체(의)
liqu(moist)+id(어미)

128 litera
문자(letter)

literal[lítərəl]
형 문자상의, 문자대로의
liter(letter)+al(형용사 어미)
a literal translation 직역

129 loc
장소(place)

local[lóukəl]
형 지방의, 국소적인
loc(place)+al(형용사 어미)
local call 시내 통화

130 log
사상, 말(speech)

logic[ládʒik]
명 논리
log(speech)+ic(형용사 어미)

131 locu/loqu
말하다(speak)

elocution[èləkjúːʃən]
명 발성법, 웅변술
e(e=out)+locu(speak)+tion(명사 어미)

colloquial
[kəlóukwiəl]
형 구어(체)의 ↔ literary 형 문어(체)의
col(com=together)+loqu(speak)+ial(형용사 어미)

132 lustr
빛나다(shine)

illustrate[íləstrèit]
동 (도해로)설명하다
il(upon)+lustr(shine)+ate(동사 어미)

133 lyse — 느슨하게 하다(loosen)

paralyze [pǽrəlàiz]
- 동 마비시키다
- para(beside)+lyze(loosen) ○ 헐렁하게 하다
- be paralyzed with fear 두려움 때문에 얼어붙다

134 magni — 큰(great)

magnificence [mæɡnífəsns]
magnificent [mæɡnífəsənt]
- 명 장대, 장려
- magni(great)+fic(make)+ence(명사 어미)
- 형 장엄한, 장대한(grand)

135 mand/mend — 맡기다, 명령하다(entrust, order)

command [kəmǽnd]
- 명 동 명령(하다)
- com(together)+mand(entrust)

commend [kəménd]
- 동 칭찬하다, 추천하다
- re(again)+mend(entrust)
- be highly commended 격찬 받다

136 mani/manu — (hand)

manipulate [mənípjəlèit]
- 동 교묘하게 조작하다
- mani(hand)+pul(full)+ate(동사 어미)

manual [mǽnjuəl]
- 형 손의 명 안내서
- manu(hand)+al(형용사 어미)

137 mari — 바다(sea)

marine [mərí:n]
- 형 바다의, 선박의 명 해병대
- mari(sea)+ne(형용사 어미)
- a marine laboratory 해양 연구소

138 matr
어머니(mother)

maternal[mətə́:rnl]
형 어머니의, 모성의
matern(mother)+al(형용사 어미)

139 med
고치다(heal)

medicine[médəsən]
명 의학, 의약
medi(heal)+cine(명사 어미)

140 medi
중간(middle)

mediate[mí:dièit]
동 조정하다, 중재하다
medi(middle)+ate(동사 어미)

141 memor
생각해 내다(remember)

memoir[mémwɑ:r]
명 회고록
라틴어 memoira(mindful, 기억하는) ⊙ memoir

142 mens
재다(measure)

immense[iméns]
형 거대한(huge), 측정할 수 없는
im(not)+mense(measure)

143 ment
마음(mind)

mental[méntl]
형 마음의, 지능의, 정신병의
ment(mind)+al(형용사 어미)

144 merc
장사하다(trade)

commerce[kámə:rs]
명 상업, 통상
com(together)+merce(trade)

145 meter — 측정하다(measure)

barometer [bərámitər]
뗑 기압계, (여론 등의) 지표, 변화의 징후
baro(기업)+meter(measure)

thermometer [θərmámitər]
뗑 온도계
thermo(heat)+meter(measure)

146 migr — 옮기다(move)

emigrate [éməgrèit]
통 (외국으로)이민 가다
e(ex=out)+migr(move)+ate(동사 어미)

immigrate [íməgréit]
통 (외국에서)이민 오다
im(in)+migr(move)+ate(동사 어미)

147 miss/mit — 보내다(send)

mission [míʃən]
뗑 사절단, 사명
miss(send)+ion(명사 어미)

missionary [míʃənèri]
뗑 선교사, 사절단

148 mod — 양식, 방식(form, way)

modest [mádist]
형 겸손한, 얌전한
mod(form)+est(형용사 어미)

149 mon — 충고하다(warn, advise)

admonish [ædmániʃ]
통 충고하다, 타이르다
ad(to)+mon(warn)+ish(동사 어미)

150 monstr — 가리키다(show)

demonstrate [démənstrèit]
통 실증하다, 실연하다, 시위운동을 하다
de(full)+monstr(show)+ate(동사 어미)

151 mort — 죽음(death)

mortal[mɔ́ːrtl]
형 죽을, 운명의(fatal)
mort(death)+al(형용사 어미)

152 mount — 올라가다(rise)

amount[əmáunt]
명 합계 동 ~에 달하다
a(ad=to)+mount(rise)

153 mov/mob/mot — 움직이다(move)

remove[rimúːv]
동 옮기다, 제거다(abolish, do away with)
re(again)+move(move)

mobile[móubəl]
형 가동성의, 이동할 수 있는, 움직이기 쉬운
mob(move)+ile(형용사 어미)

motion[móuʃən]
명 운동, 동작
mot(move)+ion(명사 어미)

154 mut — 변하다(change)

mutate[mjuːtéit]
동 변화시키다《생물》돌연변이하다
mut(change)+ate(동사 어미)

mutation [mjuːtéiʃən]
명 (인생의) 흥망성쇠, 돌연변이

155 nat — 태어나다(born)

nature[néitʃər]
명 자연, 본성, 성질
nat(born)+ure(명사 어미)

156 nau/nav — 배(shop)

navigate[nǽvəgèit]
동 항해하다
nav(ship)+ig(drive)+ate(동사 어미)

157 nect — 묶다(bind)

connect[kənékt]
통 연결하다, (사람, 장소를)전화로 연결하다
con(com=together)+nect(bind)

connection [kənékʃən]
명 관계, 관련, 연락, 접속, 연결
have a [no] connection with ~와 관련이 있다[없다]

158 neg — 부정하다(deny)

neglect[niglékt]
통 소홀히 하다, 무시하다
neg(deny)+lect(choose) ◐ 선택하지 않다

negligence [néɡlidʒəns]
명 태만, 부주의, 무관심, 과실

159 nomin — 이름(name)

nominate[námənèit]
통 (후보자로서) 지명하다, 임명하다
nomin(name)+ate(동사 어미)

nominator[námənèitər]
명 지명자, 임명자

nominee[nàməní:]
명 지명(추천)된 사람

160 nomy — 법칙(law)

economy[ikánəmi]
명 경제, 절약
eco(house)+nomy(law)

economics [ì:kənámiks]
명 경제학

economist[ikánəmist]
명 경제학자

161 norn — 기준(rule)

abnormal [əbnɔ́ːrməl]
형 이상한, 비정상적인(↔ normal)
ab(not)+norm(rule)+al(형용사 어미)
abnormal behavior 이상 행동

162 note — 표시(mark)

note[nout]
몡 동 메모(하다)
note(mark, 표시하다)
make a note of 적어 놓다

163 nounce — 알리다(report)

announce[ənáuns]
동 발표하다, 알리다, 공고하다
an(ad=to)+nounce (report)

announcer [ənáunsər]
몡 발표자, 아나운서

164 nov — 새로운(new)

innovate[ínouvèit]
동 혁신하다
in(in)+nov(new)+ate(동사 어미)

innovation [ìnouvéiʃən]
몡 혁신, 쇄신

165 numer — 수(number)

numerous [njú:mərəs]
형 수많은
numer(number)+ous(형용사 어미)

166 nutr — 키우다(nourish)

nutrition[nju:tríʃən]
몡 영양분
nutri(nourish)+tion(명사 어미)

167 ode — 노래(song)

melody[mélədi]
몡 선율, 가락
mel(melos=tune, 음조)+od(song)+y(명사 어미)

168 onym — 이름(name)

anonym[ǽnənìm]
- 명 익명, 가명
- an(not)+onym(name)

anonymous [ənániməs]
- 형 익명의, 작자 불명의
- remain anonymous 이름을 밝히지 않고 있다

169 opt — 선택하다(choose)

adopt[ədápt]
- 동 채용하다, 양자로 삼다
- ad(to)+opt(choose)

adoption[ədápʃən]
- 명 채택, 양자 결연

170 ora — 말하다(speak)

oracle[ɔ́(ː)rəkəl]
- 명 신의 계시
- or(speak)+cle(어미)

171 order — 순서(order)

disorder[disɔ́ːrdər]
- 명 무질서
- dis(not)+order

172 ori — 올라가다(rise)

orient[ɔ́ːriənt]
- 명 동양
- ori(rise)+ent(명사형 어미) ● 떠오르는 태양

oriental[ɔ̀ːriéntl]
- 형 동양의(↔ occidental)

173 pac — 평화(peace)

pacific[pəsífik]
- 형 평화로운, 태평스러운 명 태평양
- paci(peace)+fi(make)+c(형용사 어미)

174 pan
빵(bread)

company[kʌ́mpəni] ⑲ 사귐, 교우, 회사
com(together)+pen(bread)+y(명사 어미) ○ 함께 빵을 먹는 사이

175 par
같은(equal)

parity[pǽrəti] ⑲ 동등, 등가
par(equal)+ity(명사 어미)

176 par
준비하다(make ready)

apparatus[æ̀pəréitəs] ⑲ 기계, 장치
ap(ad=to)+para(make ready)+tus(어미)

177 par
나타나다, 보이다(appear, be visible)

transparent [trænspɛ́ərənt] ⑲ 투명한
trans(through)+par(appear)+ent(형용사 어미)

178 parl
대화하다(talk)

parliament [pá:rləmənt] ⑲ 국회, 영국 의회
parlia(talk)+ment(명사 어미)

179 part
나누다(part)

apart[əpá:rt] ⑲ 떨어져서, 따로따로
apart[aside] form ~은 별개로 하고

180 pass
걸음(step)

compass[kʌ́mpəs] ⑲ 나침반, 범위
com(together)+pass(step) ○ 같은 걸음

부록 **385**

181 path
감정(feeling)

apathy[ǽpəθi]
명 무감동
a(not)+path(suffer)+y(명사 어미)

182 patr
아버지, 조국(father, nation)

patron[péitrən]
명 후원자
part(father)+on(어미)

patronage [péitrənidʒ]
명 보호, 후원
under the patronage of ~의 (특별)보호 (후원) 아래

183 ped
발(foot)

pedal[pédl]
명 동 페달(을 밟다)
ped(foot)+al(어미)

184 pel
내몰다(drive)

expel[ikspél]
동 내쫓다, 추방하다
ex(out)+pel(drive)

185 pen/pun
벌(penalty)

penal[píːnəl]
형 형벌의
pen(penalty)+al(형용사 어미)

penalty[pénəlti]
명 형벌, 벌금, 벌점

186 pend
걸다(hang)

suspend[səspénd]
동 매달다, (일시)중지하다, 연기하다
sus(sub)+pend(hang)

187 peri/experi — 시험하다(try out)

peril [pérəl]
명 위험, 고난
per(try out)+il(명사형 어미) ○ 시험하기

experiment [ikspérəmənt]
명 동 실험(하다)
experi(try out)+ment(어미)

188 phil — 사랑(love)

philosophy [filásəfi]
명 철학, 원리
philo(loving)+sophy(wise)

philosopher [filásəfər]
명 철학자, 현인

189 phon — 소리(sound)

telephone [téləfòun]
명 동 전화(를 걸다)
tele(far away)+phone(sound)

190 photo — 빛(light)

photograph [fóutəgræf]
명 사진
photo(light)+graph(write)

191 phys — 자연(nature)

metaphysics [mètəfíziks]
명 형이상학
meta(beyond)+physics(natural science, 자연과학)

192 plan — 평평한, 분명한(level, plain)

plane [plein]
명 평면, 비행기
plane(level ground, 평평한 땅)

193 ple / pli — 충분한(full)

plenty [plénti]
- 명 풍부함, 다수
- plen(full)+ty(명사 어미)

accomplish [əkámpliʃ]
- 통 성취하다, 완성하다
- ac(ad=to)+compl(complete)+ish(동사 어미)

194 pli/ply — 접다(fold)

duplicate [djúːpləkit]
- 형 사본의, 이중의 통 복제하다, 사본을 만들다
- du(two)+plic(fold)+ate(형용사 어미)

195 polis — 도시(city)

metropolis [mitrápəlis]
- 명 대도시, 수도
- metro(mother)+polis(city)

196 pon — 두다(put)

opponent [əpóunənt]
- 명 상대, 적 형 대항하는, 적대하는
- op(against)+pon(put)+ent(어미)

197 popul — 대중(people)

popular [pápjələr]
- 형 대중의, 인기 많은
- popul(people)+ar(형용사 어미)

198 port — 나르다(carry)

portable [pɔ́ːrtəbl]
- 형 가지고 다닐 수 있는, 휴대용의
- port(carry)+able(가능한, 형용사 어미)

199 pose — 두다(put)

impose [impóuz]
- 통 강제하다, 부과하다
- im(on)+pose(put)

200 poss/pot — 가능한(able)

possible[pásəbəl]
- 형 가능한
- poss(abel)+ible(able)

potent[póutənt]
- 형 유력한, 설득력 있는
- pot(able)+ent(형용사 어미)

201 prehend/pris — 잡다(seize)

comprehend [kàmprihénd]
- 동 이해하다, 포괄하다
- com(together)+prehend(seize)

prison[prízn]
- 명 감옥, 감금
- pris(seize)+on(명사 어미)

202 press — 누르다(press)

impress[imprés]
- 동 인상을 주다, 감명을 주다
- im(in=on)+press(누르다)

203 prim — 주요한(prime)

prime[praim]
- 형 주요한, 제일의
- prime(first)

204 priv — 분리하다(separate)

private[práivit]
- 형 사적인(↔ public)
- priv(separate)+ate(형용사 어미)

205 prob — 시험하다, 좋은(test, good)

probable[prábəbl]
- 형 있을 법한
- prob(test)+able(형용사 어미)

probably[prábəbli]
- 부 아마, 십중팔구

206 prop

approach[əpróutʃ]

가까운(near)

명 동 접근(하다)
ap(ad=to)+proach(near)

207 propri

appropriate[əpróupriit]
[əpróuprièit]

자기 자신의(one's own)

형 적합한
동 충당하다, (공공재산을)착복하다
ab(ad=to)+propri(one's own)+ate(동사 어미)

208 pur

pure[pjuər]

순수한(pure)

형 순수한(↔ mixed), 단순한
pure(순수한)

209 pute

compute[kəmpjúːt]

dispute[dispjúːt]

생각하다(think)

동 계산하다, 추정하다
com(together)+pute(think)

명 동 논쟁(하다)
dis(apart)+pite(think) ● 다르게 생각하다

210 quest/quir

request[rikwést]

require[rikwáiər]

requirement
[rikwáiərmənt]
requisite[rékwəzit]

찾다(seek)

명 동 청(하다)
re(again)+quest(seek)

동 필요로 하다, 요구하다
re(again)+quir(e)(seek)

명 필요, 요구

형 필요한, 필수의

211 radi

빛(light)

radiate[réidièit]

통 발하다, 방사하다
radi(light)+ate(동사 어미)

radiation[rèidiéiʃən]

명 방사능(성)

212 range

열(line)

arrange[əréindʒ]

통 정돈하다, 준비하다, 타협하다
ar(ad=to)+range(line)

arrangement
[əréindʒmənt]

명 정돈, 협정 (pl.)준비

make arrangements for a party
파티를 준비를 하다

make arrangements with a person
~와 협상하다

213 rect

인도하다, 똑바로 하다(lead straight)

erect[irékt]

형 직립한 통 세우다
e(ex=out, up)+rect(lead straight)

erection[irékʃən]

명 직립, 설립

214 riv

강물, 물가(stream, shore)

rival[ráivəl]

명 경쟁 상대
통 경쟁하다, 맞겨루다
riv(stream)+al(명사 어미)
○ 원래 강 양쪽 기슭에 사는 사람들을 의미
She rivals her sister in beauty.
그녀는 언니 못지않은 미인이다.

rivalry[ráivəlri]

명 경쟁, 대항

215 rupt — 부수다(break)

bankrupt[bǽŋkrʌpt]
명 파산자 형 파산한
bank(은행)+rupt(break)

bankruptcy[bǽŋkrʌptsi]
명 파산, 도산, (명성 등의) 실추

216 sacr — 신성한(holy)

sacred[séikrid]
형 신성한(holy)
sacr(holy)+ed(형용사 어미)

217 sal — 소금(salt)

salary[sǽləri]
명 봉급
sal(salt)+ary(형사 어미) ○ 고대 로마 병사의 급료는 소금

218 sal/sult — 뛰어오르다(leap)

salmon[sǽmən]
명 연어
sal(leap)+mon(어미) ○ 뛰어오르는 고기

result[rizʌ́lt]
명 결과 동 일어나다, ~로 끝나다
re(back)+sult(leap)
result from ~에서 기인하다
result in ~로 끝나다

219 san — 건강한(healthy)

insane[inséin]
형 제정신이 아닌, 광기의(crazy)
in(not)+sane(healthy)

220 sat — 충분한(enough)

satisfy[sǽtisfài]
동 만족시키다
satis(enough)+fy(make) ○ 충분하게 하다

221 scend 올라가다(climb)

ascend[əsénd]
图 올라가다, 오르다(↔ descend)
a(ad=to)+scend(climb)

222 sci 알다(know)

conscious[kánʃəs]
형 의식하고 있는, 알고 있는
con(com=with)+sci(know)+ous(형용사 어미)
consciousness[kánʃəsnis] 명 자각, 의식, 심상
lose[gain/recover] consciousness 의식을 잃다[회복하다]

223 scope 보다(behold)

microscop [máikrouskòup]
명 현미경
micro(small)+scope(behold)

telescope [téləskòup]
명 망원경
tele(far)+scope(behold)

224 schola 여가, 틈(leisure)

scholar[skálər]
명 학자, 학생
schola(leisure) ⊙ 옛날에는 한가할 때 학문을 했다

225 scribe 쓰다(write)

inscribe[inskráib]
图 새기다, 파다, 헌정(증정)하다, 명심하다
in(in)+scribe(write)

226 sect 자르다(cut)

intersect[ìntərsékt]
图 교차하다, 가로지르다
inter(between)+sect(cut)

intersection [ìntərsékʃən]
명 교차

227 sed/side/sess — 앉다(sit)

sedentary[sédəntèri] 형 앉아 있는, 정착성의
sident(sit) +ary(형용사 어미)

reside[ri:sáid] 동 살다
re(back)+side(sit)

residence[rézidəns] 명 거주, 주소

session[séʃən] 명 개회, 수업
sess(sit)+ion(명사 어미)

228 sent — 느끼다(feel)

consent[kənsént] 명 동 동의(하다)(↔ dissent)
con(com=together)+sent(feel)
Silence gives consent.
《속담》침묵은 승낙의 표시이다.

229 sequ — 이어지다(follow)

subsequence [sʌ́bsikwəns] 명 다음에 이어지는 것, 결과
sub(under)+sequ(follow)+ence(명사 어미)

230 sert — 결합하다(join)

desert[dézə:rt] 동 버리다 명 사막('버림받은'의 뜻에서)
de(from)+sert(join) ○ 결합 상태에서 떨어지다

deserted[dizə́:rtid] 형 사람이 살지 않는, 황폐한

231 serv — 보존하다(keep)

preserve[prizə́:rv] 동 보존하다, 저장하다
pre(before)+serve(keep)

preservation [prèzərvéiʃən] 명 보존, 보호, 보존 상태
wildlife preservation 야생 동물의 보호

232 sever 혹독한(severe)

persevere[pə̀:rsəvíər] 동 참아 내다, 견디다(endure)
per(thoroughly, 철저히)+severe

233 sign 표(mark)

signify[sígnəfài] 동 나타내다, 뜻하다
signi(sing)+fy(make)
A lunar halo signifies rain.
달무리는 비가 올 징조이다.

234 simil 유사한(like)

similar[símələr] 형 유사한
simil(like)+ar(형용사 어미)
be similar to ~와 유사하다

235 sist 서다(stand)

insist[insíst] 동 주장하다, 고집하다
in(on)+sist(stand)
insist on ~을 고집하다, 주장하다

236 soci 동료(companion)

social[sóuʃəl] 형 사회의, 사교적인
soci(companion)+al(형용사 어미)
social security 사회 보장 제도

237 soi 태양(sun)

parasol[pǽrəsɔ̀:l] 명 양산
para(against)+sol(sun)

238 sol — 하나(alone)

desolate[désəlit]
[désəléit]
- 형 황량한
- 동 황폐하게 하다
- de(fully)+sol(alone)+ate(형용사 어미)

239 solv — 풀다(loosen)

resolve[rizálv]
- 동 결정하다
- re(again)+solve(loosen)

240 son — 소리(sound)

consonant[kánsənənt]
- 명 자음 형 조화되는
- con(com=together)+son(sound)+ant(형용사 어미)

241 soph — 현명한(wise)

philosophy[filásəfi]
- 명 철학
- philo(loving)+sophy(wise)

242 sort — 나누다(divide)

assort[əsɔ́ːrt]
- 동 분류하다, 어울리다
- as(ad=to)+sort(divide)

243 spec — 보다, 종류(look, kind)

inspect[inspékt]
- 동 점검하다, 검사하다
- in(into)+spect(look)

244 sper — 희망하다(hope)

prosper[práspər]
- 동 번영하다, 번창하다(thrive)
- pro(according to, 일치하여)+sper(hope)

245 sphere — 구(globe)

hemisphere [hémisfiər]
명 반구
hemi(half)+sphere(globe)

246 spir — 호흡하다(breathe)

inspire [inspáiər]
통 영감을 주다, 분발시키다
in(into)+spire(breathe)

inspiration [ìnspəréiʃən]
명 영감, 고취, 고무

247 spond — 약속하다(promise)

correspond [kɔ̀:rəspánd]
통 일치하다, ~에 해당하다, 편지 왕래하다
cor(com=together)+respond
The broad lines on the map correspond to roads.
지도상의 굵은 선들은 도로에 해당된다.

248 stat — 서다(stand)

statue [stǽtʃu:]
명 조상, 동상
stat(stand)+ue(명사 어미)

249 stinct — 찌르다(prick)

instinct [ínstiŋkt]
명 본능(natural impulse), 직관, 직감
in(in, on)+stinct(prick)

250 strain — 당겨서 조이다(draw tight)

restrain [ri:stréin]
통 억제하다, 못하게 하다, 속박하다
re(back)+strain(draw tight)

251 struct — 세우다(build)

construct [kənstrʌ́kt] 图 건축하다
con(com=together)+struct(build)

construction [kənstrʌ́kʃən] 图 건설, 구조

252 suade — 충고하다(advise)

persuade [pə:rswéid] 图 설득하다
per(thorough)+suade(advise)
persuade oneself 확신하다

253 sum — 잡다(take)

presume [prizú:m] 图 가정하다, 추정하다(guess)
pre(before)+sume(take)

254 sure — 안전한(free from care)

insure [inʃúər] 图 보험을 들다, 보증하다, 안전하게 하다
in(en=make)+sure(free from care)

insurance [inʃúərəns] 图 보험

255 tact / tach — 접촉하다(touch)

contact [kántækt] 图 접촉, 연락
[kəntækt] 图 접촉하다, 연락하다
con(com=together)+tact(touch)

attach [ətǽtʃ] 图 붙이다, 애착이 가게 하다
at(ad=to)+tach(touch)
He attached a price tag to a parcel.
그는 소포에 가격표를 달았다.

256 tain | 가지다(hold)

contain[kəntéin] | 통 포함하다
con(com=together)+tain(hold)

257 tect | 덮다(cover)

protect[prətékt] | 통 보호하다
pro(before)+tect(cover)

258 temp | 시간(time)

temporary [témpərèri] | 형 일시적인, 임시의(↔ permanent), 덧없는
tempor(time)+ary(형용사 어미)

259 tempt | 시험하다(try)

attempt[ətémpt] | 명 동 시도(하다)
at(ad=to)+tempt(try)

260 tend | 늘이다(stretch)

extend[iksténd] | 통 (손, 발 등을)뻗다, 내밀다, 늘리다, 확장하다
ex(out)+tend(stretch)

261 term | 한계, 끝(limit, end)

terminal[tə́:rmənəl] | 명 형 종점(의)
termin(end)+al(형용사 어미)
terminate[tə́:rmənèit] | 통 끝내다, 종결시키다, 기한이 다하다

262 terr(a) | 토지(land)

territory[térətɔ̀:ri] | 명 영토, 지역, (과학, 예술 등의)영역
terri(land)+tory(명사 어미)
territorial[tèrətɔ́:riəl] | 형 영토의, 토지의, 지역적인
Terran[tériən] | 명 《SF》지구인

263 terr

무섭게 하다(frighten)

terrify[térəfài]
동 무서워하게 하다
terr(frighten)+fy(make)

terror[térər]
명 공포, 두려움(fear), 테러

264 text

짜다(weave)

textile[tékstail]
명 형 직물(의)
text(weave)+ile(어미)

265 the(o)

신(god)

atheist[éiθiist]
명 무신론자
a(not)+the(o)(god)+ist(명사 어미)

266 tom

자르다(cut)

anatomy
[ənǽtəmi]
명 해부(학)
ana(up)+tom(cut)+y(명사 어미)

267 ton(e)

소리(sound)

monotone[mánətòun]
명 단조로움
mono(one)+tone(sound)

monotonous
[mənátənəs]
형 단조로운, 변화 없는, 지루한

268 tort

비틀다(twist)

distort[distɔ́:rt]
동 왜곡하다, 비뚤어지게 하다
dis(apart)+tort(twist)

269 tour

돌다(turn)

tour[tuər]
명 동 여행(하다)
라틴어 tornum(tool for making a circle, 원을 그리는 도구) o tour

270 **tract** — 당기다(draw)

attract[ətrǽkt]
통 끌다, 유인하다, 매혹하다
at(ad=to)+tract(draw)

attraction[ətrǽkʃən]
명 끌어당김, 흡인《물리》인력

271 **trad** — 건네주다(hand over)

tradition [trədíʃən]
명 전통, 인습, 전설
tradi(hand over)+tion(명사 어미)
follow tradition 전통을 따르다

272 **tread** — 걷다(tread)

tread[tred]
통 걷다, 밟다
(고대 영어) tredan → tread)

273 **trem** — 떨다(shake)

tremble[trémbəl]
통 떨다
trem(shake)+ble(어미)

274 **tribut** — 바치다(give)

contribute[kəntríbjut]
통 기부하다, 공헌하다
con(com=together)+tribute(give)
contribute money to relieving the poor
빈민 구제를 위해 돈을 기부하다

contribution [kɑ̀ntrəbjúːʃən]
명 기부, 기증, 공헌, 기여

275 **trud** — 밀다(push)

intrude[intrúːd]
통 강요하다, 침입하다
in(in)+trude(push)

intrusion[intrúːʒən]
명 강요, 침입

276 tuit
지키다(guard)

tuition[tʄu:íʃən]

명 수업료, 수업
tuit(guard)+ion(명사 어미)

277 tum
팽창하다(swell)

tumult[tʄúːmʌlt]

명 큰, 소동
tum(swell)+ult(어미)

278 turb
무질서(disorder)

disturb[distə́ːrb]

동 어지럽히다, 방해하다
dis(apart)+turb(disorder)

279 umbre
그늘(shade)

umbrella[ʌmbrélə]

명 우산
unbrel(shade)+la(어미)

280 vac
빈(empty)

vacant[véikənt]

형 텅 빈, 비어 있는(empty)
vac(empty)+ant(형용사 어미)

281 vad
가다(go)

invade[invéid]

동 침략하다, 밀려들다
in(in)+vade(go)

282 vag
헤매다(wander)

vagabond[vǽgəbɑ̀nd]

형 방랑하는 명 방랑자 동 방랑하다
vaga(wander)+band(어미)

283 val
강한(strong)

invalid[ínvəlid]

명 형 병약(한) 형 무효의
in(not)+valid(strong)

284 van — 빈(empty)

vanish[vǽniʃ]
동 사라지다
van(empty)+ish(동사 어미)
He vanished into the darkness.
그는 어둠 속으로 사라졌다.

285 vapor — 증기(steam)

evaporate[ivǽpərèit]
동 증발하다
e(ex=out)+vapor(steam)+ate(동사 어미)

evaporation [ivæ̀pəréiʃən]
명 증발, 발산

289 var — 변화하다(change)

invariable[invɛ́əriəbəl]
형 불변의
in(not)+vari(change)+able(형용사 어미)

290 veg/vig — 활발한(lively)

vegetable[védʒətəbəl]
명 야채, 식물
veget(lively)+able(어미)

vigor[vígər]
명 활력
vig(lively)+or(명사 어미)

291 vent — 오다(come)

invent[invént]
동 발명하다, 창안하다
in(upon)+vent(come) ○ 우연히 만나다

292 ver — 진실(true)

verify[vérəfài]
동 입증하다
veri(true)+fy(make)
verify a spelling 철자를 확인하다

부록 **403**

293 vers, vert — 돌리다(turn)

adverse[ædvə́:rs]
- 형 반대의, 불리한
- ad(opposite)+verse(turn)

convert[kənvə́:rt]
- 동 전환하다, 변하게 하다, 개종시키다
- con(wholly)+vert(turn)

294 vid / vis — 보다(see)

evident[évidənt]
- 형 명백한(plain)
- e(ex=out)+vid(see)+ent(형용사 어미)

vision[víʒən]
- 명 시력, 선견지명, 통찰력
- vis(see)+ion(명사 어미)
- beyond one's vision 사람의 눈에 보이지 않는

visible[vízəbəl]
- 형 눈에 보이는, (육안으로)볼 수 있는

295 vinc — 정복하다(conquer)

convince[kənvíns]
- 동 확신시키다, 납득시키다
- con(wholly)+vince(conquer)
- convince a person of sin
- 어떤 사람에게 죄를 깨닫게 하다

invincible[invínsəbəl]
- 형 정복할 수 없는, 무적의
- in(not)+vinc(정복하다)+ible(접미사)

296 viv — 살다(live)

vivid[vívid]
- 형 생생한, 활기 있는(lively)
- viv(live)+id(형용사 어미)

297 voc — 부르다(call)

vocation[voukéiʃən]
- 명 천직, 소명, (직업에 대한)사명감, 직업, 생업
- voc(call)+ation(명사 어미) ○ 신의 부르심

298 vol — 의지(will)

voluntary [váləntèri] ᢀ 자발적인, 지원하는
volunt(will)+ary(어미)

volunteer [vàləntíər] ᢀ 지원자, 지원병

299 volv — 구르다(roll)

revolve [riválv] ᢀ 회전하다, 공전하다
re(back)+volve(roll)

300 war — 주의하다(watch out)

wary [wɛ́əri] ᢀ 주의 깊은, 신중한(careful)
war(watch out)+y(형용사 어미)

4. 격언·속담

> 교육

Knowledge is power.
아는 게 힘이다.

Practice makes perfect.
연습이 대가를 만든다.

Never too old to learn.
배움에는 나이가 없다.

There is no royal to learning
배움에는 왕도가 없다.

Yon can lead a horse to the water, but you cannot make him drink it.
A man may well bring a horse to the water, but he cannot make him drink.
말을 물가로 데려갈 수는 있어도 물을 마시게 할 수는 없다.

> 노력

Rome was not built in a day.
로마는 하루아침에 이루어지지 않는다.

Many drops make a shower.
티끌 모아 태산.

Slow and steady wins the race.
은근과 끈기가 결국에는 승리한다.

Patience is the best medicine.
인내가 최선책이다.

He who would climb the ladder must begin at the bottom.
천 리 길도 한 걸음부터.

No pains, no gains.
노력 없이 얻을 수 있는 건 없다.

A rolling stone gathers no moss.
구르는 돌에는 이끼가 끼지 않는다.

Heaven helps those who help themselves.
하늘은 스스로 돕는 자를 돕는다.

Where there is a will, there is a way.
뜻이 있는 곳에 길이 있다.

언행

Easier said than done.
말하기는 쉬워도 행하기는 어렵다.

Actions(acts) speak louder than speech.
말보다 행동이 중요하다.

There is plenty of sound in an empty barrel.
빈 수레가 요란하다.

Still water runs deep.
깊은 물은 고요하게 흐른다.

Silence is gold.
침묵은 금.

우정

A friend in need is a friend indeed
곤경에 처했을 때의 친구가 진정한 친구이다.

A man is known by the company he keeps.
사람은 그 친구들로 판단된다.

Birds of a feather flock together
유유상종(類類相從).

Lend your money and lose your friend.
돈을 빌려 주면 친구를 잃는다.

사랑

Out of sight, out of mind.
눈에서 멀어지면 마음에서 멀어진다.

Absence makes the heart grow fonder.
만나지 못하면 더욱 간절한 마음.

Each Jack has his Gill.
짚신도 제 짝이 있다.

Love is blind.
사랑은 장님.

가족

Like father, Like son.
부전자전(父傳子傳).

Blood is thicker than water.
피는 물보다 진하다.

There is no place like home.
세상에 내 집 같은 곳은 없다.

습관

Old habits die hard.
오래된 습관은 버리기 힘들다.

Habit is a second nature.
습관은 제2의 천성.

What is learned in the cradle is carried to the tomb[grave].
세 살 버릇 여든까지 간다.

건강

Health is better than wealth.
건강은 부보다 낫다.

A sound mind in a sound body.
건강한 육체에 건전한 정신.

지혜

Seeing is believing.
백문(百聞)이 불여일견(不如一見).

No news is good news.
무소식이 희소식.

Ignorance is bliss.
모르는 게 약.

All that glitters is not gold.
반짝이는 것이 다 금은 아니다.

The pen is mightier than the sword.
펜은 칼보다 강하다.

The squeaking wheel gets the oil.
우는 애 젖 준다.

the grass is greener on the other side of the fence.
남의 떡이 더 커 보인다.

Every garden may have some weeds.
모든 정원에는 잡초가 있는 법.

Too many cooks spoil the broth.
사공이 많으면 배가 산으로 간다.

One swallow doesn't make a summer.
제비가 왔다고 여름이 온 것은 아니다.

Where the cat is away, the mice will play.
범 없는 골에는 토끼가 스승이라.

There is no smoke without fire.
아니 땐 굴뚝에 연기 나랴.

A drowning man will catch at a straw.
물에 빠진 사람은 지푸라기라도 잡는다.

Walls have ears.
낮말은 새가 듣고 밤말은 쥐가 듣는다.

An eye for an eye.
눈에는 눈. (이에는 이.)

Necessity is the mother of invention.
필요는 발명의 어머니.

Good medicine tastes bitter.
좋은 약은 입에 쓰다.

There is no rule without exceptions.
예외 없는 법칙은 없다.

인생

Time heals all wounds.
세월이 약이다.

Time flies like an arrow.
세월은 유수와 같다.

Time and tide waits for no man.
시간은 사람을 기다려 주지 않는다.

When the well's dry, we know the worth of it.
우물이 말라야 그 소중함을 안다.

It never rains but it pours.
나쁜 일은 겹쳐서 온다.

As one sow, so shall you reap.
뿌린 대로 거둔다.

All's well that ends well.
끝이 좋으면 다 좋다.

He who laughs last, laughs best.
최후에 웃는 자가 진정한 승자.

충고

Two heads are better than one.
백짓장도 맞들면 낫다.

Do as Romans do.
로마에선 로마법을 따르라.

Look before you leap.
돌다리도 두들겨 보고 건너라.

Well begun is half done.
시작이 반이다.

Better late than never.
늦게라도 하는 것이 하지 않는 것보다 낫다.

Never put off till tomorrow what you can do today
오늘 할 일을 내일로 미루지 말라.

Make hay while the sun shines.
볕 났을 때 건초를 말려라(기회를 놓치지 마라).

Strike while the iron is hot.
쇠가 달궈졌을 때 두들겨라(기회를 놓치지 마라).

A stitch in time saves nine.
제때의 한 땀은 아홉 땀을 절약한다.

A bird in the hand is worth two in bush.
손안의 새 한 마리가 덤불 속의 두 마리보다 낫다.

Don't count your chickens before they are hatched.
부화하기 전에는 병아리 수를 세지 마라.

It is too late to shut the stable door when the horse is stolen.
소 잃고 외양간 고친다.

Don't cry before you are hurt.
다치기 전부터 울지 마라.

Do to others as you would be done by.
대접받고 싶은 대로 대접해라.

First come, first served.
먼저 온 놈이 먼저 대접받는다.

A bad workman[carpenter] quarrels with his tool.
서투른 목수가 연장 탓한다.

The pot calls the kettle black.
똥 묻은 개가 겨 묻은 개 나무란다.

well begin, half done.
시작이 반이다.

where there is a will, there is a way.
뜻이 있는 곳에 길이 있다.

walls have ears.
낮 말은 새가 듣고 밤 말은 쥐가 듣는다.

Never judge from appearances.
외모로 판단하지 마라.

Curiosity kills the cat.
호기심이 고양이를 죽인다.

Hates makes waste.
성급하면 손해다.

Honesty is the best policy.
정직이 최선의 정책이다.

5. 필수 단어

1) 연결어

시간에 따라 차례로 연결할 때

처음 : first/to begin with/to start with/in the first step
중간 : second/third/fourth
　　　then/next/after that/following that
　　　afterwards/subsequently
　　　later/soon
끝　 : last/finally/in the end/eventually
동시 : at the same time/simultaneously/concurrently/
　　　at this time/in the mean time/meanwhile

나열하여 연결할 때

처음 : first/first of all/in the first place/to begin/initially
중간 : another/next/furthermore/in addition/also/in the second place
끝　 : finally

강조하는 문장을 연결할 때

처음 : first of all/first and foremost/first and most
끝　 : above all/far more importantly/last and most

예를 들려고 할 때

일반적인 예 : for example/for instance/for one thing/to illustrate this/
　　　　　 such as/ including/as follows
특별한 예　 : especially/mostly/particularly/in particular

구체적 설명을 제시할 때

재진술 : i.e.(that is)/in other words/put differently
재설명 : specially/namely/i.e.(that is), that is to say

비교·대조할 때

비교 : similarly/likewise/in the like manner/similar to/alike
대조 : on the other hand/in contrast/conversely/instead of/unlike/dissimilar to
in contrast to/while/whereas/but/yet

부연하여 설명할 때

첨가 : and/and ~ as well/in addition/what is more/besides/furthermore/moreover
양보 : nevertheless/nonetheless/in spite of/despite/although/even though

화제를 바꾸어 연결할 때

화제의 전환 : by the way/incidentally
화제로의 전환 : to resume/to return to the previous point

목적이 되는 내용을 연결할 때

목적 : so that/in order that/for the purpose of/for the sake of
in order to/so as to

인간관계로 연결할 때

원인 : because/since/as/for/because of/owing to/due to
      on the ground that/for fear that
결과 : therefore/thus/hence/so that/accordingly/consequently
      as a result/as a consequence

결론을 제시할 때

요약적 결론 : in summary/to summarize/to sum up/to review/in short
           in a word/in brief/briefly/on the whole
논리적 결론 : therefore/hence/thus/to conclude/in conclusion

2) 형용사

목적 · 성격

advertising	광고하는	notifying	통보하는
advising	충고하는	objecting	반대하는
agreeing	동의하는	ordering	주문하는
apologizing	사과하는	permitting	허가하는
celebration	축하하는	praising	칭찬하는
complaining	불평하는	protesting	항의하는
confirming	확신하는	recommending	추천하는
demanding	요구하는	rejecting	거절하는
greeting	축하하는	reporting	보고하는
informing	홍보하는	suggesting	권하는
inquiring	문의하는	warning	경고하는
introducing	소개하는	withdrawing	철회하는
instructing	지시하는		

느낌·분위기

active	활동적인	independent	독립적인
annoying	귀찮은, 성가신	introvert	내성적인
aggressive	적극적인	mysterious	신비로운
ambiguous	모호한	noisy	시끄러운
arrogant	오만한	offensive	공격적인
attractive	매력적인	optimistic	긍정적인
calm	차분한	passionate	열정적인
cheerful	활기찬	passive	수동적인
critical	비판적인	peaceful	평화로운
dependent	의지하는	pessimistic	비관적인
emotional	감정적인	practical	실용적인
exciting	신나는	scary	무서운
extrovert	외향적인	sensitive	예민한
frightening	놀라운	sentimental	감상적인
funny	재미있는	serious	심각한
generous	관대한	suspicious	의심스러운
gloomy	우울한	thoughtful	사려 깊은
humorous	재미있는	thrilling	흥분되는

태도·심경

alarmed	놀란	confident	믿는
angry	화난	confused	혼란스러운
annoyed	귀찮은	considerate	사려 깊은
anxious	걱정하는	contented	만족스러운
assured	확신하는	cruel	잔인한
bewildered	당황한	cynical	냉소적인
bored	지루한	delighted	즐거운
comfortable	편안한	depressed	우울한

disappointed	실망한	pleased	기쁜
dissatisfied	불만족스러운	proud	자랑스러운
earnest	열심인	regretful	후회하는
envious	질투하는	relieved	안심한
excited	흥분한	rude	무례한
greedy	탐욕스러운	ruthless	무자비한
humble	겸손한	satisfied	만족스러운
impatient	참을성이 부족한	scared	무서운
impolite	무례한	selfish	이기적인
indifferent	무관심한	sincere	진실한
lonely	외로운	skeptical	회의적인
mean	심술궂은	sorrowful	슬픈
mischievous	짓궂은	stubborn	완고한
modest	겸손한	sympathetic	동정적인
negative	부정적인	terrible	끔찍한
nervous	신경질적인	unselfish	이타적인
optimistic	낙관적인	upset	화가 난
passionate	정열적인	worried	걱정하는
pessimistic	비관적인		

3) 주제별 단어

신체

brain	뇌	throat	목구멍
heart	심장	muscle	근육
lung	폐	blood vessels	혈관
stomach	위	forehead	이마
liver	간	eyebrow	눈썹
kidneys	신장	mustache	콧수염
intestines	창자	beard	턱수염

whisker	구레나룻	backbone	뼈, 척추
cheek	볼, 뺨	spine	척추
chin	아래턱	rib	갈비뼈
jaw	턱	skeleton	골격, 해골
eyelash	속눈썹	corpse	시체
eyelid	눈꺼풀	urine	오줌
thumb	엄지손가락	excrement	대변
palm	손바닥	blind	눈먼
wrist	손목	deaf	귀머거리의
elbow	팔꿈치	mute	벙어리의
knee	무릎	breathe	호흡하다
calf	장딴지	grasp	숨을 헐떡이다
heel	발뒤꿈치	hiccup	딸꾹질하다
chest	가슴, 흉부	yawn	하품하다
abdomen(belly)	배, 복부	cough	기침하다
back	등	sneeze	재채기하다

병

disease	질병	infection	전염
headache	두통	chicken pox	수두
toothache	치통	measles	홍역
stomachache	위통	athlete's foot	무좀
cold	감기	pimple	여드름
flu	유행성 감기	bruise	타박상
pneumonia	폐렴	wound	부상
asthma	천식	scratch	생채기
diabetes	당뇨병	injury/hurt	상처
stroke	뇌졸중	cut	칼에 벤 상처
cancer	암	scar	상처 자국, 흉터
epidemic	전염병	burn	화상

insomnia	불면증	pain	(보편적인)아픔
neurosis	신경증, 노이로제	sore	쓰리고 아픈 통증
diarrhea	설사	bleeding	출혈
indigestion	소화불량	itch	가려움증
malnutrition	영양실조	dizziness	현기증
symptom	증상	cramp	경련
fever	열	paralyze	마비시키다
cough	기침	choked	숨 막힌
ache	(지속적)아픔	vomit	토하다

병원

physician	내과의사	transplant	이식
surgeon	외과의사	plaster cast	깁스
orthopedist	정형외과 의사	crutch	목발
pediatrician	소아과 의사	prescription	처방
gynecologist	부인과 의사	fill prescription	조제하다
dermatologist	피부과 의사	dose	(1회)복용량
ophthalmologist	안과 의사	medicine	약
cardiologist	심장전문의	pill/tablet	알약
psychiatrist	정신과 의사	painkiller/sedative	진정제
stethoscope	청진기	antidote	해독제
thermometer	체온계	ointment	연고
first aid	응급 처치	side effect	부작용
treatment	치료	injection	주사
cure	치료법	pharmacy	약국
diagnosis	진단	acupuncture	침술
blood transfusion	수혈	heal	치료하다, 낫다
operate	수술하다		
plastic surgery	성형 수술		

교육

nursery school	유아원	biology	생물
kindergarten	유치원	physics	물리
elementary school	초등학교	chemistry	화학
college	(단과)대학	algebra	대수학
university	(종합)대학	geometry	기하학
staff room	교무실	calculus	미적분
guidance office	상담실	physical education	체육
language lab	어학 실습실	tuition (fee)	수업료
chemistry lab	화학 실험실	scholarship	장학금
nurse's office	양호실	semester	학기
gymnasium	체육관	freshman	1학년
auditorium	강당	sophomore	2학년
cafeteria	매점, 교내식당	junior	3학년
locker	사물함	senior	4학년
librarian	사서	grade	학년, 성적
shelf	(도서관)서가	transcript	성적 증명서
periodical	정기 간행물	certificate	졸업 증명서
encyclopedia	백과사전	diploma	(대학)졸업 증서
atlas	지도책		
geography	지리		

직업

occupation	직업	office clerk	사무원
profession	전문 직업	salesperson	영업 사원
manager	경영자	secretary	비서
middle manager	중간 관리자	shop keeper	가게 주인
accountant	회계사	shop assistant	가게 점원

cashier	출납원	barber	이발사
farmer	농부	veterinarian	수의사
fisherman	어부	musician	음악가
baker	제빵사	photographer	사진사
chef/cook	요리사	designer	디자이너
waiter	웨이터	writer	작가
waitress	웨이트리스	editor	편집자
butcher	푸주한	journalist	신문기자
carpenter	목수	professor	교수
plumber	배관공	official	공무원
mechanic	기계공	statesman	정치가
electrician	전기공	minister	장관, 성직자
factory worker	공원	president	대통령
fire fighter	소방관	vice-president	부통령

종교

Buddhism	불교	cardinal	추기경
Buddhist	불교도	bishop	주교
Christianity	기독교	monk	수도사
Christian	기독교도	nun	수녀
Islam	이슬람교	saint	성자
Muslim	이슬람교도	prophet	예언자
Hinduism	힌두교	pilgrim	순례자
Judaism	유대교	preacher	설교자
Jew	유대인, 유대교도	temple	사원
priest	(기독교)성직자	abbey	수도원
clergy	(집합적)성직자	cathedral	대성당
minister	목사	hymn	찬송가
missionary	선교사	prayer	기도
Pope	로마교황	sermon	설교

| doctrine | 교리 | theology | 신학 |
| dogma | 교리, 신조 | theologian | 신학자 |

음악 · 미술

perform	연주하다	gallery	화랑
conductor	지휘자	masterpiece	걸작
concert	음악회	portrait	초상화
recital	독주회	oil painting	유화
symphony	교향곡	ceramics	도자기
concerto	협주곡	pottery	도기
compose	작곡하다	statue	상
composition	작곡	sculptor	조각가
note	음표	engrave	새기다
bar	마디	aesthetics	미학
harmony	화음	style	유파, 양식
rhythm	운율	impressionism	인상파
score	악보	abstract	추상
classical	고전주의의	cubism	입체파
contemporary	동시대의	avant garde	전위파

산수 · 도형

even number	짝수	rectangle	직사각형
odd number	홀수	triangle	삼각형
addition	덧셈	circle	원
subtraction	뺄셈	oval	타원형
multiplication	곱셈	spiral	나선형
division	나눗셈	cube	정육면체
square	정사각형	pyramid	각뿔

cone	원뿔	height	높이
cylinder	원기둥	length	길이
sphere	구	width	폭, 너비
curve	곡선	diameter	지름
angle	각	radius	반지름
depth	깊이	circumference	원주

옷

clothes	옷, 의복	cotton	면
suit	(의복)한 벌	silk	비단
costume	(특수한)의상	rayon	레이온
garment	의복, 외관	waterproof	방수의
collar	깃	shrinkproof	수축 방지의
sleeve	소매	wrinkle free	주름방지의
pocket	주머니	laundry	세탁물, 세탁소
cuff	(바지 끝의)접단	wear	입다
solid	단색인	put on	입다
striped	줄무늬의	take off	벗다
checked	체크무늬의	dress up	차려 입다
plaid	격자무늬의	undress	(남의)옷을 벗기다
flower print	꽃무늬의	undress oneself	옷을 벗다
polka dotted	점무늬의	go with	잘 어울리다
fiber	섬유	suit	잘 어울리다
fabric	직물, 천	fit	잘 맞다

음식

recipe	조리법	spicy	양념 맛이 강한
stir	휘젓다	salty	짭짤한
pour	붓다	flat	밋밋한
peel	벗기다	hot	매운
carve	베어 나누다	sour	신
slice	얇게 썰다	sweet	달콤한
chop	잘게 썰다	bitter	쓴
grate	갈다	tasty	풍미 있는
steam	김으로 찌다	savory	맛 좋은
broil	오븐에 굽다	delicious	맛 좋은
bake	(빵·감자를)굽다	fresh	신선한
fry	기름에 튀기다	raw	날것의, 설익은
boil	삶다	cooked	조리된
seasonings	양념	bite	깨물다
salt	소금	swallow	삼키다
sugar	설탕	sip	홀짝이다
pepper	후추	suck	빨다
vinegar	식초	lick	핥다
mustard	겨자	gulp	꿀꺽 삼키다
garlic	마늘	chew	씹다
onion	양파	overeat	과식하다
red pepper	고추	digest	소화하다

집

apartment building	아파트	ranch house	목장주의 주택
town house	연립 주택	garage	차고
mobile home	이동 주택	driveway	저택 내의 차도

porch	현관	rub	문지르다, 닦다
lawn	잔디	polish	광내다, 윤을 내다
chimney	굴뚝	shine	빛내다
lamppost	가로등	wipe	닦다, 씻다
closet	옷장	sweep	쓸다, 청소하다
stairs	계단	brush	솔질하다
attic	다락방	dust	먼지를 털다
nursery	아이 방, 육아실	vacuum	청소하다
laundry room	세탁실	mow	(잔디를)베다
basement	지하실	repair	수리하다
mansion	저택	fix	고정시키다, 고치다
chores	허드렛일		

동물

mammal	포유류	lizard	도마뱀
camel	낙타	crocodile	악어
hippopotamus	하마	amphibian	양서류
giraffe	기린	frog	개구리
zebra	얼룩말	bird	새
rhinoceros	코뿔소	eagle	독수리
elephant	코끼리	owl	올빼미
trunk	(코끼리의)코	sparrow	참새
tusk	송곳니, 상아	swallow	제비
lion	사자	swan	백조
leopard	표범	peacock	공작
cheetah	치타	penguin	펭귄
whale	고래	ostrich	타조
bat	박쥐	nest	둥지
reptile	파충류	beak	(새의)부리
snake	뱀	feather	깃털

wing	날개	goat	염소
fish	물고기	sheep	양
trout	송어	donkey	당나귀
salmon	연어	goose	거위
shark	상어	turkey	칠면조
fin	지느러미	duck	오리
scale	비늘	cock	수탉
wild animal	야생 동물	hen	암탉
tame animal	길들여진 동물		

식물

sprout	새싹	weed	잡초
bud	봉오리	reed	갈대
stalk	줄기	tree	나무
petal	꽃잎	leaf	잎
pistil	암술	branch	가지
stamen	수술	trunk	줄기
thorn	가시	root	뿌리
clover	클로버	stump	그루터기
dandelion	민들레	log	통나무
violet	제비꽃	timber	목재
morning-glory	나팔꽃	ring	나이테
iris	붓꽃	sapling	묘목
orchid	난초	bush	관목
poppy	양귀비	forest	살림
camellia	동백	pasture	목초지
rose	장미	palm	야자수
canna	칸나	bamboo	대나무
vine	덩굴	willow	버드나무

poplar	미루나무	elm	느릅나무
ginkgo	은행나무	birch	자작나무
maple	단풍나무	pine	소나무
oak	참나무	fir	전나무

지리

earth	육지	cliff	절벽
continent	대륙	summit	정상
ocean	대양	peak	산꼭대기
Pole	극	plain	평원
polar	남·북극의	fountain	샘, 분수
tropical	열대의	spa	광천, 온천
equator	적도	cascade	(작은)폭포
longitude	경도	tide	조수
latitude	위도	ebb	썰물
gulf	만	flow	밀물
bay	(gulf보다 작은)만	geography	지리학
coast	해안, 연안	territory	영토
valley	계곡	peninsula	반도
ridge	산등성이	channel	해협, 수로

우주

galaxy	은하수	meteor/shooting star	유성, 운석
celestial	하늘의, 천상의	comet	혜성
constellation	성좌, 별자리	planet	행성
Big Dipper	북두칠성	asteroid	소행성
solar eclipse	일식	orbit	(천체의)궤도
lunar eclipse	월식	full moon	보름달

crescent	초승달	space station	우주 정류장
Mercury	수성	orbiter	(궤도에 오른)위성
Venus	금성	launch pad	발사대
Earth	지구	meteorological satellite	기상 위성
Mars	화성	communication satellite	통신 위성
Jupiter	목성	mission control	우주 관제소
Saturn	금성	spaceman	우주 비행사
Uranus	토성	astronomy	천문학
Neptune	천왕성	astronaut	우주 비행사
Pluto	명왕성	astronomer	천문학자

환경

environment	환경	green house effect	온실 효과
ecology	생태학	recycle	재활용
ecosystem	생태계	garbage	쓰레기
extinction	멸종	sewage	하수
pollution	환경오염	insecticide	살충제
acid rain	산성비	preservative	방부제
deforestation	산림 벌채	CFC gas	프레온 가스
desertification	사막화	industrial waste	산업 폐기물
global warming	지구 온난화	radioactive waste	방사능 폐기물

정치·군사

congress	의회	ballot	투표(용지)
legislation	법률 제정	electorate	선거민
anarchism	무정부주의	referendum	국민 투표
chauvinism	국수주의	segregation	인종 차별
exclusivism	배타주의	integration	인종 통합

tension	긴장	disarmament	군축
strategy	전략	ally	동맹국, 동맹을 맺다
tactics	전술	martial law	계엄령

경제

bank account	은행 계좌	deflation	통화 수축
price freeze	가격 동결	exchange rate	환율
wholesale	도매	tax evasion	탈세
retail	소매	tariff barrier	관세 장벽
durables	내구재	patent right	특허권
monopoly	독점, 전매	impulse purchase	충동구매
deficit	적자	duty free	면세의
depression	불황	trade	무역
inflation	통화 팽창	balance of trade	무역 수지

도시

ancient city	고대도시	crosswalk	횡단보도
medieval city	중세도시	curb	보도의 연석
industrial city	산업도시	civil	시민의
metropolitan city	거대도시	society	사회, 공동체
street sign	도로 표지판	community	지역사회
pedestrian	보행자	sociable	사교적인
trash basket	쓰레기통	socialism	사회주의
newsstand	신문 가판대	sociology	사회학
garage	차고, 정비공장	urban	도시의
sidewalk	보도	urbanize	도시화하다

사회

marriage	결혼	trespass	불법 침입하다
divorce	이혼	smuggle	밀수하다
spouse	배우자	addict	마약중독
matchmaker	결혼 중매인	narcotic	마약(중독자)
bride	신부	shoplifting	가게 좀도둑질
bridegroom	신랑	burglar	강도
bachelor	총각	swindler	사기꾼
widow	과부, 미망인	identity	신원
widower	홀아비	imprisonment	구금, 감금
adoption	입양	suspect	용의자
generation gap	세대 차이	witness	목격자
nuclear family	핵가족	victim	희생자
broken family	결손 가정	investigator	수사관
abduct/kidnap	유괴하다		

대화

admit	인정하다	chatter	재잘거리다
acknowledge	인정하다	scold	꾸짖다
accept	(동의하여)받아들이다	whisper	속삭이다
consent	동의하다	utter	말하다
dissent	의견을 달리하다	maintain	주장하다
deny	부정하다, 거절하다	discuss	토의하다
object	반대하다	contend	논쟁하다
state	진술하다	argue	논쟁하다
chat	담소하다	confer	의논하다
murmur	투덜대다	persist in	주장하다
mention	언급하다	insist on	강요하다, 고집하다
announce	발표하다	claim	요구하다

dispute	반론하다	contract	계약하다
support	지지하다	pledge	서약하다
advocate	옹호하다, 주장하다	swear	맹세하다
conclude	결론짓다	vow	맹세하다
advise	충고하다, 조언하다	confirm	증명하다, 확증하다
counsel	충고하다	request	요청하다, 의뢰하다
warn	경고하다	beg	(자존심을 버리고)~을 바라다
promise	약속하다	appeal	(법률, 양심 등에)호소하다
engage	약속하다, 보증하다	apply	(문서 등을 통하여)신청하다